Architektur in Berlin

Das XX. Jahrhundert

Architektur in Berlin

Das XX. Jahrhundert

Herausgegeben von **Andres Lepik** und **Anne Schmedding** Fotos von **Christian Gahl**

Inhalt

Wir danken:

Reinhard Alings und Roland Enke
Martina Düttmann
Peter Gröne
Samuel Huber
Paul Kahlfeldt
Regine Leibinger
Jürgen Mayer Hermann
Prof. HG Merz
Stefan Meyer
Peter Rumpf
Rudi Schmutz jr.
Helge Sypereck

Herrn Braun und Herrn Reinfranck, Jüdisches Museum
Herrn Fleischhauer, Reichstag
Herrn Gebhard und Prof. Kyrieleis, Haus Wiegand
Herrn Geistert, Umlaufkanal
Frau Kalauch, Flughafen Tempelhof
Frau Pilz, Wohnbebauung Luisenplatz
Herrn Leopold, Tegeler Hafen
Thierry Louvieaux, Velodrom
Frau Schlender, Haus der dt. Buchdrucker
Familie Schuck, Hufeisensiedlung
Herrn Schumelda, Heinz-Galinski-Schule
Pastor Schuphahn, Offenbarungskirche
Herrn Stengel, Phosphateliminierungsanlage
Herrn Turm, Kran vor dem Reichstag
Wasserschutzpolizei Wache 2, Müllverladebahnhof
Herrn Wegener, BSR Werkstatt
Herrn Prof. Wischer und Frau Kliemke, Haus am Rupenhorn
allen Pförtnern der Nationalgalerie
dem Busfahrer vor der Philharmonie

Einleitung

Vom Reichstag Paul Wallots zum Reichstag Norman Fosters — es gibt Jahrhundertbogen, die den rein numerisch definierten Zeitschwellen einen realen Sinn verleihen. Ein Bau, der mehr als jeder andere in Deutschland schon vor seiner Fertigstellung umstritten war, nicht wegen seiner architektonischen Eigenschaften, sondern weil er ein politisches Symbol darstellte, wurde in der Folge immer wieder mit neuer Bedeutung aufgeladen, von den entsetzlichen Folgen seines Brandes 1933 bis zu den jahrzehntelangen Kämpfen des Künstlerpaares Christo um seine Verhüllung. Auch der Wettbewerb für den Umbau löste nach 1992 noch einmal eine Reihe von Diskussionen um die Frage aus, welche architektonische Symbolik heute für den Reichstag noch oder wieder angemessen sei. Doch die Debatte um ein anderes, mit weit schwererer nationaler Bedeutung erst noch zu beladendes Denkmal ließ die Auseinandersetzungen um Kuppel oder nicht Kuppel für kurze Zeit in den Hintergrund treten. Die nunmehr auf allen Seiten überraschend hohe und beinahe rückhaltlose Akzeptanz verdankt der neue Reichstag jenen architektonischen Maßnahmen, die wiederum eine grundsätzliche Neudefinition seiner Bedeutung ermöglichen. Daß es dem Volk der Turmsteiger möglich geworden ist, den zentralen Repräsentationsbau der von ihm gewählten Vertreter zu erklimmen, wird ihm eine Beliebtheit über Jahrzehnte hin sichern, selbst wenn jene Politiker, die solch unerhörte Idee genehmigt haben, schon längst nicht mehr in Amt und Würden sind. Daß es ein Brite war, der diesem nationalen Symbol seine Gestalt verleihen durfte, zeigt, mit welcher Selbstverständlichkeit Deutschland seine Rolle als »Transitland der Ideen« am Ende dieses Jahrhunderts wiederaufzunehmen bereit ist und wie sehr es auch — nicht allein im Bereich der politischen Architektur — mit dem Schlagwort »Globalisierung« bereits Ernst macht.

Dieser nationale architektonische Glücksfall ereignet sich in Berlin, der neuen und zugleich alten Hauptstadt des Landes, als unmittelbare Folge des historischen Ereignisses, dessen in ihrer Dimension und Reichweite einzigartige Konsequenzen allein nur für diesen Ort mit dem Wort »Wende« allzu schwach umschrieben werden. Nach den mörderischen Amputationen des städtischen Gefüges, die der Zweite Weltkrieg durch Tod und Zerstörung für die Menschen gebracht hatte, und der daraus resultierenden, historisch einmaligen und irrealen Situation der Teilung kam mit dem sogenannten Fall der Mauer die wiederum singuläre Aufgabe auf Berlin zu, jene politisch und gesellschaftlich notwendige Wiedervereinigung exemplarisch für das ganze Land an einem Ort zu vollziehen. Dazu bedurfte es freilich mehr als nur der Entfernung der Trennungssymbole Mauer, Todesstreifen und Wachtürme. Wenngleich mit der sprichwörtlichen deutschen Gründlichkeit in Berlin die Zeichen der Teilung schnell und nachhaltig ausgelöscht wurden, so mußte zur gleichen Zeit auch durch neue Projekte bewiesen werden, daß die Stadt über vier Jahrzehnte nicht nur eine von zwei politischen Systemen und in beiden Hälften künstlich inszenierte Utopie gewesen war, sondern immer noch eine lebensfähige, übergreifende Struktur hatte, die schnell aus dem Dornröschenschlaf geweckt werden konnte. Die Entscheidung der Bundesregierung, wenigstens mit den wichtigsten Regierungsfunktionen von Bonn nach Berlin überzusiedeln, war das entscheidende Signal für den Bedeutungswechsel.

Das gegen 1991 in Berlin einsetzende Bauwunder, dessen Ende auch fast zehn Jahre später noch immer nicht erreicht war, galt und gilt über Deutschland hinaus als das deutlichste Zeichen dafür, daß die historischen Wunden, die Krieg und Teilung in der Stadt und im Selbstverständnis ihrer Bewohner geschlagen haben, nun doch heilbar geworden sind. Die einstmals unerreichbar geglaubte Vision von der Einheit Deutschlands ist inzwischen gelebte Realität. Der Architektur kam hierbei eine erstrangige Aufgabe zu – nicht nur über den Ereignischarakter der spektakulären Baustellen, die als »Schaustelle Berlin« einen eigenen Tourismuszweig auslösten, sondern auch durch die inzwischen fertigen Ergebnisse. Bei aller Angestrengtheit, mit der versucht wurde, den historischen Mythos ganzer Stadtteile, Plätze und Straßenzüge wiederzubeleben oder auch erst neu zu gründen, bei aller fast überstürzten Eile, mit der das »neue Berlin« geplant und gebaut wurde, ist der Gesamterfolg der Maßnahmen inzwischen nicht mehr zu verkennen: Berlin ist wieder ein Ort geworden, auf den die Welt mit Staunen und Interesse, inzwischen auch ohne Angst blickt und der zugleich glaubhafte und nachhaltige Signale aussendet, die auf Zukunft deuten. Die trotz Kriegszerstörungen und späteren Abrissen noch erhaltene Architektur, die von der Geschichte dieser zerrissenen Stadt Zeugnis gibt und jetzt wieder mit neuen Bedeutungen und Funktionen gefüllt werden kann, trägt dazu im gleichen Umfang bei wie die neuen Projekte und Planungen. Das neue Berlin gründet auf den geistigen und materiellen Fundamenten des alten und wird doch ein anderes.

Vom Werkbund über das Bauhaus, von der »Gläsernen Kette« bis zur IBA, von Mies van der Rohe und Erich Mendelsohn bis Daniel Libeskind war und ist Berlin im 20. Jahrhundert – wenngleich mit Unterbrechungen – eine nationale, aber auch internationale Hauptstadt der Architektur. Wenn es denn überhaupt möglich ist, die wichtigsten Tendenzen und Positionen der Architektur des Jahrhunderts an einem Ort in Deutschland zu beobachten, so kann dieser Ort zweifellos nur Berlin sein. Hamburg, München, Stuttgart, Frankfurt – in all diesen Städten findet sich Architektur von nationaler Bedeutung; aber nur in Berlin spiegeln sich die Aufbrüche und Katastrophen, die Hoffnungen und auch die Zerrissenheit dieses Landes mit allen historischen und gesellschaftlichen Dimensionen. Auf Berlin wurden die politischen Hoffnungen des Landes gesetzt, Berlin hat dadurch beispiellos geglänzt und gelitten.

Architektur in Berlin
Anhand von fünfzig Bauten und Baukomplexen im Stadtgebiet – und nur dort – soll in diesem Buch die Geschichte der deutschen Architektur dieses Jahrhunderts exemplarisch vorgestellt werden.

Mit der Auswahl wurde versucht – trotz der unausgewogenen qualitativen Entwicklungen in einzelnen Zeitabschnitten –, eine gewisse Ausgeglichenheit der zeitlichen Perspektive zu behalten. Keine in konsequenten Jahresschritten vorangehende Chronik, aber doch eine Annäherung an den zeitlichen Ablauf. Fünfzig Beispiele, das bedeutet nicht fünfzig Einzelgebäude, sondern dazu gehören mit Absicht auch Siedlungen, Straßenzüge, Plätze und städtebauliche Gesamtanlagen. Wie denn die weitere Gewichtung der Gattungen, von Industrie- und Gewerbebau über Wohnbau bis zu Museumsbau, Bauten des Verkehrs und der Wissenschaft, in dieser Auswahl ebenfalls keinen strengen Kriterien oder Quoten folgt.

Ein Rundblick über die versammelten Bauten und Projekte erweist sich gerade bei der vergleichenden Betrachtung der Gattungen als aufschlußreich. Hier stehen die städtebaulichen Ansätze an erster Stelle. Denn oftmals spiegelt sich gerade in solchen Projekten der theoretische Horizont einer Epoche am klarsten. Dies beginnt mit der Gartenstadt Staaken von Paul Schmitthenner [Nr. 6], die, obwohl auf ersten Blick recht traditionell wirkend, die aktuellsten Theorien des Deutschen Werkbunds umsetzte. Auch die Hufeisensiedlung in Britz von Bruno Taut und Martin Wagner [Nr. 9] weist auf die zur Entstehungszeit neuesten Ansätze des Siedlungsbaus, wie sie parallel in Frankfurt durch Ernst May zum Tragen kamen und die entschiedene Gegenposition zum Städtebau des 19. Jahrhunderts markierten. Als Bauausstellung, die für viele Ideen des Wiederaufbaus im zerstörten Nachkriegsdeutschland steht, wurde die Interbau [Nr. 22] aufgenommen. Ihre Planung auf der Grundlage des im Zweiten Weltkrieg vollständig zerstörten Hansaviertels enthält bereits viele Ansätze, die noch lange für die Stadt bestimmend sein sollten. In der rhythmischen Gestaltung eines Gesamtplans zeigt das Hansaviertel eine städtebauliche Haltung, wie sie auch der Anlage des Kulturforums von Hans Scharoun mit seiner Idee der »Stadtlandschaft« zugrunde lag [s. Nr. 26, Nr. 29, Nr. 30]. Das Märkische Viertel [Nr. 28] dagegen zeigt bereits eine Abkehr von den Ideen der aufgelockerten Stadt und ist, wiewohl seinerzeit heftig umstritten, heute von seinen Bewohnern positiv angenommen. Nicht von vielen Großsiedlungen in anderen Städten Deutschlands läßt sich dies behaupten.

Als Fortsetzung der Tradition von Bauausstellungen darf die IBA [Nr. 39] gesehen werden, die das Prinzip der Einladung einer internationalen Architektenelite fortgesetzt hat. Mit dem dort propagierten Schlagwort von der »kritischen Rekonstruktion« der Stadt war sie ein weithin sichtbares Signal für den Wechsel der Perspektive auf die eigene (Architektur-)Geschichte in ganz Deutschland. Die IBA hat damit die theoretischen und praktischen Grundlagen für das jüngste Bauwunder der Nachwendezeit mit geschaffen. Denn neben der wiedergefundenen Achtung vor den geschichtlichen Strukturen hat sie auch das öffentliche Interesse an der Auseinandersetzung über Architektur neu belebt – eine Entwicklung, die bis heute anzuhalten scheint.

Zwei andere städtebauliche Anlagen stehen hier als Beispiele für die gegensätzlichen Positionen in den beiden Stadthälften während der Zeit der Teilung, als durch städtebauliche Eingriffe ideologische

Positionen markiert wurden. Die Stalinallee [Nr. 20] ist (neben der späteren Planung von Eisenhüttenstadt) das gebaute Manifest des frühen repräsentativen Städtebaus der DDR, politische Architektur in Reinform und als Vorlage dann für ähnliche Maßnahmen in Rostock oder auch Magdeburg genutzt. Mit dem Ernst-Reuter-Platz [Nr. 25] versuchte man dagegen im anderen Teil der Stadt, einen autogerechten Verkehrsring mit locker verteilten Bauvolumen zu schaffen.

Der Komplex Potsdamer Platz [Nr. 46] bildet am Ende des Jahrhunderts den Versuch, auf den historischen Grundstrukturen eines verlorenen Stadtquartiers eine städtebauliche Position der Zukunft zu entwerfen. Auf der Grundlage des Masterplans von Heinz Hilmer und Christoph Sattler formulierte Renzo Piano hier gemeinsam mit weiteren Architekten eine These zur Zukunft der Stadt, in der der Blick nach Amerika – wie er doch über Jahrzehnte die Diskussionen immer wieder bestimmte – einem klaren Bekenntnis zu einer heiteren, mediterranen Dichte und europäischen Struktur gewichen ist. Aller Kritik und Skepsis gegenüber einem solchen anspruchsvollen Experiment zum Trotz findet der Brückenschlag zwischen historischer Struktur, neuer Nutzung, Ansprüchen der Investoren und Einbindung in neue Verkehrskonzepte größten Anklang – und woran sonst als am andauernden Zustrom von Besuchern und am Florieren der Geschäfte ließe sich der Erfolg eines städtebaulichen Experiments erkennen?

Gegenüber diesen großflächigen Anlagen von uberzeitlichem Anspruch sind es andererseits oft gerade die Einzelbauten, in denen ein Architekt seine Vorstellungen am individuellsten formulieren kann. Daher nehmen innerhalb der ausgewählten Gattungen Privathäuser zumindest für die Zeit vor dem Weltkrieg eine tragende Rolle ein: das Haus Freudenberg [Nr. 2] von Hermann Muthesius etwa als klassisches Beispiel für die Übertragung der Idee des vom Architekten gründlich erforschten und in Publikationen behandelten englischen Landhauses, das Haus Wiegand [Nr. 5] als Beispiel eines neuen Klassizismus am Anfang dieses Jahrhunderts, von dem gerade Mies van der Rohe nachhaltig beeinflußt war, wie gleichermaßen die Häuser am Rupenhorn der Brüder Luckhardt und Alfons Ankers [Nr. 12] – wahrhaft pure Ikonen des Neuen Bauens. Für die Nachkriegszeit gibt es leider keine derart prägnanten Formulierungen mehr.

Um die wesentlichen Positionen der Architekturgeschichte des 20. Jahrhunderts mit möglichst reinen und guterhaltenen Beispielen zu illustrieren, durfte auch der Einsteinturm von Erich Mendelsohn [Nr. 7] trotz seiner Lage in Potsdam nicht fehlen. Er verdeutlicht die frühen Ansätze expressionistischer Bauideen klarer als etwa Mendelsohns nicht minder interessanter, aber doch bereits in eine andere Richtung weisender WOGA-Komplex [Nr. 10]. Als Bau für die Wissenschaft steht der Einsteinturm in dieser Auswahl isoliert, allenfalls in Spannung zu setzen zu James Stirlings Wissenschaftszentrum [Nr. 38] – einem auf den ersten Blick reinen Exempel der Postmoderne. Die AEG-Turbinenfabrik [Nr. 3] ist das zweifellos unabdingbarste Beispiel für den Industriebau, der doch gerade am Anfang des Jahrhunderts entscheidende Anstöße für die Architekturgeschichte gab. Es sei nur an das spätere Fagus-

Werk von Gropius (1911–14) oder an Poelzigs Hutfabrik in Luckenwalde erinnert. Paul Baumgartens Müllverladebahnhof [Nr. 17] dagegen zeigt, wie bei weniger renommierten Bauaufgaben auch in den Zeiten des Nationalsozialismus eine im besten Sinne funktionale Moderne durchsetzbar war – freilich ein außergewöhnlicher Fall. Josef Paul Kleihues schreibt hier über Baumgartens Bau, von ihm selbst, einem der geistigen Väter der IBA, stammt ein anderer Gewerbebau, die Hauptwerkstatt der Berliner Stadtreinigung [Nr. 32], ein Werk, das in seiner ebenfalls höchst funktionalen Ästhetik seine Qualität entfaltet. Noch einmal kreuzen sich die Rollen von Architekt und Autor: Oswald Mathias Ungers, dessen kleines Abwasserpumpwerk [Nr. 40] in Moabit aufgenommen wurde, weil es viele Aspekte seiner Theorie in nuce enthält, schreibt selbst über Mies van der Rohes Neue Nationalgalerie [Nr. 29] und schenkt damit diesem für die Jahrhundert-Ausstellung in vieler Hinsicht zentralen Bau einen beispielhaften Text in bekenntnishafter Dichte und Prägnanz.

Der Museumsbau ist mit gleich vier Beispielen vertreten. Diese Aufgabe war und ist noch immer eine der begehrtesten und repräsentativsten – nicht zuletzt weil Schinkel und Stüler in Berlin im letzten Jahrhundert einen Maßstab für die Ewigkeit gesetzt haben. Jeder wird sich beim Blick auf die Architekturgeschichte Deutschlands zuerst an das Frankfurter Museumswunder der achtziger Jahre erinnern. In Berlin finden sich andere zeitliche und inhaltliche Schwerpunkte. Zwei der Beispiele, die Neue Nationalgalerie von Mies van der Rohe [Nr. 29] und das Bauhausarchiv von Walter Gropius [Nr. 36], sind die Werke von Architekten, deren Laufbahn in Berlin ansetzt, die dann in den Zeiten des Nationalsozialismus in die USA emigriert waren und erst sehr viel später, am Ende ihrer Laufbahn, mit Projekten nach Berlin zurückkehrten. Der dritte, zeitlich eigentlich erste Museumsbau in dieser Jahrhundertreihe, Alfred Messels Pergamon-Museum [Nr. 4], wird ähnlich dem Reichstag den Bogen vom Anfang des 20. gleich ins 21. Jahrhundert schlagen. Im Rahmen der grundlegenden Neugestaltung der Museumsinsel durch die bereits bestimmten Architekten Heinz Tesar, David Chipperfield und Hilmer & Sattler wird Oswald Mathias Ungers diesem Museum und damit dem kraftvollen Herzen des Gesamtkomplexes einen neuen Takt geben. Und das Jüdische Museum von Daniel Libeskind [Nr. 42] als Erweiterung des Berlin Museums gehört zu den international meistbeachteten und zugleich auch meistbesuchten Projekten Berlins: ein Bau, der die schwer zu deutenden Theorien Libeskinds zur konkreten Form gerinnen läßt.

Auch Bauten des Verkehrs sind einbezogen, wie etwa der Flughafen Tempelhof von Ernst Sagebiel [Nr. 18], der in seinen gewaltigen Dimensionen und seiner Formensprache neben dem Olympiastadion Werner Marchs [Nr. 16] als eines der prägnantesten Beispiele für die Architektur des Nationalsozialismus in Deutschland gelten darf. Seine Funktion als Start- und Landepunkt der Luftbrücke gibt ihm inzwischen eine überwiegend positive Bedeutungsebene. Als Gegenstück dient der Flughafen Tegel [Nr. 31] – der immer noch eindrücklich funktionale und vor allem in seiner Verknüpfung der Verkehrsebenen vorbildliche Flughafen, ein Erstlingswerk des inzwischen weltweit tätigen Büros von Gerkan,

Marg und Partner, das auch das riesige Projekt Lehrter Bahnhof in Berlin errichtet hat. Als Sportbau der neuesten Zeit wurde Claude Perraults Sportanlage mit Velodrom und Schwimmhalle [Nr. 43] aufgenommen, die sich im Gegensatz zum Olympiastadion in die Erde vergräbt, um dort nicht weniger gewichtige Raumlösungen zu entfalten.

Neben den Verkehrsbauten sind es die Bauten für die Medien, die in gewisser Form dazu prädestiniert sind, im Vorgriff auf nur zu vermutende Ansprüche und Funktionen in der Zukunft neue Bautypen zu zeugen. War es bei Mendelsohns »Universum«-Kino mit dem dazugehörigen WOGA-Komplex [Nr. 10] die Aufgabe, dem Lichtspieltheater für den neuen Tonfilm einen städtischen Auftritt an der Paradestraße Kurfürstendamm zu geben, so hatte Hans Poelzig im Fall des Hauses des Rundfunks [Nr. 14] die Aufgabe, eine Lösung für eine bis dahin so noch nicht vorhandene Bauaufgabe zu finden. Daß sein Haus noch heute in der ursprünglichen Funktion genutzt werden kann, spricht – wie in anderen Fällen – dafür, daß der Architekt trotz der ungewöhnlichen Aufgabe hier in der Tat weit vorausschauend geplant hat. Die Infobox von Schneider und Schumacher [Nr. 47], seltenes Beispiel einer ephemeren Architektur von mittlerer Dauer in der Stadt, kann hier in ihrer Funktion als Informationscontainer für die Baustelle des Potsdamer Platzes zur Medienarchitektur gezählt werden. Dieser Bau gehörte zu den programmatischsten Bauwerken der ausgehenden Dekade, und seine Bedeutungsebenen werden von Peter Weibel exemplarisch auf die Architekturtheorie seit der Postmoderne bezogen.

Der Kirchenbau zählt im Vergleich zu den bereits vorgestellten Bauaufgaben zweifellos eher zu den Nebenwegen in der Architektur des 20. Jahrhunderts, hat aber speziell in Deutschland doch auch bedeutende Leistungen hervorgebracht, denkt man an die Bauten von Rudolf Schwarz oder Gottfried Böhm, von denen in Berlin allerdings kein Beispiel angeführt werden kann. Die Kreuzkirche in Schmargendorf [Nr. 11] ist hier immerhin ein Beispiel für den Versuch, traditionelle und neue Tendenzen zusammenzubringen, ein Leitmotiv für die Berliner Architektur, wenngleich ihre Formensprache dann doch in einem Expressionismus post festum verharrt. Die Notkirche von Otto Bartning dagegen [Nr. 19] ist als ein Baustein im Programm des Wiederaufbaus im Nachkriegsdeutschland ein Bezugspunkt, an dem geistige und gesellschaftliche Mitverantwortung neu erprobt wurde. Die Planungs- und Baugeschichte der Kaiser-Wilhelm-Gedächtniskirche von Egon Eiermann [Nr. 23] zeigt den Stand des wiedererwachenden und deutlich gestärkten Bewußtseins für die Symbole der eigenen Geschichte in der unmittelbaren Nachkriegszeit.

Die hier getroffene Auswahl von Bauten und Bauprojekten bekennt sich offen zur Subjektivität und kann vor allem in den Beispielen der letzten zehn Jahre nur spekulativ sein. Mit den fünfzig Beispielen ist keine »Bestenliste« gemeint, sondern sie sollen wesentliche Ansätze, die für die Architektur in Deutschland von Bedeutung waren, vorstellen. Es bleiben viele Lücken – was gerade bei der eng begrenzten Zahl von Beispielen ein von Anfang an bewußtes Risiko war. Denn etwa der Hochhausbau, bei dem Berlin mit dem frühen Wettbewerbsbeitrag Mies van der Rohes für das Glashochhaus an der Friedrichstraße – wäre er denn verwirklicht worden – der Zeit weit vorausgeeilt wäre, ist in Berlin nur in Vorstufen wie dem Kathreiner-Hochhaus [Nr. 13] zu erleben. Hier nimmt Frankfurt seit den sechziger Jahren eine führende Rolle ein. Auch andere, wichtige Projekte, wie Aldo Rossis Entwurf für das Deutsche Historische Museum (1987) bilden einen Teil der Architekturgeschichte Deutschlands, obwohl sie nur auf dem Papier blieben. Einige Positionen wie der architektonische Jugendstil in der Architektur müssen fehlen, weil sie in Berlin nicht Fuß gefaßt haben, ebenso wie wichtige Architekten, die – wie Ferdinand Kramer und Karljosef Schattner – in Berlin nicht zum Bauen kamen. Eine umfassende Architekturgeschichte Deutschlands im 20. Jahrhundert aus einer einheitlichen Perspektive ist bislang nicht geschrieben. Die hier ausgewählten Beispiele der Architektur in Berlin dürften darin jedoch unserer Überzeugung nach ausnahmslos Erwähnung finden.

In den meisten, auch jüngeren Publikationen zur Architektur Berlins finden sich für historische Gebäude vielfach Aufnahmen aus der jeweiligen Entstehungszeit. Dies führt oft dazu, daß die Reproduktionen kaum mehr mit der gegenwärtigen Erscheinung übereinstimmen. Der Fotograf Christian Gahl erhielt daher die Aufgabe, für diese Publikation alle fünfzig ausgewählten Projekte in ihrer aktuellen Gestalt aufzunehmen, eine Herausforderung, die er exemplarisch und mit sicherem Blick für die wesentlichen Zusammenhänge und Perspektiven gelöst hat.

Dem einheitlichen Blickwinkel des einen Fotografen stehen 49 Autoren auf der Textseite gegenüber; 49 deshalb, weil Horst Bredekamp mit seinem Doppelbeitrag über den Reichstag Wallots und die Umgestaltung durch Sir Norman Foster den inhaltlichen Bogen vom Anfang des Jahrhunderts zu seinem Ende spannt. Die versammelten Essays und Kurzaufsätze der Kritiker, Schriftsteller, Architekten und Wissenschaftler zeigen sich als ein absichtlich polyperspektivisches Bündel der Möglichkeiten, die ausgewählte Architektur zu betrachten. Nicht neue wissenschaftliche Erkenntnis war das Ziel, sondern der Versuch, das je persönliche Quantum an Wissen und Erfahrung mit und in der Architektur Berlins in Texten zu versammeln. Die Vielfältigkeit der Stimmen antwortet damit auf die unterschiedlichen Konzepte, Ideen, Geschichte und Zusammenhänge, die die Bauten selbst enthalten.

Diese Publikation verdankt ihr Zustandekommen zahlreichen Gesprächen, der Unterstützung und Mithilfe vieler, die dieses Projekt begleitet haben. Dazu gehört an erster Stelle Bernd Evers, Direktor der Kunstbibliothek der Staatlichen Museen zu Berlin, der entscheidende Anstöße gegeben hat, den Kontakt zu vielen Autoren hergestellt und von Anfang an am Profil des Konzepts und der Auswahl der Projekte mitgefeilt hat. Ferner bedanken wir uns ganz herzlich bei Andrea Kroth und Heike Müller, die Christian Gahl unterstützt und beraten haben.

Andres Lepik   Anne Schmedding

Potsdamer Platz, 2005
Ansicht vom Leipziger Platz

Mediterraner Historismus
Das Reichstagsgebäude Paul Wallots

Horst Bredekamp

Literatur:

Robert Wood: Les ruines de Baalbec, autrement dite Héliopolis dans la Coelosyrie. London 1757

Tilmann Buddensieg: Die Kuppel des Volkes. Zur Kontroverse um die Kuppel des Berliner Reichstages. In: ders.: Berliner Labyrinth. Berlin 1993, S. 74–82

Michael S. Cullen: Der Reichstag. Parlament, Denkmal, Symbol. Berlin 1995

»Dem Deutschen Volke«. Der Bundestag im Berliner Reichstagsgebäude. Hg. v. Heinrich Wefing. Bonn 1999

Baalbek in Berlin

Das von dem Frankfurter Architekten Paul Wallot von 1884 bis 1894 errichtete Reichstagsgebäude gehört zu den umstrittensten Bauwerken der deutschen Geschichte. In der Vehemenz und Ausdauer, mit der über mehr als hundert Jahre um seine Errichtung, Nutzung, seinen dreifachen Wiederaufbau und seine Verhüllung gestritten wurde, ist das Reichstagsgebäude ein Monument des Zwistes zwischen zwei unterschiedlich legitimierten Souveränen: der Volksvertretung und der Kunst. Mit den Mittelrisaliten der Frontseiten, den turmbekrönten Eckrisaliten und der Kuppel verband Wallots Konzept die Hauptelemente vergleichbarer Großbauten, ohne sie nur zu addieren. Die dezentrale Stellung der leicht nach Osten versetzten Kuppel ergab eine spannungsvolle Rhythmik gegenüber den zur Stadt und zum Königsplatz orientierten Hauptfassaden. Die heute eher altertümlich wirkenden historistischen Bauformen waren im Jahre 1882, als der zweite, definitive Wettbewerb entschieden wurde, ohne Alternative. Allein die Frage, ob klassische, mittelalterliche oder barocke Formen eingesetzt werden sollten, hätte einen Spielraum gelassen.

Wallot verehrte Andrea Palladio, und so ist zu erklären, daß der Mittelrisalit an dem sechssäuligen, auf hohen Sockeln über einer Treppenanlage gestelzten Portikus von Palladios Villa Rotonda bei Vicenza (1566/67) orientiert ist, während die Eckrisalite an den Mittelteil der Fassade von S. Francesco della Vigna in Venedig (1562) erinnern. Die nach Westen gerichtete Hauptfassade mit ihren über zwei Stockwerke reichenden Vollsäulen und den übereinandergestellten Rundbogen- und Giebelöffnungen läßt an die Wandgliederung des römischen Bacchus-Tempels von Baalbek denken, dem späteren Heliopolis des Libanon (Tilmann Buddensieg). Die Ruinen waren seit Robert Woods Publikation aus dem Jahre 1757 zu einer der wichtigsten Anregungsquellen für Architekten geworden. Diese Verbindung von Formmotiven der Antike und der Renaissance, die den fehlenden Reichsstil nicht über deutsche Regionalformen wie die Romanik des Rheinlandes oder die Backsteingotik Norddeutschlands, sondern mit Blick über die Alpen zu erzeugen suchte, fand zunächst breite Zustimmung, und auch Wilhelm I. stand dem Projekt trotz einer Reihe von Eingriffsversuchen nicht ohne Wohlwollen gegenüber. Ein Zankapfel war und blieb die Kuppel, deren Sitz nach Intervention des Kaisers vom Sitzungssaal zur erweiterten östlichen Wandelhalle verlagert wurde. Da Wallot in ihr jedoch das Symbol der Volksvertretung und damit ein parlamentari-

sches Gegenzeichen zur geplanten Bekrönung des Berliner Domes sah, arbeitete er mit bemerkenswerter Zähigkeit daran, die Kuppel über den Sitzungssaal zurückzuversetzen, und im letzten Moment, sechs Jahre nach der im Juni 1884 erfolgten Grundsteinlegung, gelang ihm die erneute Planänderung. Als der Bau im Jahre 1894 eröffnet wurde, thronte die Kuppel über dem Plenarsaal.

Die Feindschaft Wilhelms II.

Diese Verlagerung wird dazu beigetragen haben, daß Wilhelm II. mit zunehmend verletzender Ablehnung reagierte. Das Zerwürfnis war angelegt, als Wallot Ende November 1889 auf einen Änderungsvorschlag Wilhelms II. mit einer ungebührlich spontanen Ablehnung reagiert hatte. In einem Brief an seinen Architektenfreund Alfred Friedrich Bluntschli hat Wallot seine Erfahrungen mit dem Kaiser im folgenden Jahr in die teils rüden, teils prophetischen Worte gefaßt: »[…] er ist ein gewöhnlicher, niederträchtiger Hund, für den auf anderem Gebiet Deutschland die Zeche wird bezahlen müssen. Denn es ist wohl anzunehmen, daß der Kaiser auf anderem Feld, sagen wir dem militärischen, genauso verfährt wie hier auf dem künstlerischen.«

Drei Jahre später bezeichnete Wilhelm II. das Gebäude vor deutschen Künstlern in Rom als »Gipfel der Geschmacklosigkeit«. Damit kam es zu der Konstellation, daß die Künstler- und Architektenschaft ein historisches Bauwerk so gut wie einhellig verteidigte, weil es von seiten des Kaisers und seiner Verbündeten verachtet wurde. Bei der Einweihung im Dezember 1894 wurde Wallot in die zweite Reihe gedrängt, von der Berliner Künstlerschaft aber um so enthusiastischer gefeiert. Bei dieser Gelegenheit formulierte er das Programm einer Einheit von Architektur, Malerei, Bildhauerei und Ingenieurkunst. Dies war kein Lippenbekenntnis, denn die auf quadratischem Sockel ruhende, filigrane Metall-Glas-Kuppel bezog sich auf kein historisches Vorbild, sondern auf die zeitgenössische Architektur der Galerien, um den mediterranen Historismus des Kerngebäudes mit der aktuellen Baukunst der Künstleringenieure zu verbinden.

Wallot hat sein Ziel, die Kuppel als symbolisches Gefäß des Gesamtparlamentes und als Fanal des Übersprunges von einem einheitsstiftenden Historismus in die Zukunft zu errichten, so mühsam wie zielstrebig verfolgt und schließlich auch durchgesetzt. Er resignierte erst nach Realisierung seines Bauzieles. Im März 1899 trat er von seinem Amt als Bauleiter zurück, nachdem ihm konservative Abgeordnete verweigert hatten, Franz von Stucks Gemälde für das Foyer des Reichstagspräsidenten und Adolph von Hildebrandts Modelle der Wahlurnen zu akzeptieren.

Das unfreiwillige Negativsymbol

Zu den Verwirrungen, die der Wallotsche Reichstag erzeugte und erduldete, gehört, daß die Inschrift »Dem Deutschen Volke«, die im Jahre 1916 als Zeichen einer inneren Versöhnung des kriegführenden Deutschland am Westgiebel angebracht worden war, dem Nachruhm des Bauwerkes zum Verhängnis wurde. Je nach Sichtweise wurde ihm der Krieg wie auch der im Reichstag ratifizierte Versailler Vertrag und die Ausrufung der Republik angelastet. Zu einem Symbol der Schwäche der Weimarer Republik geriet er um so mehr, als er Schauplatz zahlreicher Störungen war, die zunehmend in Saalschlachten ausarteten. Die National-

Ort **Platz der Republik 1,**
Berlin-Mitte
Bauzeit **1884–94; 1961–72**
Architekten **Paul Wallot;**
Paul Baumgarten

1882 wurde ein Wettbewerb ausgeschrieben, um dem Reichstag
ein Gebäude zu geben. Paul
Wallot gewann gegen 183 andere
Architekten. Er mußte seinen
Entwurf jedoch mehrmals überarbeiten, so daß der Bau sich
über zehn Jahre hinzog.
Beim Reichstagsbrand am
28. Februar 1933 wurde die
Innenausstattung teilweise
zerstört. Im Zweiten Weltkrieg
wurde der Reichstag schwer
beschädigt und die Kuppel aus
statischen Gründen gesprengt.
1957–61 wurden substanz-
erhaltende Maßnahmen durchge-
führt. Die neue Innengestaltung
übernahm Paul G. R. Baumgarten
1961–72. (Siehe auch Nr. 50.)

sozialisten, denen der Reichstagsbrand des 27. Februar 1933 hoch willkommen
war, haben das ihnen verhaßte Gebäude kaum genutzt. Albert Speer, der es abreißen lassen wollte, plante eine »Halle des Volkes«, neben der es wie eine ver-
zierte Hütte gewirkt hätte.

Der Wunsch nach greifbaren Zeichen führte jedoch zu einer grotesken Sinn-
verkehrung. Als die sowjetische Armee auf Berlin zumarschierte, galt ihre symbolische Stoßrichtung nicht etwa der Reichskanzlei, sondern dem Reichstagsgebäude. Jewgenij Chaldejs nachgestelltes Foto der Aufpflanzung der sowjetischen Fahne auf dem Gesims des ruinösen Gebäudes hat der Annahme, daß die
Formen des Reichstages eine Art Mitschuld am deutschen Obrigkeitswahn trügen,
eine ikonische Qualität vermittelt.

Zwar sahen einzelne Verteidiger wie der Minister für gesamtdeutsche Fragen
Jakob Kaiser nach 1945 im Reichstagsgebäude den »Kristallisationspunkt für den
Gedanken der Wiedervereinigung Deutschlands«, aber es wurde mehrheitlich um
so stärker abgelehnt, als man die Formen des Historismus als Zeugen eines auto-

ritativen Gehabes ansah. In seiner schnörkellosen Sachlichkeit nutzte der von
1961 bis 1972 errichtete Plenarsaal Paul Baumgartens die Reste des Gebäudes
geradezu als Negativfolie. Und schließlich setzte sich auch Günter Behnischs
Bonner Parlamentsgebäude, das alle Zeichen machtvoller Repräsentanz zu vermeiden und mittels der Durchsichtigkeit der Wände die erwünschte Transparenz
der Bonner Demokratie begreifbar zu machen suchte, explizit vom Reichstagsgebäude ab.

Erst im Zuge der Diskussion um das Projekt des Künstlerpaares Christo und
Jeanne-Claude, den Reichstag zu verhüllen, gelang die gedankliche Wiedereröffnung des Bauwerkes. In der Vorbereitung dieser Entscheidung hatten der
Historiker Michael S. Cullen und der Kunsthistoriker Tilmann Buddensieg die Um-
wertung des Reichstagsgebäudes von einem Monument wilhelminischer Macht in
ein Denkmal des Parlamentarismus vorbereitet, und in der Verhüllungsaktion der
Juliwochen des Jahres 1995 wurde diese Metamorphose durch ein Millionen-
publikum auf unbeschwerte Weise vollzogen.

Über das Lesen und Darstellen von Architektur
Das Haus Freudenberg von Hermann Muthesius

Matthias Schirren

»[...] habent sua fata libelli« (... so haben Büchlein ihr Schicksal). Und nicht nur die Bücher, möchte man angesichts des Hauses Freudenberg in Nikolassee hinzufügen. Die Geschichte des Hauses ist allerdings auf vielfache Weise mit Büchern und Texten verbunden. Was Hermann Muthesius (1861–1927) in den Jahren 1907–08 auf einem Grundstück oberhalb des steilen Abfalles zur Rehwiese und in unmittelbarer Verbindung zu seinem eigenen Wohnhaus ins Werk setzte, war nichts weniger als die Quintessenz einer jahrelangen Beschäftigung mit den Grundlagen des Bauens und der Architektur überhaupt. Und die hatte ihn, bevor er sich 1904 als Architekt selbständig machte, zunächst einmal zum Verfassen von Büchern geführt. »Stilarchitektur und Baukunst« hieß Muthesius' Programmschrift aus dem Jahre 1901, mit der er sich auf eine genuin deutsche Tradition besann. Muthesius argumentierte naturalistisch wie einst Goethe in seinem Erwin von Steinbach, dem mythischen Erbauer des Straßburger Münsters, gewidmeten Essay »Von deutscher Baukunst«. Hatte Goethe die Inkommensurabilität des gotischen Stiles für den zeitgenössischen Kunstgeschmack aufzubrechen versucht, indem er den Genius Erwins gegen die welsche Gelehrsamkeit des Abtes Laugier ausspielte, dessen Urhüttenmodell scheinbar keinen Raum ließ für die Idee des gotischen Spitzbogens, so argumentierte Muthesius nun gegen die Stilarchitektur schlechthin. Stilarchitektur, das waren die Bauten der dogmatisch verengten klassizistischen Tradition, wie sie an den verkrusteten deutschen Akademien ohne Bezug zum wirklichen Baugeschehen und zur lebendigen Kultur gelehrt wurde. Baukunst hingegen, die ergab sich aus den Bedingungen des Lebens selbst. Damit aber verschob sich auch der ästhetische Maßstab der Architektur. Folgerichtig setzte Muthesius Francis Bacons Ausspruch »Houses are built to live in, not to look at« als Motto über den zweiten Band seines monumentalen Hauptwerkes »Das englische Haus«, das 1904 erstmals erschien. Die beste Interpretation der Architektur, so muß man Muthesius' Reflex auf Bacon deuten, ist ihr Gebrauch, ihre Angemessenheit erweist sich in der Nutzung, besser noch: im vollziehenden Erleben dieser Nutzung, im Wohnen selbst. In diesem den Funktionalismus der zwanziger Jahre unseres Jahrhunderts in gewisser Hinsicht vorwegnehmenden Sinne hatte auch Goethe in seiner »Italienischen Reise« die perfektionierte Grundrißgeometrie von Palladios Villa Rotonda, die in jede der vier Himmelsrichtungen einen repräsentativen Tempelgiebel ausbildet, nur als »wohnbar aber nicht wöhnlich« gelten lassen wollen. Kaum verwundert es da, daß Muthesius den Palladianismus in England als fremd wahrnahm, als ein welsches Element, das der autochthon »nordischen«, auf das mittelalterliche Manorhouse zurückgehenden Entwicklung des englischen Hauses zuwiderlaufe.

Das »Wöhnliche«, mithin »Nordische« läßt sich am Haus Freudenberg in den verlebendigenden Asymmetrien der Erdgeschoßzone fassen, dem tiefgezogenen Fenster im linken Gebäudeflügel beispielsweise, das den nach Süden gelegenen Wintergarten im Anschluß an die Repräsentationsräume Musikzimmer, Herren-

Literatur:

Hermann Muthesius: Das englische Haus. Berlin 1904 (3 Bde.)

Julius Posener: Hermann Muthesius. In: Die Baugilde, 13. Jg., 1931, Heft 21, S. 1639 ff.

Ders.: Berlin auf dem Wege zu einer neuen Architektur. Das Zeitalter Wilhelms II. München 1979, S. 127–160

Ders. (mit Sonja Günther): Hermann Muthesius. Ausstellungskatalog der Akademie der Künste. Berlin 1977

zimmer und Empfangszimmer anzeigt, oder dem heute nicht mehr existierenden gesonderten Kindereingang zum rechten Bautrakt, wo sich auch Küche, Leutestube und sonstige Wirtschaftsräume befanden. Wie oft und insbesondere von Julius Posener, Muthesius' wichtigstem posthumem Interpreten, beschrieben wurde, setzen sich diese Asymmetrien, die sich schließlich doch zu einem merkwürdig ausgeglichenen Gebilde formen, fort im Grundriß, dessen unregelmäßige Einzelformen nach Art eines Puzzles ineinandergreifen.

Kunstwissenschaftliche Gelehrsamkeit wird als Formvorbild Edward Priors berühmtes Haus »The Barn« in Essex ermitteln, dessen rechtwinklig zueinander stehende Flügel zur Hofseite hin auch einen großen Giebel in ihre Mitte nehmen, der den Ort der Halle als Zentrum der inneren Organisation des Hauses anzeigt. Muthesius selbst bildete diesen Bau in seinem Buch ab, kommentiert durch die Worte, daß es sich um ein »merkwürdig angelegtes Haus« handele, womit er nicht zuletzt auf den versteckten Palladianismus des zentralen Giebels angespielt haben dürfte, dessen er beim Haus Freudenberg später selbst nicht mehr entraten wollte. Julius Posener hat demgegenüber schon in dem ersten Aufsatz, den er Muthesius 1931 widmete, auf das Erlebnis aufmerksam gemacht, das das Motiv der geöffneten Flügel für den von der Potsdamer Chaussee sich Nähernden bereithält: »Von der Straße aus wird der Winkel räumlich nicht empfunden: Eine gerade rote Front mit einem Giebel in der Mitte schließt, repräsentativ, den langen Zugangsweg ab. Beim Näherkommen scheinen die Flügel sich langsam vorzuschieben, aber erst an einem bestimmten Punkt wird die Tatsache klar, daß sie rechtwinklig zueinander stehen: dort öffnet sich auf einmal der Weg zum quadratischen Platz, den man in der Diagonale durchschreitet. Das ganze Haus wird Eingang. Der Übergang vom Repräsentativen zum Einladenden ist nie überzeugender dargestellt worden.«

Poseners Muthesius-Interpretation war selbst programmatisch orientiert. Muthesius' Werke, insbesondere seine sogenannten Landhausbauten für die bürgerliche Oberschicht vor dem Ersten Weltkrieg, die mit dem Ende des Wilhelminismus unmittelbare Aktualität für sich gerade nicht mehr beanspruchen konnten, schienen Posener Anfang der dreißiger Jahre geeignet, den verkürzten Zweckbegriff des Funktionalismus zu konterkarieren. Bezog sich dieser auf die Schnellebigkeit der Zeit, auf wissenschaftliche Experimente und industrielle Fertigungsprozesse, so setzte Posener dagegen das aller Knappheit und bloßen Geschwindigkeit abholde Wort vom »epischen Bauen«, das er als »Bauen aus der Kultur« in Muthesius' Werk verwirklicht sehen wollte.

Mit dem Begriff des Epischen bezog sich Posener nicht explizit auf die neueste Tendenz des damaligen Dramas, etwa Brechts »episches Theater«, in dem der Schauspieler seine Rolle zugleich immer kommentiert. Das Antiillusionistische des Brechtschen Dramas hatte gleichwohl Berührungspunkte mit Poseners Sicht auf die Architektur. Architektur, das war für Posener im gelungenen Fall ein Gegenstand, der in der Fülle seiner Bezüge über alle ästhetischen, stilistischen oder philosophischen Spekulationen erhaben ist.

Das Wort vom »epischen Bauen« sollte somit bezeichnen, was bloße Rubrizierungen wie »englisches Landhaus« oder »Reformarchitektur« nur allzuschnell vergessen machen: daß es sich bei Muthesius' Bauten um Gebilde handelt, die nicht allein aus ihren Bedingungen erklärbar sind, sondern – wie potentiell alle

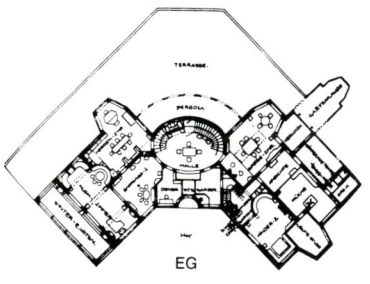

Erzeugnisse der menschlichen Erfindungskraft, realiter aber nur sehr wenige – die Situation, auf die sie reagieren, darstellerisch überhöhen. Solche Überhöhung ist aber auf den inspirierten Rezipienten oder – wenn wir zu den eingangs zitierten Büchern zurückkehren – den verstehenden Leser angewiesen. Das geflügelte Wort, daß Bücher (und ich hatte suggeriert: auch Häuser) ihr Schicksal haben, läßt auch Terentianus Maurus, ein Autor des 3. Jahrhunderts n. Chr., auf den es Georg Büchmann zurückführt, nur nach einer vorausgeschickten Maßgabe gelten. Diese rückt die eminent menschliche Dimension jeglichen Schicksals vor Augen oder, andersherum gesagt: Sie macht deutlich, daß es Schicksalhaftes nur in Hinsicht auf den Menschen gibt. Im Original lautet der Vers: »Pro captu lectoris habent sua fata libelli«, was Büchmann zutreffend übersetzt mit: »Ganz wie der Leser sie faßt, so haben die Büchlein ihr Schicksal.«

Poseners inspirierte Lektüre des Hauses Freudenberg wie der Architektur des Wilhelminismus insgesamt, mit der er nach seiner Rückkehr aus dem Exil, in das er 1933 gegangen war, bis hin zu seinem Tod Mitte der neunziger Jahre wie kaum einer in Berlin zum Erhalt bedrohter Bauten der Jahrhundertwende beitrug, konnte nicht verhindern, daß das Haus Freudenberg selbst in den siebziger Jahren nur der äußeren Form nach erhalten wurde. Der Garten, als dessen Kulminationspunkt es einstmals entworfen wurde, ist heute durch eine Bebauung mit Eigentumswohnungen zerstört. Daß wir dies als Verlust empfinden, verdanken wir nicht zuletzt Poseners Sicht auf den Bau, die poetisch nur im besten aristotelischen Sinne war.

Ort **Potsdamer Chaussee 48, Berlin-Nikolassee**

Bauzeit **1907–08**

Architekt **Hermann Muthesius**

Das Haus Freudenberg an der Rehwiese ist eines der Hauptwerke von Hermann Muthesius, der um die Jahrhundertwende als Attaché der deutschen Botschaft in Großbritannien die Geschichte des englischen Hauses studiert hatte und einer der wichtigen Vermittler der englischen Arts-and-Crafts-Ideen für die Reform von Kunstgewerbe und Architektur in Deutschland war. In den dreißiger Jahren entwickelte der junge Architekturkritiker Julius Posener anhand dieses Bauwerks den Begriff einer »epischen Architektur«. Der Bau wurde in den siebziger Jahren wenig sensibel restauriert und in kleine Wohnungen aufgeteilt. Die Sprossenteilung der Fenster ging verloren.

EG

Ein Tempel für Maschinen

Die AEG-Turbinenhalle von Peter Behrens

Tilmann Buddensieg

Um 1910 wurde im Zuge der enorm expandierenden Industrie eine Unzahl von Fabriken für alle nur denkbaren Produktionsprozesse erbaut. Ingenieure bestimmten die Grundfläche, den Raumbedarf, die Produktionsbedingungen und konstruierten eine Halle in Eisen und Glas, die den Anforderungen der Bedürfnisse entsprach. Der Neubau einer sehr großen Fabrik für die Produktion von Turbinen der AEG wäre unter normalen Bedingungen in einer Fachzeitschrift veröffentlicht und danach vergessen worden, wie die meisten der konkurrierenden Firmen.

Es sind zwei neue Gedanken gewesen, welche die AEG-Turbinenfabrik zu einem Jahrhundertbauwerk machten: Ihr Auftraggeber, der Firmengründer Emil Rathenau (1838–1915), hatte als Ingenieur und Maschinenbauer nicht nur umfassende technische Kenntnisse, sondern ein genuines Gefühl für die elementaren Formqualitäten von Maschinen und Fabriken. Er hat die Wirksamkeit der Formqualitäten über den persönlichen Genuß hinaus als ganz unerschlossene Dimension der Verkaufswünsche der Kunden erahnt. Die Formgebung wurde aus der Künstlerhandschrift befreit und zum »Gesicht«, zur Identität eines Produzenten, der von anderer Gestalt, anderer sichtbarer Erscheinung war als die enorm wachsende, gleiches für denselben Bedarf produzierende Konkurrenz.

Diese kaufmännische Einsicht Rathenaus in das emotionale Potential und damit in die umsetzenden und aneignenden, Besitz- und Kaufbedürfnis weckenden »Dinge der Form« (Nietzsche) vermag die außerordentliche Entscheidung Emil Rathenaus zu erklären, einen architektonischen Laien wie Peter Behrens im Juni 1908 mit dem Entwurf eines hochkomplizierten Fabrikbaus zu beauftragen.

Behrens entwirft eine »raumbildnerische Erscheinung« der Fabrik und entwickelt dafür eine »konstruktive Idee«. Erst danach wird der Bauingenieur Karl Bernhard beauftragt, »die konstruktive Durchführung« mit den »nötigen Berechnungen« zu organisieren und dieser »Raumgestaltung« durch »technische Erfindungsgabe« zu ihrer »schönen domartigen Wirkung« und ihrer »ausgezeichneten Silhouette« zu verhelfen. Die Werbepolitik der AEG mit dem Mittel der Formgestaltung erlebt hier ihre erstaunlichste Konsequenz: Ein reines Ingenieurwerk kompliziertester statischer Anforderungen wird primär in die formenden Hände eines architektonischen Laien, eines Schrift- und Werbekünstlers, eines Produkt- und Ausstellungsgestalters gelegt.

Behrens schmückt den Bau nicht wie seine Vorgänger mit Zitaten aus der Baukunst der alten Stile, sondern er formt ihn mit den neuen Materialien der Industrie selbst – mit Glas, Stahl und Beton. »Dieser moderne Bau ist in seinen wuchtigen äußeren Formen ein Abbild der gewaltigen Arbeit, die im Inneren des Gebäudes geleistet wird«, so sah es der renommierte Betriebsingenieur und einer der drei Erbauer der Halle, Oskar Lasche. Richard Hamann brachte den gleichen Sachverhalt auf die Formel: »Konstruktive Kunst an der Fabrik und konstruktive Arbeit in der Fabrik, rationelle Schöpfung und rationelle Produktion finden zusammen.«

Die Methode von Behrens besteht in der konsequenten Reduktion der Formensprache auf wenige Bauelemente, die technisch leicht zu produzieren und unendlich zu reihen waren. Diese Formensprache erhielt ihre Wahrheit durch die sichtbare Analogie zum industriellen Fertigungsprozeß selbst, zur Normierung und Standardisierung in der Massenproduktion. Die Bestandteile der Turbinenfabrik werden über ihren errechneten Funktionsauftrag hinaus plastisch, räumlich und flächig so betont, daß die rhythmische Gruppierung solcher Elementarformen zwischen profiliertem Betonsockel und dem genieteten Gesims zur gewollten Erinnerung an Dom und Tempel wird.

Der vielkritisierte Formalismus der Turbinenhalle ist ein doppelter. Natürlich ist die Suggestion der unnötig vollwandigen Stahlstützen, die ein Dach tragen, und damit die Erinnerung an Tempelsäulen, »Lüge«. In »Wahrheit« sind die Stützen konstruktiver Teil des Bernhardschen Dreigelenkbinders, der durch Querversteifungen vor allem die Wand- und Laufkrane und deren gewaltige Lasten und seitliche Schubkräfte trägt. Vollwandig sind die Stützen nicht aus statischen Gründen, sondern auf Anweisung des »Bildners« Behrens nur in der außerhalb der Glaswand sichtbaren Hälfte, nicht aber in der im Inneren. Die Arbeitsleistung der Stützen bringt Behrens, in der Ablösung von der einwärts geneigten Wand nur im Außenbau sichtbar, als ein Tragen, wie früher von Säulen. Das zunehmende Volumen der Stützen hat keinen statischen, sondern einen ästhetischen Grund: die Suggestion des Tragens eines weit überstehenden Daches. Goethe hat an Palladio »die force des großen Dichters« bewundert, »der aus Wahrheit und Lüge ein Drittes bildet, dessen erborgtes Dasein uns bezaubert«. Diese »force« bringt die Turbinenhalle mit der neuen »Machtberedsamkeit der Formen« (Nietzsche) in die Nähe von Tempel und Kathedrale. In der Frontseite zur Huttenstraße gelingt Behrens trotz kleiner Dimensionen der stolze Ausdruck kollektiver Arbeit. Die Reduktion der Fassadenelemente auf kubische und flächige Urformen erinnert zugleich an die ägyptischen Anfänge aller Baukunst.

Die kritischen Schüler von Behrens haben in unterschiedlicher Weise auf den Meister reagiert. Gropius läßt in seinem Faguswerk von 1911 die Stahlstützen hinter der freitragenden Glashaut verschwinden. Die Ausdruckskraft der Turbinenhalle reduziert sich auf Transparenz, Schwerelosigkeit, Rationalität – Formqualitäten, die nunmehr für alle Bauaufgaben brauchbar erscheinen.

Der 23jährige Mies van der Rohe hat beim Entwurf der Hofseite der Turbinenhalle im Atelier von Behrens gelernt, die Stahl- und Glaskonstruktion als universales Prinzip der modernen Architektur schlechthin zu erkennen: Das Fehlen einer repräsentativen Straßenansicht zwang bei der Hofseite zur Konzentration auf die minimale, aber dennoch subtil durchgesetzte Ästhetik der Teilflächen der Fensterfelder und der Reliefwirkung der Stützen.

Behrens entschied sich für einen von drei Entwürfen von Mies mit dem Spruch: »Weniger ist mehr«. Das wurde zum lebenslangen Motto der Werke von Mies. Seine Arbeit an der Turbinenhalle führte ihn zu der Einsicht, es sei Behrens gar nicht recht bewußt geworden, was er mit der Turbinenhalle geschaffen habe. Er habe nur eine moderne und schöne Fabrik entwerfen wollen, statt seine Schöpfung als Methode, wie Mies, allen denkbaren Bauaufgaben, auch noch der Neuen Nationalgalerie [Nr. 29], zugrunde zu legen.

Literatur:

Tilmann Buddensieg in Zusammenarbeit mit Henning Rogge: Industriekultur. Peter Behrens und die AEG 1907–1914. Berlin 1979

Julius Posener: Berlin auf dem Wege zu einer neuen Architektur. Das Zeitalter Wilhelms II. München 1979, S. 387 ff.

Peter Behrens. Hg. v. Hans-Georg Pfeifer. Düsseldorf 1990

Ort **Huttenstr. 12–19, Berlin-Moabit**

Bauzeit **1908–09**

Architekt **Peter Behrens**

Die Fabrikanlage gliedert sich in drei Bereiche: die funktionale Seitenfassade zur Berlichingenstraße, die Giebelfront zur Huttenstraße und den zurückgesetzten zweistöckigen Hallentrakt, mit Werksteinplatten verkleidet. Die Seitenhalle wurde 1939 von Jakob Schallenberger und Schmidt um fast 100 Meter mit einer schlichten Stahlrahmenkonstruktion auf 207 Meter verlängert.

Vollendung der Museumsinsel
Das Pergamon-Museum

Goerd Peschken

Literatur:

Fritz Stahl: Alfred Messel.
Berlin 1910

Walter Curt Behrendt: Alfred
Messel. Berlin 1911

Wilhelm Bode: Alfred Messels
Pläne für die Neubauten der
Königlichen Museen zu Berlin.
In: Jahrbuch der Königlich
Preußischen Kunstsammlungen,
XXXI. Jahrgang, II. Heft (Berlin
1910)

Masterplan Museumsinsel
Berlin, ein europäisches
Projekt. Andres Lepik (Hg.),
Berlin 2000

Die Aufgabe Alfred Messels – der Bau des Pergamon-Museums – war sehr schwierig. Zu bebauen war ein »Rest-Grundstück«, von dem sich alle vorhandenen Bauten der Museumsinsel abwandten: Das Alte Museum blickte auf Lustgarten und Schloß; die Nationalgalerie, von ihren Kolonnadengängen umhegt, bezog sich höchstens auf den Himmel; das Neue Museum schloß sich an die Kolonnaden an; auf der anderen Seite des Baugrundstücks querte schon die Stadtbahn die Insel; hinter der Stadtbahn besetzte das Kaiser-Friedrich-Museum (heute: Bode-Museum) die Inselspitze, blickte zur Spree hin und wendete Bahn und Bauplatz den Rücken zu. Zu bauen waren drei Museen, eines für orientalische, eines für antike und eines für deutsche Kunst. Messel faßte sie in einer Dreiflügelanlage zusammen, die sich zum kleinen Spree-Arm (dem Kupfergraben) hin öffnet. Er akzeptierte die sehr ungünstige Lage des Zugangs und kompensierte sie durch den Vorhof. Nur dieser gewährt den Abstand, mit dem das Gehäuse des Pergamon-Altares, dieser riesige Kasten, optisch seine volle Wirkung entfalten kann. Messel hat den Altar, das größte und bedeutendste Ausstellungsstück in seinem Neubau, zum Hauptthema des Baues und zum Schwerpunkt der ganzen Museumsinsel gemacht. Wenn der damalige Generaldirektor Wilhelm von Bode von dem »Hauptbau« der Museen sprach, hatte er vor allem das Altargehäuse vor Augen.

Die architektonische Auszeichnung des Altargehäuses durch die Pyramidenstufen (entsprechend dem Brandenburger Tor) und die Eck-Akroterien geht auf Messel zurück. Die Nebensäle des Antikenflügels sind von den Hofflügeln verdeckt; an der Rückseite treten sie gegen den Altarkasten zurück und ordnen sich ihm in der Höhe unter. Hier gedachte Messel seinen gewaltigen Bau bis an die Kolonnaden der Nationalgalerie heranzurücken und mit den Ecken des Neubaus mehrmals fast zu berühren. Er wollte sie aber nicht antasten, ihrem abweisenden Rund vielmehr mit einer kleinen mittleren Apside an seiner Rückfront fröhlich antworten. Für die barbarische Verstümmelung der Kolonnaden kann er nichts. Vorn im Hof sollte eine niemals ausgeführte Querkolonnade ein Repoussoir bilden und die Eingänge in die Flügel decken. Der rechte Flügel war von vornherein für das orientalische Museum bestimmt, der linke für das Deutsche Museum (das u. a. wegen schwerer Kriegsverluste aufgelöst worden ist), und hinten im Hof sollte ein Eingangsbau von der Form eines Tempels in das Antikenmuseum führen.

Von der inneren Einrichtung ist vor allem die Plazierung des Pergamon-Altars auf Messels Entwurf zurückzuführen: Die Front des Altars ist so weit zurückgeschoben, daß man sie überblicken kann. Dafür sind die Reliefs der Seiten- und Rückwände des Altars an den Wänden des Ausstellungssaales angebracht. Im provisorischen Pergamon-Museum (1899–1910) war der ganze Altar aufgestellt gewesen: so waren nur enge Gänge ringsherum geblieben, die einen Überblick nicht zuließen. Messel hat auch die Aufstellung des Markttores von Milet als Tor vom Antikenmuseum in das orientalische Museum vorgesehen. Vom Südflügel des Neubaus gedachte er am Kupfergraben entlang einen einstöckigen Flügel zu ziehen, über den das Neue Museum hinweggesehen hätte wie ehemals über die Packhof-Schuppen Schinkels, die hier gestanden hatten.

Der Gebrauch von Tempelgiebeln und Säulen für öffentliche Gebäude, wie Messel ihn vorsah, war damals in Deutschland nicht so verbreitet wie in den angelsächsischen Ländern, für ein Museum mit Antikenausstellung allerdings so gut wie selbstverständlich. Messel hat die Giebel der Flügelköpfe am Kupfergraben der Gesamtmasse seines Baus untergeordnet, indem er sie etwas enger und niedriger nahm als die Höhe und Breite der Flügel. Von dieser wunderbaren Erfindung ist – wenn auch mit Änderungen im Detail – etwas erhalten geblieben. Sie entspricht dem Sinn für Plastizität, den das Neubarock mit sich gebracht hatte.

Messels Ausbildungszeit und Anfänge fielen in die höchste Phase des Historismus. Die Architekten des Historismus strebten vor allem nach Genauigkeit der Einzelform und nach Vollkommenheit des Materials. Die Baumasse und deren Plastizität, selbst der Maßstab interessierten weniger. Daher scheint die eigentümliche Kälte herzurühren, mit der Backstein, Werkstein mit Putz, Ziegel, Schiefer und Verblechung, Holz und Eisen kombiniert wurden, daher die sonderbare Magerkeit der Kirchtürme der Zeit. Offensichtlich hatte dieser Stil inneren Bezug zum Materialismus und zu Fabrikproduktion und war intellektuell bis zur Gefühllosigkeit. Diese Tendenz läßt sich schon bei Schinkel beobachten.

Zu Messels Zeiten waren die Bauten geradezu stachlig vor eisernen Spitzen, Metallhauben auf Erkern und Gauben, hölzernen Freigespärren in den Giebeln usw. Das Stilprogramm des Historismus schien endlich ganz durchexerziert, und Fabrikproduktion hörte auf, ein Wert an sich zu sein, denn man nahm zunehmend nun auch deren häßliche Seiten wahr. Ein Verlangen nach Heimat, nach Pflege der Gefühle und der Seele, und auch ein neues Pathos der Macht kamen auf. Messel beherrschte den Historismus perfekt. Sein Ruhm kommt daher, daß er darüber hinausführte und die neuen Bedürfnisse erfüllte. Sein Entwurf für das Pergamon-Museum enthielt auch im Detail viel, was Plastizität und Monumentalität steigerte. Für die Schönheit seines Details war Messel berühmt. Zum Beispiel gedachte er die Giebel der Flügelköpfe steiler, ihr Gebälk ohne Triglyphenfries und ganz flach zu nehmen, den riesigen Kasten mit dem Altar auf ein Erdgeschoß aus schweren Pfeilern zu stellen, vor allem die Glasdecke über dem Altar mit großen Vouten einzufassen, die zugleich beschützend wirken und der Konkurrenz mit der eckigen Architektur des Altares ausweichen sollten; jetzt machen die höheren Wände und die eckige Decke den Altar klein und lassen ihn gewissermaßen in der Kälte stehen.

Das Pergamon-Museum ist vor allem wegen seiner Anlage und Massenverteilung große Architektur, denn im Verlauf seiner langen und unglücklichen Baugeschichte ist das erste Konzept Alfred Messels, das seinerzeit mit Recht genial genannt worden ist, nur in Grundzügen übriggeblieben. Sieht man Messels ursprüngliche Perspektivzeichnungen für das Pergamon-Museum, wird dies offenbar. Messels Nachfolger Ludwig Hoffmann hat den Entwurf an vielen Stellen konventionell verwässert. Also muß man die Ausdruckssicherheit von Messels Detail an anderen Bauten suchen, in Berlin z. B. dem Arbeiter-Kaffeehaus in der Neuen Schönhauser Straße (Neurenaissance); der Bank-Fassade an der Nordwestecke des Gendarmenmarktes (Klassizismus); dem Bürohaus Am Köllnischen Park (freier Stil; Dächer verändert); oder in Wannsee, Villa Springer (shingle-style) und Villa Oppenheim (Neubarock; Grundstück beschnitten, Zuweg geändert).

Der Masterplan der Planungsgruppe um David Chipperfield und Christoph Sattler stellt das Pergamon-Museum vor ein neues Kapitel seiner Geschichte. Ein Wettbewerb wird klären, welcher Architekt seine komplexe Vorgeschichte vor dem Hintergrund der neuen Konzepte zu Ende schreibt.

Ort **Am Kupfergraben, Berlin-Mitte**

Bauzeit **1906, 1909–30**

Architekten **Alfred Messel, Ludwig Hoffmann**

1878–1886 Ausgrabung des Pergamon-Altares. 1897–1910 provisorischer Ausstellungsbau. 1906 f. endgültige Planung. 1909 Tod Messels. Stadtbaurat Ludwig Hoffmann übernimmt den Bau. 1930 Eröffnung mit provisorischem Steg; Querkolonnade und Eingangstempel bleiben weg. Im Zweiten Weltkrieg Zerstörung der Glasdächer. 1959 Wiedereröffnung. 1982 neuer Steg und Eingangsbau. 1999 wird die gesamte Museumsinsel von der UNESCO zum Weltkulturerbe ernannt. Den Wettbewerb Masterplan Museumsinsel gewann 1999 David Chipperfield, den zur Instandsetzung und Ergänzung des Pergamonmuseums gewann Oswald Mathias Ungers im Jahr 2000.

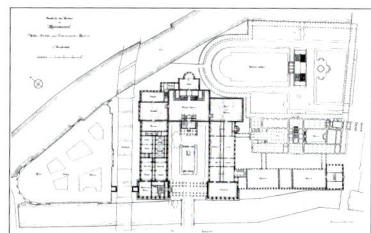

Prospekt für den Ausbau der Museumsinsel
Lithographie von Messel, 1907

Pergamon-Museum, Perspektivzeichnung von Messel

23

Von schmuckloser Eleganz
Haus Wiegand von Peter Behrens

Helmut Kyrieleis

Das Haus Wiegand ist ein Glücksfall der Berliner Architekturgeschichte in doppelter Hinsicht: zum einen, weil sich hier das Werk eines Wegbereiters der modernen Baukunst in einzigartiger Weise mit dem persönlichen Stil und Metier des Bauherrn verbindet, zum anderen aber auch, weil dies Baudenkmal nicht, wie so viele andere private Wohnhäuser und Villen, durch spätere Umbauten oder Modernisierungen beeinträchtigt worden ist.

Diese Villa, die Peter Behrens 1911/12 für den Archäologen Theodor Wiegand gebaut hat, steht noch heute so gut wie unverändert da, auch von der Innenausstattung und dem – ebenfalls von Behrens entworfenen – Mobiliar sind noch die wesentlichen Teile erhalten. Begünstigt wurde dieser gute Erhaltungszustand durch die Tatsache, daß die Villa nach dem Zweiten Weltkrieg nicht in Privatbesitz überging, sondern als Sitz des Deutschen Archäologischen Instituts eine ihrer ursprünglichen Zweckbestimmung adäquate Nutzung gefunden hat. Die zwanglose Weiterverwendung des Gebäudes durch eine öffentliche Institution, ohne die Notwendigkeit, die Räume oder Einzelheiten der Innenarchitektur zu verändern, macht in der täglichen Praxis besser noch als jede theoretische Be-wertung deutlich, daß die Wiegand-Villa von Anfang an mehr war als ein großbürgerliches Wohnhaus. In Anordnung und Zuschnitt der Räume spiegelt sich weniger die Intimsphäre einer Familie oder ein bürgerliches Repräsentationsbedürfnis als vielmehr eine gewisse akademische Klarheit und offizielle Formstrenge. Hierin, ebenso wie in vielen Details der Ausstattung, kommt etwas von der Persönlichkeit und dem Metier des Bauherrn zur Geltung, der als klassischer Archäologe, international anerkannter Leiter großer Ausgrabungen in Priene, Milet, Didyma und Samos und als Direktor der Berliner Antikensammlungen Inhalt und Anspruch seiner prominenten öffentlichen Stellung augenscheinlich auch in seinem Domizil zum Ausdruck bringen wollte. Die Wahl des führenden Vertreters des Neoklassizismus als Architekten dieser Archäologenvilla war Programm.

Literatur:

Wolfram Hoepfner, Fritz Neumeyer: Das Haus Wiegand von Peter Behrens in Berlin-Dahlem. Baugeschichte und Kunstgegenstände eines herrschaftlichen Wohnhauses. Das Deutsche Archäologische Institut, Geschichte und Dokumente, Bd. 6. Mainz 1979

Zwar ist nicht genau bekannt, wie weit Wiegand Einfluß auf die Baugestaltung im einzelnen genommen hat, doch ist unverkennbar, daß auch Peter Behrens, dessen Schaffen um 1910 zunehmend von der Auseinandersetzung mit Entwurfsprinzipien und Bauformen der Antike geprägt ist, in der Planung eines Wohnhauses für einen Altertumsforscher eine Aufgabe gesehen hat, die seinen aktuellen baukünstlerischen Ideen entgegenkam. So entstand in der Interessenverbindung von Architekt und Bauherr ein Gebäude, das heute nicht nur als eines der wichtigsten Baudenkmäler des späten Klassizismus in Deutschland gilt, sondern auch ein Denkmal der Wissenschafts- und Kulturgeschichte Berlins ist.

Ordnungsprinzip des Bauplanes ist eine symmetrische Grundrißdisposition, die auf die Mittelachse des Grundstückes bezogen ist. Diese Symmetrieachse verläuft vom Eingangsperistyl über die Gartenfront und eine Baumallee bis zu einer 1934 abgerissenen Pergola an der Podbielskiallee. Der für Behrens-Villen charakteristische axialsymmetrische Grundrißtypus mit Mittelsaal und turmartig zur Gartenseite vorspringenden Seitenflügeln ist hier durch den nördlich anschließenden Wirtschaftstrakt erweitert, wodurch die Symmetrie der Anlage von außen her nicht zu erkennen ist. Die für den repräsentativen Wohnungsbau der Zeit charakteristischen Raumfluchten sind streng vermieden. Jeder Raum bildet eine autonome Einheit, was durch die unterschiedliche Innenarchitektur der Räume noch unterstrichen wird.

Baugeschichtlich steht das Haus Wiegand am Ende einer langen klassizistischen Tradition, zugleich aber auch am Übergang zur Moderne. Behrens' Baustil knüpft an die elegante Nüchternheit des preußischen Klassizismus Schinkelscher Prägung an und ist zugleich vom direkten Rekurs auf die durch archäologische Bauforschung vermittelten Prinzipien des antiken Bauens bestimmt. So sind einzelne Architekturelemente nach den Angaben Vitruvs proportioniert, und auch die Verwendung dorischer und ionischer Formen folgt einer an klassisch-hellenistischen Profanbauten zu beobachtenden Regel, nach der sich die dorische Ordnung nach außen, die ionische Ordnung nach innen wendet: Die Straßenfront wird von den dorischen Säulen des Eingangsperistyls dominiert, ionische Stilformen (Kyma, Zahnschnitt, Pilasterkapitelle) sind im Treppenhaus und Speisezimmer, aber auch in der durch eine L-förmige Halle angedeuteten Hofsituation der Gartenseite verwendet. Die Zitate antiker Architektur sind sparsam eingesetzt, treten nicht als komplette kanonische Bauordnungen auf und werden auf schmucklose strenge Grundformen reduziert.

Diese abstrakte Definition der antikisierenden Elemente steht im Einklang mit der radikalen Vereinfachung und Monumentalisierung der Architektur dieses Hauses. In der kubischen Struktur des Baukörpers und seiner Teile, den Flächen und Kanten der grauen schmucklosen Steinwände und auch in der handwerklichen Präzision des Quadermauerwerks offenbart sich jener konstruktivistische Formpurismus, der die Ästhetik des Bauens im 20. Jahrhundert bestimmt und zu dessen wichtigsten Wegbereitern Peter Behrens unter anderem durch die in der gleichen Schaffensperiode entstandenen Industrie- und Verwaltungsbauten (Turbinenhalle der AEG in Berlin, 1909 [Nr. 3]; Verwaltungsgebäude der Mannesmann-Röhren-Werke in Düsseldorf, 1911/12) geworden ist. Bezeichnend für den Baukünstler Peter Behrens ist indessen nicht das bloße Streben nach konstruktiver Funktionalität, sondern die Monumentalisierung elementarer Formen durch

Betonung der Materialqualität, Vereinfachung und klare Proportionierung. Für den »repräsentativen Purismus« (Karl Scheffler) seines Bauens ist das Haus Wiegand mit seinen klaren und wuchtigen, über das Private hinausweisenden Bauformen ein herausragendes Beispiel.

Behrens' »moderner Klassizismus« ist gekennzeichnet durch die Suche nach neuen Wegen in der Verbindung traditioneller, symbolhafter Bauformen mit den neuen Formen und Ausdrucksmöglichkeiten des beginnenden technischen Zeitalters. In der Architektur des Hauses Wiegand manifestiert sich die angestrebte Synthese von Tradition und Moderne in charakteristischen Details wie den Glasbausteinen als Abdeckung des dorischen Peristyls, den großen Glasflächen der Schiebefenster im Untergeschoß und auf der Gartenseite, der Kombination von Kassettendecken und elektrischer Beleuchtung oder auch der subtilen, als Stilmittel geradezu avantgardistischen Auflösung der Starrheit des Baukörpers durch die dynamisch gespannte Kurve, mit der die Außenwände im unteren Teil leicht geböscht ausschwingen.

Behrens, der als Maler und Kunstgewerbler begonnen hatte und der als künstlerischer Beirat der AEG vor allem durch das Industriedesign autodidaktisch zur Architektur gekommen war, hat der Gesamtordnung von Bau und Ausstattung, der Synthese von Architektur und Kunstgewerbe in seinem Schaffen stets besondere Aufmerksamkeit gewidmet. Wie in der Architektur des Hauses ist auch in der Inneneinrichtung der Eindruck von Gediegenheit und nobler Kühle vorherrschend. Großer Wert ist vor allem in den Wandverkleidungen und -schränken, in den Parkettböden und Heizungsverkleidungen des Eingangs- und Treppenbereichs sowie der Repräsentationsräume auf die flächenhafte Darbietung ausgesuchter Hölzer gelegt, die wirkungsvoll mit den einfarbigen Wänden und weißen Decken kontrastieren. Farbiger und schwarzer Marmor der Kamine und Fensterbänke bilden weitere starke Material- und Farbakzente. Gegenüber dieser betont zur Schau gestellten Wirkung kostbarer Materialien tritt die klassizistische Ornamentik aus ionischen Volutenmotiven und Perlstäben, Miniaturkapitellen und Rosetten quantitativ stark zurück, setzt aber die entscheidenden Gliederungs- und Formakzente. Auch hier ist in einzelnen Motiven das Vorbild Schinkels erkennbar.

In dieser vornehm-sachlichen Atmosphäre ist es ein gezielt geplanter Überraschungseffekt, daß Wände und Decke des Vorraums mit farbigen und vergoldeten Rokokoschnitzereien ausgestattet sind. Es handelt sich um Holzverkleidungen, die Wiegand, der von 1897 bis 1910 als Direktor der Berliner Museen in Istanbul residiert hatte, aus einem abgebrochenen Palais des 18. Jahrhunderts in Istanbul erworben hatte. Der Einbau dieser prachtvollen, ein wenig exotischen Dekoration ist ein unübersehbarer Hinweis auf die besondere Beziehung des Hausherrn zur Türkei, der auch der Hauptteil seiner wissenschaftlichen Arbeit gewidmet war. Auch sonst findet sich eine Fülle von Anspielungen auf den Beruf des Hausherrn als Archäologe und Museumsmann. Dieser unverkennbar museale Zug stimmt vortrefflich mit dem Stil des Hauses überein. In der geplanten Verbindung von Architektur, Gartenlandschaft und Versatzstücken der Antike fügt sich die Wiegand-Villa in eine auf die Renaissance zurückgehende Tradition europäischer Antikensammlungen ein. Auch in dieser Hinsicht dürfte das Beispiel Schinkels und seiner Schule, nämlich die Antikengärten der Schlösser Glienicke und Charlottenhof, als Vorbild gedient haben.

Ort Peter-Lenné-Straße 28–30, Berlin-Dahlem

Bauzeit 1911–12

Architekt Peter Behrens

1911–12 von Peter Behrens für den Archäologen und Direktor der Berliner Antikensammlung Theodor Wiegand gebaut. Seit 1945 Sitz des Deutschen Archäologischen Instituts, ohne daß das Gebäude einschneidende Veränderungen des Originalzustandes erfahren hat.

Abschied von Hobrecht
Die Gartenstadt Staaken

Karl Kiem

Literatur:

Karl Kiem: Die Gartenstadt
Staaken. Typen, Gruppen,
Varianten. Berlin 1997

Das Zitat ist dem Brief von Julius
Posener an den Verfasser vom
20. 10. 1992 entnommen.

»By definition there could be no modern architecture before there was a machine aesthetic and this did not come into being in 1851 or even 1909, but arrived between 1923 and 1927.« (Peter Smithson)

Die Entstehung der Gartenstadt Staaken steht in Zusammenhang mit der Umsetzung der Ergebnisse des Wettbewerbs Groß-Berlin von 1910. Danach sollte die bis dahin verbindliche, aus dem Hobrechtplan von 1862 hervorgegangene, stark verdichtete Mietshausbebauung durch einen viergeschossigen Blockrand und eine allenfalls zweigeschossige, zeilenförmige weitläufige Blockinnenbebauung ersetzt werden. Ergänzend wurden im städtischen Vorfeld neue gartenstädtische Siedlungen vorgesehen, welche zusammen mit den vorhandenen alten Siedlungsstrukturen mit der allgemeinen Erweiterung der Metropole von den Mietshausquartieren umgeben werden sollten, so daß im Zusammenwachsen ein abwechslungsreiches und unterschiedlichen Bedürfnissen gerecht werdendes städtisches Ensemble entstehen konnte.

Aufgrund der Folgen des Ersten Weltkrieges ließ sich diese neue städtebauliche Leitlinie aber nur ansatzweise realisieren. Eine gewisse Ausnahmeerscheinung stellt die Gartenstadt Staaken dar, die bei Kriegsbeginn in ihrem Bau nicht vollständig unterbrochen, sondern als einzige gartenstädtische Siedlung in Deutschland nach der ursprünglichen Planung fast vollständig fertiggestellt wurde. Der wesentliche Grund für diesen Vorgang liegt darin, daß man in Preußen für die Zeit nach dem Krieg ein gebautes Muster haben wollte, das als Grundlage für eine Vielzahl noch zu errichtender Siedlungen dienen konnte. Wegen dieser intendierten Vorbildwirkung der Gartenstadt Staaken sollten für deren Entwurf die neuesten Gestaltungsauffassungen zum Zuge kommen. Dies zeigt sich an der Verpflichtung des Architekten Paul Schmitthenner, der für die ins Auge gefaßte Bauaufgabe besondere Erfahrungen mitbrachte, obwohl er erst 35 Jahre alt war und sein Werk bis dahin vergleichsweise klein. Er war im Büro von Richard Riemerschmid an der Planung der zwar vorbildhaften, aber seinerzeit nur zu einem kleinen Teil fertiggestellten Gartenstadt in Hellerau bei Dresden beteiligt gewesen. Darüber hinaus hatte er mit der Realisierung seines preisgekrönten Entwurfes für die Gartenstadt Carlowitz bei Breslau eine eigenständige Leistung vorzuweisen. Paul Schmitthenner erfüllte die in ihn gesetzten Erwartungen meisterhaft. Bereits in der städtebaulichen Anlage zeigt sich ein klares und rationales Vorgehen, das die vorhandenen natürlichen und administrativen Vorgaben geschickt in eine wohlgeordnete und doch abwechslungsreiche Anlage einbindet. Die ganze Siedlung ist mit nur fünf verschiedenen Haustypen gebaut, die aber durch Kombination zu Hausgruppen und Ausstattung mit verschiedenen Ausbauelementen in hohem Maße individualisiert sind.

Paul Schmitthenner erreichte mit diesem Baukastensystem ein im modernen Siedlungsbau bis dahin ungekanntes Optimum.

In der Formensprache setzte Paul Schmitthenner offensichtlich die neuesten Theorien aus dem Umfeld des Deutschen Werkbundes nicht nur um, sondern verlieh ihnen auch einen charakteristischen und beredten eigenen Ausdruck. Am deutlichsten ist diese Entwurfshaltung an dem zentralen Markt- und Kirchplatz abzulesen. Neben der Berücksichtigung der damals hochaktuellen Forschungen von Camillo Sitte schließt sich die architektonische Formensprache eng an Theorien von Hermann Muthesius an. So zeigt die Gestaltung der Wohnhäuser in den drei Baujahren eine zunehmende formale Vereinfachung. Damit bildet die Gartenstadt Staaken im Siedlungsbau ein einzigartiges Bindeglied zwischen der eher verspielten Vor- und der strengen Nachkriegsarchitektur.

Die beschriebenen Qualitäten konnten von der bis heute virulenten, vom Funktionalismus beherrschten Baugeschichtsschreibung nicht wahrgenommen werden. Der Siedlungsbau in Deutschland in der Zeit vor dem Ersten Weltkrieg hat nämlich mit der Orientierung an der Architekturtradition »Um 1800« (Paul Mebes) eine eigenständige Identität, die sich den in späteren Epochen entwickelten Kriterien entzieht. Dies zeigt der Blick auf die frühen Wohnanlagen der ab der Mitte der zwanziger Jahre für ihre funktionalistische Formensprache bekannt gewordenen Architekten, wie Walter Gropius, Ludwig Mies van der Rohe, Rudolf Otto Salvisberg und Bruno Taut. Selbst Le Corbusier hat in der Zeit vor dem Ersten Weltkrieg seine Wohnhäuser mit geneigten Dächern, Sprossenfenstern, Erkern und Dachgauben entworfen. Die Tatsache, daß die pauschale Gleichsetzung von traditionalistischen Bauformen mit politischer Rückschrittlichkeit und von funktionalistischen Bauformen mit Fortschrittlichkeit ohnehin nicht stimmt, darf inzwischen als bekannt vorausgesetzt werden.

Ein anderer Strang von Projektionen hängt mit dem Engagement für den sich politisch etablierenden Nationalsozialismus zusammen, womit sich der Architekt Paul Schmitthenner kompromittiert hat. Die Postulierung eines protofaschistischen Wesens der Gartenstadt Staaken übergeht aber den chamäleonhaften Charakter der Architektur des Nationalsozialismus, auf den sich mit Ausnahme des Historismus so gut wie alle Epochen der abendländischen Baugeschichte projizieren lassen. Dies sah auch Julius Posener: »Zu sagen, [die Architektur der Gartenstadt Staaken] habe zur Siedlungsarchitektur des Dritten Reiches geführt, ist, meine ich, unrichtig. Diese Siedlungen waren *weniger* spezifisch.« Die Nichtbeachtung dieses entscheidenden Unterschiedes führt zur Schaffung einer direkten Assoziationskette von einer überaus menschenfreundlichen Siedlung zum Faschismus und darf daher als Beitrag zur Bagatellisierung der gigantischen Verbrechen des Nationalsozialismus verstanden werden.

Die Bewertung der Gartenstadt Staaken als eine der bedeutendsten städtebaulichen Leistungen des frühen 20. Jahrhunderts ist also angemessen. Ihre gestalterischen Qualitäten sind in mancher Hinsicht heute noch vorbildhaft. Darüber hinaus ist die Beschäftigung mit der Geschichte der Gartenstadt Staaken dazu geeignet, weitverbreitete architektonische Ideologien, Mythen und Vorurteile zu hinterfragen. Diese Überprüfung wird in zunehmendem Maße notwendig werden, denn die Architektur des nächsten Jahrhunderts wird vielfältiger sein, als man heute denken mag.

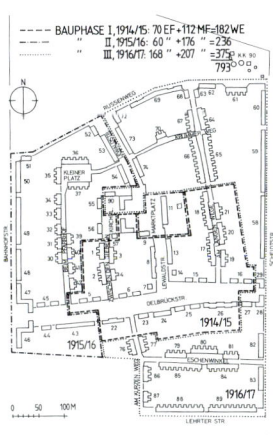

Ort Am Heideberg, Heidebergplan, Torweg usw., Berlin-Staaken

Bauzeit 1914–17

Architekt Paul Schmitthenner

Die Gartenstadt Staaken wurde mit 1000 Wohnungen, einer gleich großen Zahl von Nutzgärten und einer großzügigen Ausstattung mit öffentlichen Bauten für 5000 Einwohner geplant. Der ursprüngliche Entwurf wurde bis 1917 zu etwa vier Fünfteln baulich umgesetzt. Den Mittelpunkt der Siedlung bildet eine Doppelplatzanlage, an der die wichtigen öffentlichen Bauten angeordnet sind. Diese unterscheiden sich durch die Ausführung in Sichtmauerwerk und die reichere Detailgestaltung von den verputzten und schlichter gehaltenen Häusern der umliegenden Wohnviertel. Das Motiv des holländischen Glockengiebels spielt eine wichtige Rolle. Die Gartenstadt Staaken gehört sowohl hinsichtlich des städtebaulichen Entwurfs als auch der architektonischen und gärtnerischen Gestaltung zum Fortschrittlichsten, was die Avantgarde im Umkreis des Deutschen Werkbundes seinerzeit im Siedlungsbau entwickelt hat.

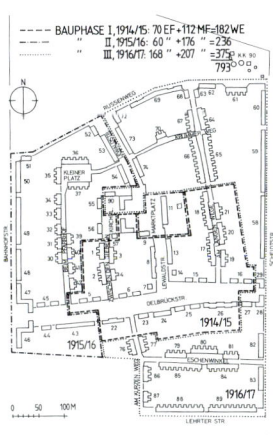

Turm und Höhle
Erich Mendelsohns Einsteinturm in Potsdam

Wolfgang Pehnt

Mit dem Einsteinturm auf dem Potsdamer Telegrafenberg fand ein einmaliger Auftrag, kulturpolitisch ebenso bedeutend wie wissenschaftsgeschichtlich, seine einmalige architektonische Gestalt. Der Astrophysiker und Mitarbeiter Albert Einsteins am Kaiser-Wilhelm-Institut für theoretische Physik, Erwin Finlay-Freundlich, hatte es sich zur Aufgabe gemacht, Einsteins Allgemeine Relativitätstheorie empirisch zu belegen. Um eine winzige Rotverschiebung des Sonnenspektrums und die Ablenkung der Lichtstrahlen im Schwerefeld der Erde nachweisen zu können, hielt Freundlich den Bau eines Großinstruments zur Sonnenbeobachtung für notwendig. Finanziert wurde das Unternehmen durch die sogenannte Einstein-Spende, an der sich Konzerne der optischen, chemischen und elektrotechnischen Industrie beteiligten, und durch den preußischen Staat. Das Unternehmen galt als eine Aufgabe von nationalem Rang. Die junge Republik wollte sich und dem Ausland ihre Leistungsfähigkeit trotz des verlorenen Krieges beweisen.

Mit diesem Prestigeobjekt wurde ein Architekt betraut, der knapp über dreißig Jahre alt war und noch keinerlei nennenswerte Bautätigkeit vorweisen konnte. Erich Mendelsohn (1887–1953), in München bei Theodor Fischer ausgebildet und dort mit Künstlern des Blauen Reiters vertraut, war 1914 nach Berlin übergesiedelt. Finlay-Freundlich, mit Mendelsohns späterer Frau, der Cellistin Louise Maas, und dann auch mit Erich Mendelsohn befreundet, hatte früh von seiner Arbeit, später auch von den Bauplänen berichtet. Unter den vehementen Skizzen, die Mendelsohn 1915–18 während seines Frontdienstes an Ost- und Westfront notierte, tauchten seit 1917 auch »Sternwarten« auf. Zweifellos waren sie von den Berichten des Freundes inspiriert.

Finlay-Freundlich konnte den unbekannten Mendelsohn als Architekten des Observatoriums durchsetzen, weil offenbar niemand die architektonische Lösung wichtig nahm. Freundlich selbst meinte, der Auftrag lasse angesichts der gegebenen Bedingungen nur wenig Spielraum für »äußere Architektur«, bei der »es sich um keine sehr lohnende Arbeit für Sie handeln wird«. Aber: »Man kann ja auch aus einem so kleinen Projekt etwas Hübsches machen« (Finlay-Freundlich an Mendelsohn 1918). Zur räumlichen Anordnung der optischen Geräte empfahl der Wissenschaftler ein isoliertes, von einem Betonturm ummanteltes Gerüst, das den Zölostaten oder besser Heliostaten trug. Freundlich sprach von einem »Schornstein«. Die Lichtstrahlen sollten über ein Spiegel- und Linsensystem hinunter in ein 15 Meter langes, unterirdisches Laboratorium gesandt werden. Dort schickt sie ein Umlenkspiegel zu den Instrumenten für Spektralanalyse, die in einem Raum mit konstanten Temperaturen installiert sind.

In der Tat machte Mendelsohn »etwas Hübsches« aus dem ungewöhnlichen Programm. In der Kuppel beherbergt der gedrungene Turm den Zölostaten. Dessen Traggerüst wird im Turminneren von einer gewendelten Treppe umlaufen. Das unterirdische Laboratorium gab die funktionelle Rechtfertigung für die breitgela-

gerte Basis. Zwischen Sockel und Schaft vermitteln im Süden Arbeitsraum und Übernachtungsraum. Im Norden leiten die Freitreppe und der Vorbau, der den Aufgang zum Treppenhaus umschließt, zum Turmkörper über. Von der bis zum ersten Hauptgeschoß emporbrandenden Bewegung geht eine Kraft aus, vor der die Turmwand konkav zurückweicht. War Mendelsohn schon in der Organisation des Turmzugangs und der Nebenräume frei, so nahm er sich in den Details alle Freiheiten des Künstlers: gerundete Gebäudekanten, eingeschnittene Wandungen, kantig gebrochene Fensterrahmen, skulpturale Wasserspeier, wie sie erst Le Corbusier an der Wallfahrtskirche Ronchamp wieder verwendete.

Die Abfolge der Skizzen zwischen 1917 und 1920 zeigt den dramatischen Entwicklungsgang dieses Projekts. Freundlichs exakte Vorgaben unterbrechen die frühe Serie suggestiver, kuppeliger Formen. 1918 treten schüchterne, an Leuchttürme erinnernde Entwürfe auf. Danach kommt das »Tellurische und Planetarische« (Mendelsohn) der Zeichnungen wieder voll zum Zuge. Ursprünglich schlanker geplant, mußte der Schaft aus praktischen Gründen in den Verhältnissen verändert werden, nicht zu seinem Schaden. Das Ergebnis zeigt wieder den Geist der ersten Skizzen, nicht die zögerliche Rücksichtnahme der Zwischenphase. In Mendelsohns Augen war es ein triumphaler Beweis für die Richtigkeit seiner ursprünglichen Intuitionen, daß sie Sinn und Form schon im ersten Wurf vorwegnahmen.

Aus dem inneren Bildrepertoire des Architekten ging vieles in diesen Bau ein: Erinnerungen an die Jugendstilmeister Henry van de Velde, Joseph Maria Olbrich oder Hermann Obrist, die Fixsterne an Mendelsohns Himmel waren; Fundstücke aus der organischen Welt; Gefechtsstände aus den Kriegstagen; mythische Fauna. Ein Sphinx mit vorgeschobenen Tatzen, lagert die Baumasse sprungbereit auf ihrer Terrasse am fallenden Hang hinter der Ansammlung kaiserzeitlicher Observatorien. Machtvoll wirkt sie in der Seitenansicht, fast zierlich, raubkatzenhaft, im Blick von der Höhe herunter auf die Stirnseite. Noch jeder, der den Bau nur von Abbildungen kannte, war von den geringen Abmessungen überrascht. Den Rang der Einsteinschen Forschungen, über die er sich aus erster Hand informieren konnte, hat Mendelsohn nicht in ein Symbol des wissenschaftlich-technischen Zeitalters übertragen, sondern in ein Sinnbild prometheischer Urkraft. Er schuf kein Labor, sondern ein Denkmal. Daß Materie sich in den Schein kraftvoller Bewegung, also in »Energie« verwandelt, war seine Übersetzung der Relativitätstheorie in Architektur.

Mendelsohn hatte sich den Turm als eine Stahlbetonkonstruktion vorgestellt. Im Gegensatz zum Stahl war Stahlbeton für ihn, der darin den ästhetischen Vorbehalten vieler Architekten des 19. Jahrhunderts gegen das scheinbar immaterielle Gespinst der Stahlkonstruktionen folgte, das eigentlich künstlerische Baumaterial. Der Beton als Füllbaustoff stellte die Geschlossenheit der Flächen her, bot dem Auge Halt und dem Tastsinn das Gefühl einer greifbaren Körperhaut. Vor allem aber ließ sich mit dem Beton der Charakter des nur Technischen vermeiden, den auch Mendelsohn für unverträglich mit dem architektonischen Kunstwerk hielt.

Dieses Monument des Stahlbetons und seiner plastischen Möglichkeiten mußte jedoch zu größeren Teilen in Mauerwerk errichtet werden, das mit einem Zementputz überzogen wurde. Ironischerweise war die Firma, die diesen Kompromiß realisierte, Dyckerhoff & Widmann, in der Betontechnologie führend.

Literatur:

Paul Virilio: »Das irreale Monument« (Der Einsteinturm). Berlin 1992 (Erstaufl. 1979)

Oskar Beyer, Erich Mendelsohn: Briefe eines Architekten. München 1961. Basel/Berlin/Boston 1991

Erich Mendelsohn. The Complete Works. Basel/Berlin/Boston 1999

Ort Albert-Einstein-Straße,
Potsdam
Bauzeit 1920–24
Architekt Erich Mendelsohn

1913 Bekanntschaft Mendelsohns
mit dem Astrophysiker und späteren Assistenten Einsteins, Erwin
Finlay-Freundlich. 2. 7. 1918 Exposé
zu einem Auftrag für ein Sonnen-
observatorium von Freundlich.
6. 12. 1924 Einweihung unter
Anwesenheit Einsteins. Ab 1927
bereits teilweise Sanierung und
während des Zweiten Weltkrieges
Beschädigung. Bis heute Sitz des
Astrophysikalischen Instituts
der Universität Potsdam. 1999
Grundsanierung abgeschlossen.

Am Know-how konnte es also nicht liegen. Eine der überlieferten Erklärungen lautet, in den unmittelbaren Nachkriegsjahren habe es an Zement oder an Stahl für die Armierung des Betons gemangelt. Aber zweifellos hatte der junge Architekt auch die unendlichen Schwierigkeiten unterschätzt, die vor der Erfindung des »Computer Aided Manufacturing« (CAM) in der Schalung für die verwundenen Flächen des Turmkörpers lagen. Mendelsohn hat sich danach niemals wieder für eine monolithische oder monolithisch wirkende Konstruktion entschieden. Der Architekturhistoriker Julius Posener, der in seinen Studentenjahren Mendelsohn über seine Arbeit sprechen hörte, überlieferte die Antwort des Architekten auf die Frage eines Kommilitonen nach dem Einsteinturm. »Liebes Kind, nie wieder!« sprach der Meister und behauptete: »Da haben wir ja Schiffbauer holen müssen, um die Schalung zu machen.«

Den Zweck, für den es ursprünglich gebaut wurde, erfüllte das neue Sonnen-observatorium nur bedingt. Den Arbeiten der Potsdamer Astrophysiker kam die ausländische Konkurrenz zuvor, und die Machtübernahme durch die National-sozialisten trieb Einstein wie Freundlich und Mendelsohn ins Exil. Der Namens-patron selbst, der seinem Architekten bei der Einweihung das Wörtchen »orga-nisch!« ins Ohr geraunt haben soll, hat nur selten den Fuß auf die Stufen des kur-venreichen Eingangs gesetzt. Erste Sanierungsmaßnahmen wurden bereits 1927 fällig, die bislang jüngsten in den vergangenen Monaten.

Doch in jeder anderen Hinsicht war dieser Schöpfung ein durchschlagender Erfolg beschieden. Neben Hans Poelzigs Großem Schauspielhaus von 1918/19 – aber Poelzigs Theater war nur ein Umbau! – darf sie als der Inbegriff expressionisti-schen Bauens gelten, Turm und Höhle in einem. In den Medien erhielt der Bau eine ähnliche Publizität wie viele Jahrzehnte später die Erfindungen der Postmodernen und Dekonstruktivisten. Tageszeitungen, illustrierte Presse und Werbung bemäch-tigten sich seiner. Schließlich kam kaum eine Architekturgeschichte ohne den Einsteinturm aus. Für Mendelsohn bedeutete dieses Stück Demiurgen-Architektur den sensationellen Start zu einer überaus erfolgreichen, erst durch NS-Regime und Exil gefährdeten Karriere.

Gutenbergs letzte Triumphe
Das Verbandshaus der Deutschen Buchdrucker von Max Taut

Bernd Evers

Die Denkmodelle des neuen modernen Lebens prägten auch die Architektursprache der klassischen Moderne. Adolf Behne stellt in seinem Buch »Max Taut – Bauten und Pläne« dem dokumentierenden Bildteil »Einige Anmerkungen zum Thema: Neue Baukunst« voran: »Der Weg, den unsere Kunst in allen ihren Disziplinen nimmt, ist zu charakterisieren als ein Prozeß der Selbstbesinnung. Überall geht die Entwicklung von einer beschreibenden, erzählenden, referierenden Form der Breite und Einzelheit zu einer Form knapper, nackter und bestimmter Herausstellung der Sache selbst – unter Vermeidung aller Umwege. Konzentration und direkter präziser Ausdruck werden das Ziel.«

Von einer episch sich ausbreitenden »Vorzeige-Architektur«, bei der das Gebaute als Gerüst für semantische Füllungen dient, ist das von Max Taut errichtete Verbandshaus der Deutschen Buchdrucker weit entfernt. Der Architekt nutzt vielmehr die neuen konstruktiven Möglichkeiten, verwendet neue Materialien und entwickelt mit einer präzisen und knappen Architektursprache eine neue moderne Ästhetik. 1925 baut er gemeinsam mit Franz Hoffmann an der damaligen Dreibundstraße, der heutigen Dudenstraße, in Tempelhof ein Gebäudeensemble, das aus einem sechsgeschossigen, zur Straße liegenden Wohnhaus und einem hofseitigen fünfgeschossigen Baukörper besteht, der Verwaltungs- und Betriebsräume des Buchdruckerverbandes aufnimmt. Beide Gebäude sind durch zweigeschossige Seitenflügel miteinander verklammert, in denen zusätzliche Büro- und Gemeinschaftsräume liegen und die zugleich die Funktion verbindender Korridore übernehmen.

Die Baugruppe liegt auf einer schmalen und tiefen, der Blockeinteilung des 19. Jahrhunderts folgenden Parzelle, wobei sie den ebenfalls aus dem 19. Jahrhundert stammenden Typ des Industriehofes ins Moderne abwandelt. Lediglich eine niedrige und schmale zweispurige Durchfahrt führt in den zentralen Innenhof, der sich mit seinen stattlichen Ausmaßen von den eng geschnittenen Lichthöfen der Vergangenheit verabschiedet und sich an den modernen Verkehrsanforderungen ausrichtet.

Modern präsentiert sich auch das zur Straße liegende Wohnhaus. Zur Gewinnung von Terrassen nimmt Max Taut im Mittelteil des oberen Geschosses die Fassadenfront zurück und klammert die Fassade seitlich durch turmartige Würfelaufsätze. Die optische Wirkung dieser turmähnlichen Fassung ist leider durch die späteren seitlichen Anbauten verlorengegangen. Die Fassade prägen horizontale Elemente, die gleichsam als Signum der Moderne die Geschwindigkeit und das Tempo der Straße in Architektur übersetzen. Die tief verschatteten, langgezogenen und geräumigen Loggien, in die Blumeneckfenster eingestellt sind, die genieteten Blechträger der Balkone, die geraden Gesimse verleihen der Fassade die zeitgemäße waagerechte rhythmische Gliederung, und die gelagerten Öffnungen der Loggien führen zu einer plastischen Durchformung, die durch den Wechsel von Licht und Schatten zusätzlich gesteigert wird.

Literatur:

Alfred Kuhn: Max Taut, Bauten. Berlin 1932

Max Taut. Zeichnungen und Bauten. Katalog der Akademie der Künste. Berlin 1984

Max Taut: Bauten und Pläne. Mit einem Beitr. v. Adolf Behne. Neuaufl. mit einem Nachw. v. Tilmann Buddensieg. Berlin 1996 (Erstaufl. 1927)

Die Farbtupfer, die Max Taut an der Fassade des Wohnhauses aufbringt, bilden mit ihren abstrakten Linien und Flächen ein zusätzlich belebendes und gliederndes Element. Die Fassade ist mit glatten, gelben Backsteinen überzogen, die grünlich schimmernden Fenster der teilverglasten Loggien sind schwarz, rot und weiß gestrichen, die Loggiadecken in Blau getaucht. Mit dieser sparsamen, wohlkalkulierten Fassung folgt Max Taut nicht der farbenprächtigen Bemalung, die sein Bruder Bruno am alten Magdeburger Rathaus aufgebracht hat. Dieser hatte sich insbesondere in der von ihm herausgegebenen Zeitschrift »Frühlicht« für eine neue, räumliche Farbigkeit im zeitgenössischen Stadtbild eingesetzt.

Im Erdgeschoß kann sich das Leistungsangebot des deutschen Buchdruckergewerbes in Verkaufs- und Ausstellungsräumen ausbreiten. Die Schaufenster der transparenten Buchvitrinen springen gegenüber der darüberliegenden Fassadenfront nach innen zurück und gestatten dem Flaneur des angrenzenden Fußgängerbereichs unter leicht vorkragenden Dächern einen ungestörten Blick. Die spielerische Auflösung der Fassade im Erdgeschoß findet sich auch später bei Erich Mendelsohns Warenhausbauten wieder, wenn er, wie beim Chemnitzer Kaufhaus Schocken, die herabstürzende Wucht des Glaskataraktes durch Zurücknahme der Schaufensterfront mildert.

Nichts an der Architektur verweist auf das Verbandsgebäude eines florierenden Gewerbezweiges. Nur ein Schriftband aus gelb glasierten Formsteinen über dem Hofeingang nennt in Versalien selbstbewußt und unübersehbar den Namen des Hausherrn: VERBAND DER DEUTSCHEN BUCHDRUCKER.

Während das Wohnhaus für die Angestellten des Verbandes in konventioneller Weise als Mauerwerksbau errichtet ist, überrascht das rückseitige Betriebsgebäude als in Stahlbetonskelettbauweise ausgeführte Rahmenkonstruktion. Die sehr massiven Stützen stehen vor der Fassade und bewirken eine kräftige Gliederung des Baukörpers. Dominiert die Waagerechte das vordere Wohnhaus, so bestimmt die Vertikale das hofseitige Gebäude. Die über die gesamte Tiefe des Gebäudes stützenfrei überspannten Großräume erlauben im Inneren eine freie Aufstellung der Druckmaschinen und sichern so den störungsfreien Ablauf der verschiedenen Druckvorgänge.

Als Folge der rationellen Raumplanung sind auch die Verkehrsflächen in die beiden seitlichen Randbereiche der Hofecken verbannt. Hier erschließen Treppenhäuser und ein Lift alle Ebenen des Gebäudes, ohne damit den Betriebs- und Büroräumen Flächen zu nehmen. Die großflächigen Treppenhausfenster liegen mit der Außenwand bündig und folgen den schräg ansteigenden Treppenläufen. Das Turmmotiv der vorderen Fassade wiederaufnehmend, variieren diese gläsern ummantelten Treppenhaustürme die historischen Vorbilder der Spätgotik und Renaissance. Das bewußte »Gotisieren«, das sich auch in den kraftvollen Strebepfeilern ausspricht, ist sicher kein religiöses Bekenntnis oder ein gegenreformatorisches Modell, sondern verweist dezent im Sinne einer »architecture parlante« auf die zur Wende der Neuzeit entstandene Druckkunst, die zum Zeitpunkt der Errichtung des Gebäudes auf eine 500jährige Erfolgsgeschichte zurückblicken konnte.

Wie sehr wir heute als »Buchstabenmenschen« schon aus der Gutenberg-Galaxis herausgeschleudert worden sind, lehrt der Blick auf die technischen Einrichtungsfinessen der Betriebsräume, wo die Druckkunst Gutenbergs letzte Triumphe feiern konnte. Wie in einer spätmittelalterlichen Druckerwerkstatt reihen sich hier

Ort Dudenstraße 10, Berlin-Tempelhof

Bauzeit 1924–26

Architekt Max Taut (Bauleitung: Franz Hoffmann)

Der Bau wurde durch Spenden der Gewerkschaftsmitglieder ermöglicht. Er besteht aus einem sechsgeschossigen Wohnhaus an der Straße mit Läden im Erdgeschoß. Parallel dazu im hinteren Grundstücksteil an einem Hof liegt ein fünfgeschossiges Druckereigebäude, in dessen oberstem Geschoß der Sitzungssaal. Zwischen beiden Gebäuden befinden sich zweigeschossige Seitenflügel mit Kantine, Büros und Nebenräumen.

die Arbeitsplätze der Setzer hintereinander, und die modernen Satz- und Rotationsmaschinen sowie Schnellpressen in den weiten durchlichteten Räumen künden von einem beharrlichen Glauben an die Zukunft der jahrhundertelang bewährten Kunst des Druckens.

Die heute verstärkt erhobene Forderung nach sorgfältiger handwerklich-technischer Bauausführung ist in diesem Bauensemble auf höchstem Niveau verwirklicht. Der baukünstlerische Schmuck wie das Wappen der Buchdrucker in farbiger Keramik mit Messingteilen in der Treppenhalle oder die bronzene Bildnismaske des Gründers der Gewerkschaft Druck und Papier, Richard Härtel, im großen Sitzungssaal stammen von Rudolf Belling. Im repräsentativen Sitzungssaal im oberen Geschoß tritt an der dachförmigen Decke die den Bau stützende Eisenkonstruktion unverhüllt zutage. Die sichtbaren Konstruktionsglieder ähneln den zueinanderstrebenden Baumgabeln, die Max Taut als Motiv beim Anfang 1923 fertiggestellten Erbbegräbnis Wissinger gewählt hat.

Max Taut hat das Verbandshaus der Deutschen Buchdrucker bautechnisch und gestalterisch detailliert und konsequent durchgearbeitet, wobei er unter Verwendung zeitgenössischer Materialien wie Stahlbeton und Glas auf jegliche dekorative Zutat verzichtet. Obwohl er für die einzelnen Gebäudeteile eigene spezifische Gestaltungsmöglichkeiten findet, schließt sich die Baugruppe zu einem einheitlichen Baukörper zusammen. Der unspektakuläre Bau des Verbandshauses der Deutschen Buchdrucker vermittelt noch die reine Architektursprache der »Neuen Sachlichkeit«, die sich später in den phantasielosen »Kisten« verflüchtigt, die sich in der Folgezeit aus der funktionalistischen Architektur entwickelt haben.

Symbol einer idealen Gemeinschaft
Die »Hufeisensiedlung« Britz

Nike Bätzner

Literatur:

Bruno Taut: Die Auflösung der
Städte. Hagen 1920

Thilo Hilpert: Hufeisensiedlung
Britz 1926–1980. Dokumente aus
Forschung und Lehre Nr. 1, TU
Berlin 1980

Klaus-Peter Kloß: Siedlungen der
20er Jahre. Berlin 1982

Siedlungen der zwanziger Jahre –
heute. Vier Berliner Großsiedlungen 1924–1984. Kat. Berlin
1985

Bruno Taut: Natur und Phantasie
1880–1938. Hg. v. Manfred
Speidel. Kat. Magdeburg 1995

Revolutionärer Aufbruchsgeist und neue Orientierungen prägten die Zeit nach dem Ersten Weltkrieg. Bruno Taut stellte sein »Architektur-Programm« von 1918 unter den Leitsatz: »Kunst und Volk müssen eine Einheit bilden. Die Kunst soll nicht mehr Genuß Weniger, sondern Glück und Leben der Masse sein. Zusammenschluß der Künste unter den Flügeln einer großen Baukunst ist das Ziel.« Eine Erprobungs-möglichkeit für diese Ideen gab ihm ein Auftrag, der zum Modellfall einer neuen Architektur wurde: die erste Großsiedlung in Berlin, die Hufeisensiedlung in Britz. Angeregt wurde das Bauvorhaben von Martin Wagner, engagiert in der gewerk-schaftlichen Bauorganisation und 1926–33 Stadtbaurat in Berlin. Bauherr war dementsprechend die Gehag (Gemeinnützige Heimstätten-AG), als deren beraten-der Architekt Taut von 1924 bis 1932 fungierte.

Ungebrochener Fortschrittsglaube, Rationalisierung und Gemeinwirtschaft sollten sich in Regelmäßigkeit, Ordnung und Einheitlichkeit widerspiegeln, die »Schönheit des Notwendigen« sich mit dem sozialen Ideal der Gleichheit verbinden. Wagner und Taut übertrugen den Montagecharakter der amerikanischen Autoindustrie auf das Bauwesen und favorisierten die serielle Fertigung von Wohnbauten mit stan-dardisierten Einzelelementen. Die Siedlung repräsentierte allerdings mehr das Bild einer rationalisierten Architektur, die zeitgemäßen technischen Möglichkeiten wurden bei weitem nicht ausgeschöpft. Dennoch konnten durch typisierte Grund-risse die Kosten selbst bei einer solch unkonventionellen Bauform wie dem Huf-eisen gering gehalten werden.

Die nach Wagners Plänen errichtete Siedlung Lindenhof in Berlin-Schöneberg (1918–21, Taut baute dort ein Ledigenheim) hatten städtebauliche Elemente wie

geschlossene Straßenrandbebauung, begrünte Hofräume, ein Zentrum als Bezugs-punkt und eine insgesamt einheitliche Formgebung geprägt. Diese Elemente soll-ten auch die Hufeisensiedlung bestimmen. Grundidee der speziell in Deutschland geführten Diskussion über das moderne Wohnen im Industriezeitalter war der Zeilenbau. In der Regel verliefen dabei die Baukörper in Nord-Süd-Richtung, damit alle Wohnungen optimale Lichtverhältnisse (Ost-West-Licht) erhielten. Die Straßen flankierten rechtwinklig die Gebäude, so verblieben zwischen ihnen begrünte Zo-nen ohne Verkehr. Diese klar strukturierten Siedlungen waren eine Antwort auf die mit Privatkapital erbauten, überbelegten Elendswohnquartiere des 19. Jahrhun-derts.

Der Siedlungsbau wurde zu einer künstlerisch interessanten Aufgabe. Gestaltung sollte sich nun nicht mehr nur auf die Dekoration der Schmuckfassaden beschrän-ken, sondern der gesamte zu bebauende Raum wurde zur Planungsfolie. Für Taut war der Siedlungsbau verbunden mit der Sozialutopie einer »Auflösung der Städte«, die er als Orte der Entfremdung geißelte. Idealisierte Vorbilder für das neue Konzept gaben die mittelalterlichen Städte und die nachbarschaftlichen Gemeinschaften der Laubenkolonien ab. Taut wollte jede Wohnung der Hufeisen-siedlung mit einem eigenen Stück Boden versehen, so daß die Bewohner sich zumindest teilweise selbst versorgen könnten. Diese Idee stand in Widerspruch zur Situation der zwanziger Jahre, in der aufgrund der Stagnation der Bautätigkeit während des Ersten Weltkrieges ein akuter Bedarf an billigen, platzsparenden Massenwohnungen bestand. Die Berliner Bauordnung schrieb schon damals geschlossene Randbebauung vor und strebte ein preußisch-aufrecht gereihtes, steinernes Berlin an. Taut konnte den aufgebrochenen Block durchsetzen. So wichen geradlinige Straßenfluchten und muffige Hinterhöfe einem lebendigen Rhythmus von vor- und zurückspringenden Bauelementen.

Taut kritisierte aber auch die mangelnde städtebauliche Planung und Eintönigkeit des modernen Zeilenbaus, welchen er am Beispiel von Gropius' Dammerstock-siedlung in Karlsruhe als »Zuchthaus«-Architektur charakterisierte. Er strebte Vielgestaltigkeit und Individualität an und entwickelte die Form des Gesamtplans der Hufeisensiedlung aus der von Teichen durchsetzten Geländesituation. Der Bebauungsplan des Magistrats von 1925 sah einen grünen Ring vor, der in Nord-Süd-Richtung zwischen Blaschkoallee und Parchimer Allee verlaufend das Gebiet zerteilte. Die beiden Bereiche wurden zwei Wohnungsbaugesellschaften übertra-gen, der östliche der DeGeWo, der westliche der Gehag. Taut grenzte seinen Siedlungsteil entlang der Fritz-Reuter-Allee durch eine langgezogene, dreige-schossige Zeile ab, bestehend aus 32 gleichartig gestalteten Hauseinheiten, die nur von wenigen schmalen Lücken durchbrochen werden. Er votierte damit für den standardisierten Wohnungsbau bei gleichzeitig formal interessanter und spre-chender Architektur. Wie ein Schutzwall behauptet sich die Zeile als Konfrontation gegenüber der im »sentimentalen« Heimatstil durch die Architekten Engelmann und Fangmeyer erbauten Beamtensiedlung vis-à-vis. Dieser Eindruck entsteht auch durch die wehrturmartig hervortretenden und die übrigen Bauteile überra-genden Treppenhäuser.

Im Zentrum der Großsiedlung steht eine dreigeschossige, hufeisenförmige Bau-gruppe, die sich nach Osten hin zur Morgensonne öffnet und als Herzstück einen Teich umfaßt. Die Eckbauten dieses von der Straße zurückgesetzten Baukörpers

durchbrechen leuchtendweiß die »rote Front« der turmbewehrten »Mauer«. Zwischen ihnen führt eine Freitreppe zu der Geländemulde im Inneren des Hufeisens hinab. Dreigeschossige Gebäudezeilen, wie die vorigen mit Etagenwohnungen, begrenzen die Siedlung im Norden und Süden an der Blaschkoallee und Parchimer Allee wie eine Umfriedung. Die Bebauung dazwischen besteht aus zweigeschossigen Einfamilienreihenhäusern mit Satteldächern und einfachen Fassaden, deren Vorbild das ahistorische, keinem Stil unterworfene »Haus des kleinen Mannes« ist, das ohne Architekt vom Handwerker erbaut wird. Durch Knicke in der Straßenführung, die Verengung und Weitung des Raumes zwischen den Hausfronten und durch bewußt eingesetzte Unterbrechungen in den Gebäudezeilen entwickelt sich eine vielfältige, fließende Raumfolge mit ständig wechselnden Ansichten.

In der Struktur der Siedlung wird das Bild des Kollektivs anschaulich als Idee einer verschworenen Gemeinschaft, für welche die Architektur das schützende Gehäuse bildet. Das Hufeisen ist das gebaute Manifest einer Abgrenzung nach außen und bewußten Orientierung nach innen. Von der Gartenfront des Hufeisens fällt das Erdreich zum Teich hin leicht schräg ab. Jede Wohnung hat eine auf den Platz gerichtete Loggia und besaß ursprünglich auch einen eigenen Garten; heute sind diese Parzellen den Erdgeschoßwohnungen zugeordnet. Der private Innenraum erweitert sich so in den öffentlichen Raum hinaus. An die mit Obstbäumen bepflanzten Gärten schließt sich eine gemeinschaftlich nutzbare Anlage an. Taut spricht in dem Zusammenhang von »Außenwohnraum«, d. h., durch ein Gefüge von ineinandergreifenden Vorgängen entstehen differenzierte »überindividuelle« Handlungsräume, welche die Wohnatmosphäre mitbestimmen.

Allen Bauten fehlt eine Fassade im tradierten Sinn. Sie sind allseitig ansichtig und von der Starrheit gleichförmiger Axialität befreit, da die Fenster in der Größe variieren und sich nach den Lichtbedürfnissen der Innenräume richten. Im Gegensatz zum Eklektizismus des 19. Jahrhunderts plante man den Grundriß nun in Zusammenhang mit der Außenansicht. Bei Tauts Bauten spielte immer auch die Farbe eine besondere Rolle. Er bekannte sich emphatisch zur Farbe als Ausdruck von ursprünglicher Volkskunst und »Lebensfreude« und protestierte auch damit gegen die »graue Normaluniform« der klassizistischen Stuckfassaden. In Magdeburg hatte Taut mit seinen Farbexperimenten bereits für Furore gesorgt. Nun rhythmisiert er die Außenwände des Hufeisens weiß und blau, unterbrochen durch rot-bunte Ziegel als Gliederungselemente. Bei den Einfamilienhäusern herrschen die Farben Rostrot, Gelb und Weiß vor, mit einzelnen blauen Akzentuierungen.

Die Errichtung der Siedlung erfolgte in mehreren Bauabschnitten, woran der Wandel der Bautätigkeit der Weimarer Republik abzulesen ist. Diese konzentrierte sich zwischen 1924 und 1932, d. h. zwischen Währungsreform und Weltwirtschaftskrise. Doch bereits ab 1926 wurde die Zuteilung von Boden reduziert. Zuvor konnte Taut die Haustypen großzügig gruppieren, ab 1929 waren nur noch die einst geschmähten, relativ eng stehenden Zeilen durchzusetzen. Die ursprüngliche Idee Tauts, südlich der Parchimer Allee eine Gartenstadt zu bauen, wurde 1929–30 durch flachgedeckte, zwei- und dreigeschossige Bauten in geradliniger Reihung ersetzt. Hier ist die Verbundenheit zur handwerklichen Tradition (zuvor sichtbar an den Ziegelbändern und individuell gestalteten Eingängen) verschwunden und das differenzierte Ineinandergreifen von Außenwohnraum und Hauskörper zugunsten einer großstädtischen, kubischen Architektur aufgegeben.

Ort **Fritz-Reuter-Allee, Lowise-Reuter-Ring usw., Berlin-Britz**

Bauzeit **1925–31**

Architekten **Bruno Taut, Martin Wagner**

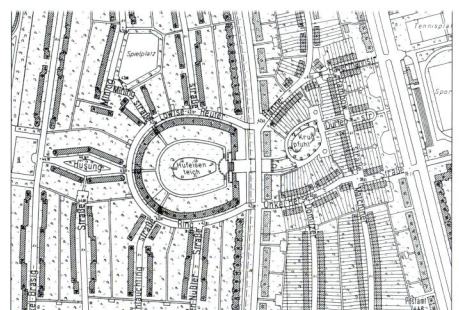

1925–27 Bau von 1027 Wohneinheiten, davon 427 Einfamilienhäuser, 7 Läden, 1 Café westlich der Fritz-Reuter-Allee, zwischen Blaschkoallee und Parchimer Allee. Bauherr: Gehag (Gemeinnützige Heimstätten-AG). Die Architekten für den Abschnitt zwischen Fritz-Reuter-Allee und Buschkrugallee: Engelmann und Fangmeyer. Bauherr hier: Degewo (Deutsche Gesellschaft zur Förderung des Wohnungsbaus). 1928–29 Bauabschnitt östlich der Buschkrugallee mit Randbebauung und Kleingärten von Taut. 1929–30 Erweiterung der Siedlung durch Taut südlich der Parchimer und westlich der Fritz-Reuter-Allee mit parallelen Zeilenbauten.

Bauen für die Medien
»Universum«-Kino/WOGA

Rolf Sachsse

Das Haus ist Medienarchitektur, und medial ist auch die Beschränkung seiner Rezeption auf jenen Teil, der der Medienpräsentation gewidmet war. Das »Universum«-Kino hat den »WOGA«-Komplex historisch überlebt, und das nicht nur, weil Teile des Gesamtkomplexes unausgeführt blieben. Die runde Straßenfront des Ladenkranzes mit der senkrechten Scheibe des Lüftungskörpers oberhalb des Saalbaus bildet ein so wirksames Ensemble stereometrischer Grundformen, daß niemand daran vorbeifahren oder -gehen kann, ohne wenigstens einen Blick darauf zu werfen. Daß ein Theater namens »Schaubühne«, weltberühmt dazu, in genau diesem Haus eine gute Bleibe fand, kann selbst wieder als metaphorisch angesehen werden. Allerdings mußte es dazu von Jürgen Sawade in den 1980er Jahren umgebaut werden, so daß die folgende Beschreibung sich eher an einem idealen Erhaltungszustand orientiert.

Erich Mendelsohn war etablierter Architekt, als er sich ohne weiteren Wettbewerb diesen Großkomplex am unteren Ende des Kurfürstendamms sichern konnte und dafür gar den Architektenkollegen Jürgen Bachmann aus dem Rennen warf. Die »Wohnhaus-Grundstücksverwertung AG« war offensichtlich ein allein für dieses eine Vorhaben gegründetes Unternehmen der Familie Lachmann-Mosse und hatte weder von ihrer Finanzierung noch ihren sozialen Intentionen her etwas mit den gemeinnützigen Wohnungsgesellschaften zu tun. Für Mosse hatte Mendelsohn schon den Umbau des Berliner Verlagshauses und den Ausstellungspavillon des Verlages auf der Kölner »Pressa« im Jahr 1928 gebaut, dessen Entwurf manch zeichnerischer Ansicht des »Universum«-Kino-Ecks sehr ähnlich sah. Für Mosse war Mendelsohn auch als Fotograf und Autor einer Artikelserie in die USA und die Sowjetunion gereist, woraus Bücher wie das »Bilderbuch eines Architekten« entstanden.

Das runde Eck des Ladenkranzes an Kurfürstendamm und Cicerostraße ist von der ersten Projektskizze an entwurfsbestimmendes Element gewesen; die Rundung war zunächst viel weiter ausgezogen und wurde zugunsten des eigentlichen Kino-Baukörpers und seiner wuchtigen Erscheinung optisch zurückgenommen. Von der Lage im Stadtplan bis zum Spiel der Volumina ist jedoch klar, daß der Blick auf den Bau nicht der des Flaneurs, sondern der aus dem vorbeifahrenden Automobil, sicher auch des Omnibusses sein sollte. Auch darauf deuten die Projektskizzen hin, denen der in Mendelsohn-Zeichnungen übliche Rundbogen fehlt, der, einem fotografischen Bildkreis gemäß, die Betrachterperspektive fixiert. Erich Mendelsohn verzichtet am Ende sogar auf die Hervorhebung des Eingangs, integriert diesen so nahtlos in die Außenhaut des Vorbaus, daß der zerstreute Blick im Vorbeifahren allein dem großen Kinoplakat und seinem filmischen Angebot gilt.

Damit ist einmal mehr die Verbindung zum Ausstellungsbau gegeben, der sich bereits im 19. Jahrhundert durch eine Mischung aus Vertikalität – als Wahr-, Leer- oder Nullzeichen – und horizontaler Lagerung von Räumen wie Behältnissen als Typus herauskristallisierte. Was nicht mehr gebraucht wurde, war ein Verweis des

Äußeren auf das Innere; weder eine Fassade mit Ornamenten noch ein symbolhafter Verweis der Baukörper selbst deuten am »Universum« an, daß es sich hierbei um ein Kino handelt, geschweige denn eines für den damals neuen Tonfilm. Die Differenz zwischen einer Stapelung von stereometrischen Formen im Äußeren und der subtil perfekten Lichtführung und Farbregie im Inneren konnte kaum größer sein und hat die zeitgenössische Kritik wie spätere Kinohistoriker begeistert. Sowohl der Kinosaal des »Universum« als auch das kleine Rundtheater im zweiten Kopfbau des WOGA-Komplexes sind hinsichtlich der Akustik wie der Sichtverhältnisse immer wieder als technische Meisterleistungen gerühmt worden.

Das Verhältnis der verschiedenen WOGA-Baukörper zueinander scheint zwiespältig. Das »Universum« ist, nach Adolf Behne, zu sehr Reklamearchitektur, um die anderen Teile des Komplexes neben sich bestehen lassen zu können. Das »Kabarett der Komiker« mit dem »Café Astor« ist als zweiter Frontbau des Ensembles am Kurfürstendamm selbst kaum mehr als eine Variation des architektonischen Kopfmotivs. Letztlich fehlt den beiden flachen Baukörpern an der Straße die Klammer eines Hochhauses im Hintergrund, wie es mit dem Hotel quer über die Einkaufsstraße vor den Wohnbauten geplant war und wie es das einzige Modellfoto aus dem Jahr 1928 selbst aus starker Übersicht eindrucksvoll vorführt. Die Weltwirtschaftskrise 1929 machte aus den hochfliegenden Plänen Makulatur; übrig blieb das Machbare, und das ist ansehnlich genug. Zwei Reihen von Wohnblöcken ziehen sich hinter den Geschäftsbauten entlang, an der Albrecht-Achilles-Straße von Jürgen Bachmann, an der größeren Cicerostraße von Erich Mendelsohn geplant. Beide nehmen hier äußerlich die Formensprache der gemeinnützigen Baugesellschaften à la Wagner und Taut auf, nutzen sie jedoch als modernistische Kaschierung einer klassischen Berliner Grundrißanlage für gehobene Bedürfnisse – inklusive Bügel- und Mädchenzimmer, Gästetoilette und eindrucksvollem Korridor vor den Wohnzimmern. Aus der geplanten langen Einkaufsstraße ist endgültig ein relativ kurzer Hinterhof geworden.

Der WOGA-Komplex ist von der Planung her offensichtlich siebzig Jahre nach dem großen Modell noch immer nicht als Vorläufer jener Investorenarchitektur begriffen worden, die heute als stadtplanerische Voraussetzung für jene »bigness« angesehen wird, der die neue Bundeshauptstadt Berlin zusehends anheimfällt. Ein Nukleus gehobener Ansprüche besitzenden Bürgertums am Ende der Flaniermeile, ein Mikrokosmos anspruchsvoller Vergnügungen in unmittelbarer Nähe zur städtischen Mietwohnung, eine Einkaufsstraße mit Restaurant und Café zur Deckung der mehr als gewöhnlichen Bedürfnisse – all das macht jene Unterhaltungs- oder Leisure-class-Architektur aus, deren computeranimierte Inszenierung auf Video oder im Internet klinisch rein eine Zukunft aus reichen Müßiggängern beschwört. In dieser Hinsicht erscheint Erich Mendelsohns Weitblick auf die Durchmischung urbaner Bedürfnislagen im gehobenen Bürgertum seiner Zeit weniger erstaunlich als deren unmittelbare Verknüpfung mit stereometrischen Grundformen ohne jeden Verweis auf funktionale oder symbolische Kategorien; er hat den Bedürfnissen schlicht einen kompakten, unverwechselbaren Raum gegeben. Insofern ist der Gesamtkomplex ein europäischer Ausblick auf amerikanische Konzepte gewesen, unbeschadet seiner tatsächlichen, reduzierten Realisation.

Die Konzentration der historischen Rezeption auf das »Universum«-Kino ist verständlich. Zum einen hat Erich Mendelsohn im Arrangement der Baukörper die

Literatur:

Erich Mendelsohn: Das Gesamtschaffen des Architekten. Berlin 1930

Der Mendelsohn-Bau am Lehniner Platz. Erich Mendelsohn und Berlin. Hg. v. d. Schaubühne am Lehniner Platz. Berlin 1981

Erich Mendelsohn. Gebaute Welten. Architekt 1887–1953. Hg. v. Regina Stephan. Stuttgart 1998

Summe seines Schaffens vor dem Columbushaus gezogen und das Spiel einer subtilen Differenzierung von Volumen, Breite, Höhe und Fassadenhaut zu nie wieder erreichter Perfektion gebracht. Zum anderen ist das »Universum« vor allem durch seine nächtlichen Ansichten über fotografische Reproduktionen zum Kinobau der zwanziger Jahre schlechthin avanciert; Erich Mendelsohn hat damit einen architektonischen Typus geboren, der durch die britische »Odeon«-Kette der dreißiger Jahre selbst wieder zeichenhafte Qualität gewann. Obendrein ist der Bau als Kino wie als Theater das geblieben, was er vom ersten Tag seines Bestehens an war: das moderne Berliner Eck. Es läßt sich gut fotografieren, paßt in städtische Filmschwenks und gibt einen perfekten Hintergrund ab für den kulturellen Korrespondentenbericht. Die medialen Qualitäten einer Architektur erweisen sich immer auf mehreren Ebenen der Produktion und Rezeption – Erich Mendelsohn hat sie ebenso gut gekannt wie beherrscht. Insofern hat die Verengung des Blicks vom WOGA-Komplex auf das »Universum«-Kino seiner historischen Beachtung als einer der wichtigsten Bauten des 20. Jahrhunderts in Berlin weniger geschadet denn genützt; auf diese Ecke schaut die Welt.

Ort **Kurfürstendamm 153–163, Berlin-Wilmersdorf**
Bauzeit **1927–31**
Architekt **Erich Mendelsohn**

Der Hauskomplex ist im Auftrag der Wohnhausgrundstücksverwertungs AG entstanden. Während des Zweiten Weltkrieges starke Zerstörung der gesamten Anlage. In den fünfziger Jahren Wiederaufbau des »Kabaretts« durch Sobotka & Müller mit neuer Nutzung. 1976–81 Rekonstruktion des »Universums« von Jürgen Sawade und Umbau zur Schaubühne mit neuer Innenausstattung. Bauherr: Senator für Bau- und Wohnungswesen, Berlin.

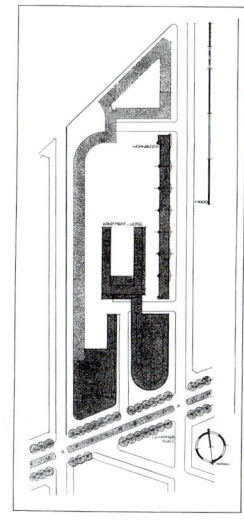

Gewünschte Modernität
Die evangelische Kreuzkirche von Ernst und Günther Paulus

Harold Hammer-Schenk, Bettina Held

»Eine moderne Kirche muss es werden«, schrieben im September 1927 Gemeindekirchenrat und Architekten in den Erläuterungsbericht zum Bauantrag für die Kreuzkirche. Beim Wettbewerb für eine neue Kirche in Schmargendorf hatte Ernst Paulus mit Olaf Lilloe zusammen zwar nicht den ersten Preis, aber den Auftrag bekommen. Bis 1916 entwickelten sie Pläne für einen zurückhaltenden barockisierenden Zentralbau mit hohem Turm und angebundenem Pfarrhaus. Der Krieg verhinderte die Ausführung. 1925, als die Gemeinde wieder Pläne für den Neubau diskutierte, konnte sich Paulus, auf seine alten Rechte pochend, den Auftrag sichern. Die gewünschte »Modernität« brachte wohl sein Sohn Günther ein, mit dem er seit 1922 zusammenarbeitete. Angeregt von den angeforderten Wettbewerbsunterlagen für die Gustav-Adolf-Kirche, hatte sich die Gemeinde für eine expressionistische Formensprache entschieden.

Verblüffend wirkt bis heute die scheinbar isolierte Stellung des breiten Turms nach Vorbild mittelalterlicher Westriegel. Er schirmt die Kirche vom Lärm der Straße ab. In größerem Abstand dahinter erhebt sich das leicht gedrückte Oktogon des Betraums. Verbunden werden beide durch einen niedrigen Gang. Damit erscheint der Besuch des Gottesdienstes als Weg inszeniert. Die Masse des Turmes mit seinen spiraligen, aus gewendelt gesetzten Ziegeln hochgemauerten Eckvorlagen verblüfft. Die hohen, in die Ecken eingelassenen Terrakottafiguren erinnern an gotische Statuen von Engeln. Der Baldachin in Form eines Pagodendaches neigt sich mit seinen sich nach unten verjüngenden Pfeilern dem Besucher entgegen. Seine blau-lila Fliesen in unterschiedlicher Größe, teils als Figurenfries gestaltet, bieten einen fast schrillen Farbakzent. Der Parabelbogen des Eingangs setzt nach dem Eintreten andere Akzente. Er begleitet nun als Hauptform in der querliegenden Vorhalle, die auch als Kapelle (»Brauthalle«) genutzt werden kann, und im langen Verbindungsgang (»Kreuzgang«) zum Gottesdienstraum in seiner ruhigen, ausgleichenden Form den Besucher. Dort umfaßt ein solcher Bogen den Altarraum und die Orgelnische, die sich gegenüberliegen. Im Gegensatz zu diesen beruhigten Formen schneiden die hohen schmalen Fenster spitzzackig in die weite Deckenschale, die von einem aufwendigen Gitterwerk aus Eisen, das dem Auge verborgen bleibt, getragen wird. Die Farbgestaltung der Wände arbeitet mit expressionistischen farbigen Zackenbändern, Dreiecken und Rauten. Die Abfolge der Farben reicht von einem hellen Gelb in der Brauthalle über abgestufte Rottöne im Kreuzgang und dem in Blaugrün gehaltenen Zentralraum bis zu einem schattierten Violett in der Altarapsis, wo der Blick ursprünglich auf ein fünf Meter hohes weißes Kreuz aus Porzellan gelenkt wurde. Diese Ausmalung entsprach sowohl in den ungewöhnlich deutlichen Farben als auch in ihren Formen einer in den zwanziger Jahren allgegenwärtigen, profanen, nahezu modisch zu nennenden Vorliebe für Farbreize und für dynamisch gezackte Formen, die man im modernen Kunstgewerbe ebenso anwandte wie etwa bei der Dekoration der großen Kinos oder Varietés. Damit bewegten sich Gemeinde und Architekten auf eine Modernität zu,

die eher den lauten und massenwirksamen Stimmungen der zwanziger Jahre entsprach. Im Gegensatz dazu boten die ursprünglich recht hellen Fenster nach ornamentalen und figürlichen Mustern der Zeit um 1300 aus dem Xantener Dom ebenso wie das blaue Gestühl einen ruhigeren Kontrast.

Symptomatisch für die Technikbegeisterung der zwanziger Jahre, aber dennoch außerordentlich innovativ für eine Kirche war ihre moderne technische Ausstattung. Lautsprecher zur Übertragung der Predigt in Kreuzgang und Brauthalle, eine Schwerhörigenanlage und – als Gipfel der Modernität – beheizbares, auf Knopfdruck hervorsprudelndes Taufwasser waren aufsehenerregende Neuerungen. Jeder der drei Raumabschnitte Brauthalle, Kreuzgang und zentraler Kirchenraum ist mit einer individuellen Lichtarchitektur ausgestattet. In der Brauthalle ist die elektrische Beleuchtung in die Fensterbrüstung integriert, im Kreuzgang in den Scheitel der spitz zulaufenden Fensterlaibungen. »Künstliche Fenster« im Gottesdienstraum selbst dienten einerseits der Erhellung, andererseits mit gläsernen Ziffern als Liedtafeln. An Kinoarchitektur läßt das lange Lichtband denken, das sich am unteren Rand der Orgelempore entlangzieht. Weitere Lichteffekte ließen sich durch Leuchten erzielen, die sich hinter dem Altarbogen befinden und in der Beleuchtungsstärke abstufbar waren.

Das Äußere der Kirche fasziniert durch die Farbigkeit der unsortiert in verschiedenen Brennzuständen und Qualitäten vermauerten Ziegel, die durch das Netz der ungewöhnlich breiten und hellen Mörtelfugen Teil einer bewegten Textur werden. Dazu tragen auch die z. T. ungewöhnlichen Ziegelverbände der Mauerflächen, aber vor allem der Pfeiler, Fenster- und Türrahmen bei. Hier bietet die Kirche fast vordergründig zu nennende Effekte, die von den Bauten Fritz Högers angeregt wurden, aber auch von dem Planetarium von Wilhelm Kreis in Düsseldorf (1926) – sämtlich Profanbauten. Es wäre aber falsch, der Kirche eine veräußerlichende Weltlichkeit zuzuschreiben. Im Gegenteil, gerade Högers Mystifizierung des Backsteins und die mit seinen Möglichkeiten zu erreichenden Momente der Verinnerlichung und Bedeutungsschwere verleihen diesen Formen scheinbar eine beson

Literatur:

Franz Balke: Die neue Kirche am Hohenzollerndamm in Berlin-Schmargendorf. In: Kunst und Kirche, 3./ 4. 1929/30 (6. Jg.), S. 90–92

Ernst und Günther Paulus. Schmargendorfer Kreuzkirche Berlin. Privatdruck, Berlin 1930 (Auflage 100 Exemplare. Erw. Fass. des Artikels in der Bauwelt 16/1930, Beilage, S. 1–12.)

Bettina Held: Die evangelische Kreuzkirche in Berlin-Schmargendorf. Beispiel für den Kirchenbau der Zwanziger Jahre zwischen Tradition und Innovation. Magisterarbeit FU Berlin, Kunsthistorisches Institut, 1998

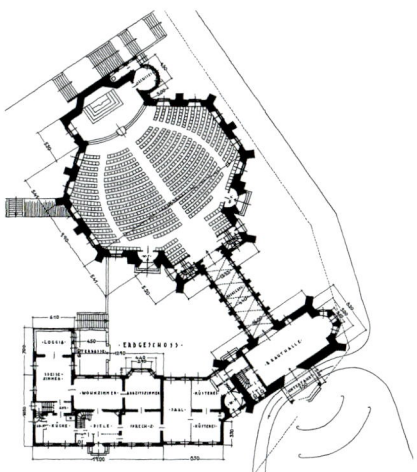

dere Eignung für den Kirchenbau. Aber in dieser Gattung traf die opulente Ornamentik in den zwanziger Jahren auf eine Tendenz baulicher Sachlichkeit, ja Askese, die einem Verständnis vom schlichten Gotteshaus nach dem Krieg in den Zeiten der Not entsprach.

Im Pfarrhaus spiegelt sich wohl die eigentliche architektonische, konservativ-gediegene Grundhaltung der Architekten, insbesondere Ernst Paulus', wieder. Ein grundsolider Baukörper, der in wohlausgewogenem Verhältnis zum Walmdach mit Fledermausgaube steht, ist symmetrisch in sieben Achsen gegliedert, der Eingang in der Mitte. Sehr dezent tritt hier das expressionistische Dekor in Erscheinung, im Erdgeschoß des zweigeschossigen Baues als kleine Auszackungen der Fensterstürze und als zarter Backsteinfries vor dem Abschlußgesims des Daches. Lediglich die Eingangstür zum Pfarrhaus, bei der grüne und gelbe Farbflächen durch gezackte rote Linien voneinander abgesetzt sind, stellt eine Verbindung zu der viel auffallenderen Formensprache der Kirche dar.

So wie die Kirche nach ihrer Einweihung nicht nur Zustimmung erfuhr, ist ihr Charakter bis heute zwiespältig. Die Kirche folgt in ihren Teilen sehr herkömmlichen Vorlagen. Der Turm entspricht mittelalterlichen lokalen Westriegeln und zeitgenössischen Bauten (St. Michael in Wannsee, 1927). Das Oktogon gehört seit der zweiten Hälfte des 19. Jahrhunderts zu den Standardlösungen protestantischer Gottesdiensträume. Die Architekten, vor allem wohl Günther Paulus, verstanden es, die expressionistische Bauzier in die Großformen einzubinden. Sie erreichen damit einen Grad von zeittypischer Aussagekraft, die Teile der Kirche und das Ganze mit Großbauten, Objekten des Alltagsdesigns oder auch mit den Pflanzenfotografien von Karl Blossfeldt vergleichbar und damit fast schon modisch werden läßt. Das liegt gewiß auch daran, daß Ernst und Günther Paulus zu den Vertretern einer konservativen Architektur gehörten, die in Berlin etwa mit ihren großen neubarocken Villen Erfolge erzielten. Mit der Kreuzkirche lieferten sie den Nachweis, daß sie auf Anforderung – und der Zwang ist zu bemerken – auch ein »modernes« Meisterwerk liefern konnten.

Ort **Hohenzollerndamm 130a, Berlin-Schmargendorf**
Bauzeit **1927–29**
Architekten **Ernst Paulus, Günther Paulus**

August 1911 engerer Wettbewerb unter den Architekten Heidenreich und Michel, Jürgensen und Bachmann, Kröger, Paulus und Lilloe. Erster Preis an Jürgensen und Bachmann. 1916, nach Aufforderung zur Neubearbeitung der Pläne, erhalten Paulus und Lilloe den Auftrag, der aber wegen des Krieges nicht ausgeführt werden kann. Ernst Paulus bringt 1926–27 mit seinem Sohn Günther erarbeitete Pläne zur Baureife. Grundsteinlegung am 4. 12. 1927; Weihe am 15. 12. 1929. Bauplastik von Felix Kubsch, Ausmalung von Erich Wolde. Ursprüngliche Gestaltung des Altarraumes durch Max Esser. Kriegszerstörungen. Wiederinstandsetzung 1953, neue Glasfenster von Willy Rakuttis 1961, seit 1984 Sanierung unter denkmalpflegerischen Gesichtspunkten, 1995 Wiederherstellung der ursprünglichen Konzeption des Innenraumes.

Haut und Knochen

Die Häuser am Rupenhorn der Brüder Luckhardt und Alfons Ankers

Fritz Neumeyer

Mit Bauten der klassischen Moderne der zwanziger Jahre hat sich die Architektengemeinschaft »Brüder Luckhardt und Alfons Anker« in der Berliner Architekturgeschichte einen Platz erobert. Hierzu gehörte das Telschow-Haus (1926–28) am Potsdamer Platz, dessen geschwungene Fassade von energisch geschnittener Horizontalität rasch zum Vorzugsmotiv von Stadtfotografen avancierte. Bei den Namen Luckhardt und Anker denkt man ebenso an die heute denkmalgeschützten Wohnbebauungen an der Schorlemerallee in Dahlem, die in dem Abschnitt hinter dem Breitenbachplatz zum exklusiven Straßenzug dieser Architekten geworden ist. Hier entstanden 1924–25 die plastisch in den Straßenraum vor- und zurückgestaffelten Kuben einer Wohnhausgruppe, die als konventionell verputzte Mauerwerksbauten das Vokabular abstrakt-moderner Formensprache vorführen. Auf der anderen Straßenseite setzte sich die Luckhardtsche Bautätigkeit mit anderen architektonischen Mitteln fort. Man findet eine vom Stahlbetonskelett energisch gestraffte Wohnhauszeile von 1929–30 mit schimmernden Glasbausteintrennwänden in der Front, die das Reihenhaus optisch wie mit Rasierklingen sezieren.

Zu den Marksteinen der Moderne gehören aber vorzüglich die beiden Häuser am Rupenhorn, die zurückgesetzt hinter Grunewaldkiefern als weiße Kuben aufblitzen und auch heute noch aus dem Einerlei gesichtsloser Einfamilienhäuser herausfallen, das am Auge vorbeizieht, wenn man die Stadt auf der Heerstraße in Richtung Westen verläßt. Zur Zeit ihrer Erbauung 1929–30 durften diese dreistöckigen Stahlskelettbauten in technischer und ästhetischer Hinsicht wohl zu den modernsten Manifestationen gerechnet werden, die Berlin vorzuweisen hatte.

Auch dieses Häuserpaar, das als Auftakt zu einer »Kolonie« gedacht war, zu der es aber nicht kam, folgt einem eigenen städtebaulichen Zusammenhalt, der weniger das Urbane im alten stadtbaukünstlerischen Sinn im Auge hatte als vielmehr das atmosphärische Erzeugen eines zeitgemäßen Flairs, in dem sich das Typische und Individuelle zu einem neuartigen, sprich modernen Lebensgefühl verband. In bevorzugter Lage an einem der landschaftlich schönsten Punkte Berlins in unmittelbarer Nähe der Havelseen, erschwinglich nur für eine wohlhabende Klientel, wurden Häuser geplant, die nicht den ökonomischen Zug gereihter Identität, sondern in Räumlichkeit übersetzten Luxus repräsentieren wollten.

In offener Stellung und im malerischen Kontrast zur Landschaft plazierten die Architekten einfache, elegant proportionierte Kuben im rechten Winkel zueinander. Vom Typus her gleichartig und in der Erscheinung einheitlich, treten die Häuser als ein Geschwisterpaar auf, das sich nur morphologisch subtil individualisiert. Die üppig formatierte Befensterung verspricht räumliche Großzügigkeit und Freiheit auch im Inneren der Häuser, denen man ihre bewußte Beziehung auf den Landschaftsraum sofort ansieht.

Das moderne Stahlskelettsystem lieferte die technischen Voraussetzungen für ein neues Maß an Öffnung und Raumgliederung. Die Kultivierung des Skelettbaus, zu der Le Corbusier 1914 mit seinem »System-Domino« und Mies van der Rohe 1922

mit seiner Definition der Haut-und-Knochen-Architektur den Auftakt gegeben hatte, führte in der Architektur des »Neuen Bauens« um 1930 zu einem grandiosen Höhepunkt. In der Weißenhof-Siedlung in Stuttgart gaben Mies, Le Corbusier und Gropius eine Demonstration der neuen Möglichkeiten des Stahlskeletts für den Wohnungsbau. Mit dem Barcelona-Pavillon von 1929 und dem Haus Tugendhat in Brünn, erbaut 1928–30, errichtete Mies van der Rohe absolute Ikonen der Moderne, an denen kein Architekt mehr vorbeischauen konnte. Mit modernen Geschäftshäusern, wie dem Kathreiner-Hochhaus von Bruno Paul [Nr. 13], dem Gewerkschaftshaus von Erich Mendelsohn, dem Shellhaus von Emil Fahrenkamp [Nr. 15], den Bauten am Alexanderplatz von Peter Behrens, setzte der Stahlskelettbau im Stadtbild dieser Jahre markante Akzente.

Diese Konstruktion gestattete, so Luckhardt und Anker in der »Bauwelt« von 1930, »eine veränderliche Anordnung der trennenden Zwischenwände, so daß sich nach Belieben ein großer Wohnraum oder mehrere kleinere Zimmer herstellen lassen«. Nach dieser lapidar anmutenden Logik ist der Grundriß der beiden Häuser am Rupenhorn organisiert, die eine konsequente Neuinszenierung der klassischen Villa unter der Regie des »Neuen Bauens« vorführen.

Das halb im Terrain verschwindende Erdgeschoß nimmt die dienenden Wirtschaftsräume auf, darüber liegt das »klassische« Piano nobile, das Hauptgeschoß, das jetzt – bis auf das Treppenhaus – von einem einzigen großen, ungeteilten Raum mit deckenhohem Panoramafenster eingenommen wird. Darüber folgt das Obergeschoß mit Schlafräumen und Bad und schließlich als Belvedere die seit Le Corbusier obligatorische Dachterrasse.

Der zentrale ungeteilte Wohnraum ist die eigentliche architektonische Sensation beider Häuser. Die Raumgröße wird in der Wirkung noch dadurch gesteigert, daß der Zimmerboden unter der gläsernen Festwand hindurch nach außen weiterzuwachsen scheint und sich – ohne nennenswerte Unterbrechung durch aufliegende Brüstungen oder Rahmenprofile – in der Terrasse fortsetzt. Diese sanft nach außen drängende, gleitende Bewegung setzt sich über die Terrasse hinaus – die von keiner Brüstungsmauer, sondern einer Reling begrenzt wird – in die nächste Raumschicht fort, nämlich in den natürlichen Raum. Dadurch, daß die großen Fensterelemente auf Rollen seitlich verschiebbar sind, bleibt es nicht nur bei dem optischen Eindruck der Raumerweiterung. Die innere Raumzelle, wenn man hier überhaupt noch diesen Begriff verwenden darf, ist jetzt weniger ein in sich begrenztes, isoliertes Gefäß, sondern sie wird Teil eines größeren, kontinuierlichen Raumzusammenhangs, in dem sich Architektur und Natur als komplementäre Gegensätze eines Ganzen gegenüberstehen und zugleich als Einheit erfahrbar werden.

Als Vermittler dieses Gefühls der Teilhabe spielt die Terrasse eine entscheidende Rolle. Sie ist nicht, wie etwa bei den Häusern von Mies, als schwer gelagerter, monumentaler Sockel ausgebildet, auf dem in spannungsvollem Gegensatz ein leichter Baukörper ruht, sondern besteht aus einer dünnen Stahlbetonscheibe. Diese schwebt nur knapp über dem Boden und scheint sich, wie ein Flugdach auf Höhe Null, mit kraftvoller Bewegung in den Kubus hineingebohrt zu haben. Die Energie des weiten, offenen Raumes springt hierdurch auf den präzise begrenzten Kubus über und verleiht ihm Flügel.

Auch in der Vertikalen wußten die Architekten den Hauskubus durch einen adäquaten Kunstgriff räumlich zu verlängern. Wie eine in den Himmel gezeichnete

Literatur:

Brüder Luckhardt und Alfons Anker. Kat. Schriftenreihe der Akademie der Künste, Berlin, Bd. 21. Berlin 1991 (mit Bibliogr.)

Johann Christoph Bürkle: Wohnhäuser der klassischen Moderne. Stuttgart 1994, S. 98–101

Parallele zu der schwebenden Terrassenscheibe am Boden bildet ein umlaufender, nur an einer dem Blick entzogenen Stelle mit der Wandscheibe verbundener Rahmen den oberen Gebäudeabschluß. Dieser Rahmen hängt als abstrakte Pergola über dem Baukörper in der Luft und besteht aus nichts anderem als jenem schmalen Streifen, der als das obere Reststück einer Wand stehenbleibt, wenn man in sie eine umlaufende Öffnung einschneidet. Es entsteht der Eindruck eines über den Baukörper hinausgeschobenen, freischwebenden Kranzgesimses, das jetzt nicht mehr, wie in der klassischen Architektur, der Gliederung des Körpers dient, sondern die Funktion der Begrenzung des Luftraumes über dem Baukörper erfüllt. Mit diesem Luftwürfel wächst die abstrakte kubische Komposition in den Himmel.

Die Dialektik aus dem Wechsel zwischen Stoff und Leere, zwischen Körper und Raum ist auch für die zweidimensionale Gestaltung verbindlich. Hier geben rhythmische Flächenkontraste und das Spiel der Proportionen den Ton an. Makellos glatte, weiß verputzte und mit Ölfarbe und Wachs imprägnierte Wandflächen wechseln sich mit präzise eingeschnittenen Fensterflächen ab und bilden gemeinsam eine kontinuierliche Oberfläche.

Die puristische Ästhetik der »Neuen Sachlichkeit« des »Neuen Bauens« hat in den Häusern am Rupenhorn zu einer luziden Formulierung gefunden, die in ihrer didaktischen Anschaulichkeit und Klarheit kaum überzeugender hätte ausfallen können.

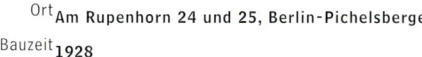

Ort **Am Rupenhorn 24 und 25, Berlin-Pichelsberge**

Bauzeit **1928**

Architekten **Hans und Wassili Luckhardt, Alfons Anker**

Ursprünglich war eine Gruppe aus drei Häusern im Stil des »Neuen Bauens« geplant, Bauherr für das Haus Am Rupenhorn 24 war Richard Kluge. In den dreißiger Jahren wurden am Haus Nr. 25 starke Veränderungen in der inneren Raumaufteilung vorgenommen. Seit dem Ende des Zweiten Weltkrieges war das Haus Nr. 24 im Besitz des Bundes, 1997 wurde es privat erworben und bis 2004 denkmalgerecht instand gesetzt.

Grundrisse Haus Am Rupenhorn 25

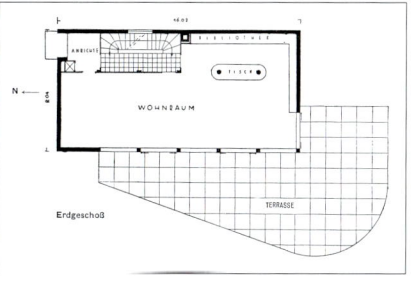

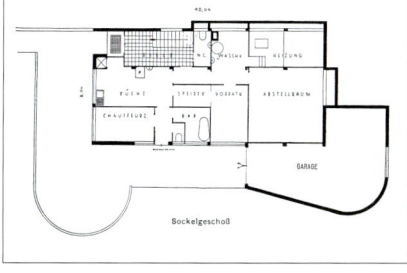

39

Gemäßigter Klassizismus
Das Kathreinerhaus von Bruno Paul

Jochen Meyer

Im Vergleich zu den neuesten Hochhausbauten am Potsdamer Platz [Nr. 46] wirkt das Kathreinerhaus mit 43 Metern Höhe recht unspektakulär. Doch bei genauerem Hinsehen zeigen sich besondere städtebauliche und gestalterische Qualitäten. Als es 1929–30 errichtet wurde, zählte es zu den ersten Hochhäusern Berlins. Schon damals war dieser Bautypus heftig umstritten: Während ihn die einen als Zeichen von Modernität und Fortschritt euphorisch begrüßten, lehnten ihn die anderen als abschreckendes Symbol des Kapitalismus ab. Aus Angst vor einer »Amerikanisierung« der deutschen Städte genehmigten die Baubehörden die Errichtung von Hochhäusern nur in Ausnahmefällen. Das Kathreinerhaus sollte denn auch als Instrument städtebaulicher Regulierung eingesetzt werden, um die typischen Mängel amerikanischer Wolkenkratzer – fehlende städtebauliche Einbindung, extreme Verdichtung – zu vermeiden.

Dies kann heute jedoch nur noch bedingt nachvollzogen werden, denn die ursprüngliche Konzeption Bruno Pauls gelangte nur teilweise zur Ausführung. Vorgesehen war nämlich die Errichtung zweier identischer Hochhausbauten, welche den Eingang zum Kleistpark mit den 1910 hierher versetzten Kolonnaden Carl von Gontards (1777–80) flankieren sollten. Nach diesem Gesamtplan wäre eine brückenkopfähnliche Torsituation entstanden, die typologisch an das Brandenburger Tor mit den flankierenden Palaisbauten erinnert hätte. Das Kathreinerhaus ist folglich nicht als isoliertes Einzelgebäude zu betrachten, wie es sich heute präsentiert, sondern als Teil einer geplanten Baugruppe, die den Eingang zum Park im Stadtraum weithin sichtbar markieren, die architekturhistorisch bedeutenden Kolonnaden einrahmen und schließlich dem Park selbst eine räumliche Einfassung geben sollte. Das Kathreinerhaus und sein fehlendes Pendant sind behutsam in den städtebaulichen Kontext eingebunden: Die östlichen Flügelbauten folgen dem Verlauf der Potsdamer Straße und nehmen die Höhe der benachbarten Gebäude auf. Ehrenhofartige Vorhöfe schaffen ausreichend Abstand zu den Kolonnaden. Die Haupteingänge und Mittelachsen beider Hochhauskomplexe sind exakt auf die zentralen Pavillons der Kolonnaden ausgerichtet, und auch die Außenkanten der Flügelbauten sind auf diese bzw. auf das an der Rückseite des Kleistparks liegende Kammergericht bezogen.

Der Gesamtplan ist ein typisches Beispiel für eine städtebauliche Konzeption der Moderne: Die Verwendung von quergestellten Hochhausscheiben über einer den Straßenraum begleitenden Sockelzone bedeutet die Abkehr von der klassischen Korridorstraße und entspricht Lösungen, wie sie etwa Cornelis van Eesteren 1925 für den Wettbewerb Unter den Linden oder Ludwig Hilberseimer 1927 in seiner »Großstadtarchitektur« entwickelt hat. So muß der Gesamtplan als städtebaulicher Idealentwurf von programmatischem Anspruch betrachtet werden. Als solcher wurde er seinerzeit von Reichskunstwart Edwin Redslob begrüßt: »man hat den Mut, das ganze System der Stadtanlage umzustellen und die neuen Bauten so anzulegen, daß später im ganzen Quartier die Entwicklung zur Höhe zwangsläufig nachfolgen muß.« So weit kam es jedoch nicht. Zwar erteilte das Preußische Wohlfahrtsministerium die Baugenehmigung unter der Bedingung, daß beide Hochhäuser ausgeführt würden, und stellte übergeordnete öffentliche Interessen

über die des privaten Bauherrn, um negative Auswirkungen auf das Stadtbild zu vermeiden. Doch die Realisierung des Gesamtplans ließ sich nicht erzwingen; zunächst wurde nur das Kathreinerhaus erbaut. Und als 1938 auf dem gegenüberliegenden Grundstück das heute von der BVG genutzte Verwaltungsgebäude entstand, wurde es gemäß der nationalsozialistischen Kunstdoktrin in den konservativen Formen der Architektur der dreißiger Jahre entworfen.

Das als Stahlskelettbau im Dreiständersystem mit Mittelgang errichtete Hochhaus enthält Einzelbüros und Arbeitssäle, die von zwei Erschließungskernen aus zugänglich sind. Diese treten an der Nordseite der Hochhausscheibe als eigener Baukörper hervor. Im übrigen wurde die Nordseite wie eine Rückfront behandelt, da sie von anderen Bauten verdeckt wird und im Stadtraum kaum zu sehen ist. Lediglich zur Potsdamer Straße hin sorgt ein Treppenturm mit vertikalem Fensterband und Uhr für eine gewisse Spannung zu dem ansonsten streng symmetrisch aufgebauten Hochhauskörper. Im 11. und 12. Obergeschoß waren Küche, Kantine und ein Kasino untergebracht. Diese obersten beiden Geschosse wurden ursprünglich durch umlaufende Terrassen akzentuiert, die sich im Berliner Klima jedoch nicht bewährten und kurz nach Fertigstellung verglast werden mußten. Von der ursprünglichen Wirkung ist dadurch viel verlorengegangen, denn der Bau erschien zuvor weniger blockhaft und erhielt durch die transparent und leicht wirkenden Loggiengeschosse einen eleganten Abschluß. Das wohl einprägsamste Motiv sind indes die Fensterbänder, die ihm den sachlichen Charakter eines Verwaltungsgebäudes verleihen. Dennoch wirkt der Bau nicht monoton: Er offenbart vielmehr unerwartete gestalterische Feinheiten. So sind die Fassaden nicht mit irgendeinem beliebigen Naturstein verkleidet, sondern werden durch verschiedenfarbige Travertinsorten im Bereich von Sockelzone, Wandflächen und Fensterstützen optisch belebt. Gesimsbänder über den Fenstern unterstreichen zudem die Plastizität der Fassaden. Die Baukörper wirken daher zwar kompakt, zugleich aber auch elegant und wohlproportioniert.

Im Unterschied zu früheren Berliner Hochhausbauten – etwa dem Borsigturm in Tegel (1922–24) oder dem Ullstein-Verlagsgebäude in Tempelhof (1925–27, beide von Eugen Schmohl) – bestimmen beim Kathreinerhaus nicht vertikale, sondern horizontale Gliederungselemente das Erscheinungsbild. Dies entspricht der Wende vom Expressionismus zur Neuen Sachlichkeit seit Mitte der zwanziger Jahre. Kein Geringerer als Le Corbusier hatte die Vorliebe vieler deutscher Architekten für gotisch anmutende Vertikalismen als »Gift der deutschen Baukunst« verurteilt: »Wir leben in einem Hause stockwerkweise, horizontal geschichtet, nicht vertikal.« Im Einklang mit solch funktionalistischen Forderungen steht das Kathreinerhaus auf einer Stufe mit den damals modernsten Hochhausbauten Berlins, etwa mit dem Europahaus von Richard Bielenberg, Josef Moser und Otto Firle (1926–31), dem Shellhaus von Emil Fahrenkamp (1930) [Nr. 15] oder dem Columbushaus von Erich Mendelsohn (1931–32). Geschäfts- und Verwaltungsbauten werden nun nicht länger als pathetisch überhöhte Kathedralen der Arbeit, sondern als »moderne Zweckbauten« (Adolf Behne) behandelt. Gleichwohl ist das Kathreinerhaus kein Bau der Bauhaus-Moderne oder des International Style. Manches architektonische Motiv wäre von dogmatischen Funktionalisten strikt abgelehnt worden: etwa die starke Betonung der Symmetrie oder insbesondere der durch die Natursteinverkleidung hervorgerufene repräsentative, um nicht zu sagen

Literatur:

Berlins erster Wolkenkratzer. In: Stein, Holz und Eisen 43, 1929, S. 641–642

H. Seeger: Bürohäuser der privaten Wirtschaft. Leipzig 1933, S. 88–90

Sonja Günther: Bruno Paul 1874–1968. Berlin 1992

Dietrich Neumann: Die Wolkenkratzer kommen! Deutsche Hochhäuser der Zwanziger Jahre. Debatten, Projekte, Bauten. Braunschweig/Wiesbaden 1995, S. 164–165

Ort **Potsdamer Straße 186, Berlin-Schöneberg**
Bauzeit **1929–30**
Architekt **Bruno Paul (mit F. Plath)**

1929–30 im Auftrag der Kathreiner Malzkaffee von Bruno Paul erbaut, war das Hochhaus eines der ersten Berlins. Es kam jedoch nur einer von zwei geplanten Bauten zur Ausführung. Der travertinverkleidete Stahlskelettbau hat einen doppel-T-förmigen Grundriß mit zwei sechsgeschossigen Flügelbauten und einem zwölfgeschossigen Mitteltrakt. Das Gebäude wird nach wie vor als Bürohaus genutzt.

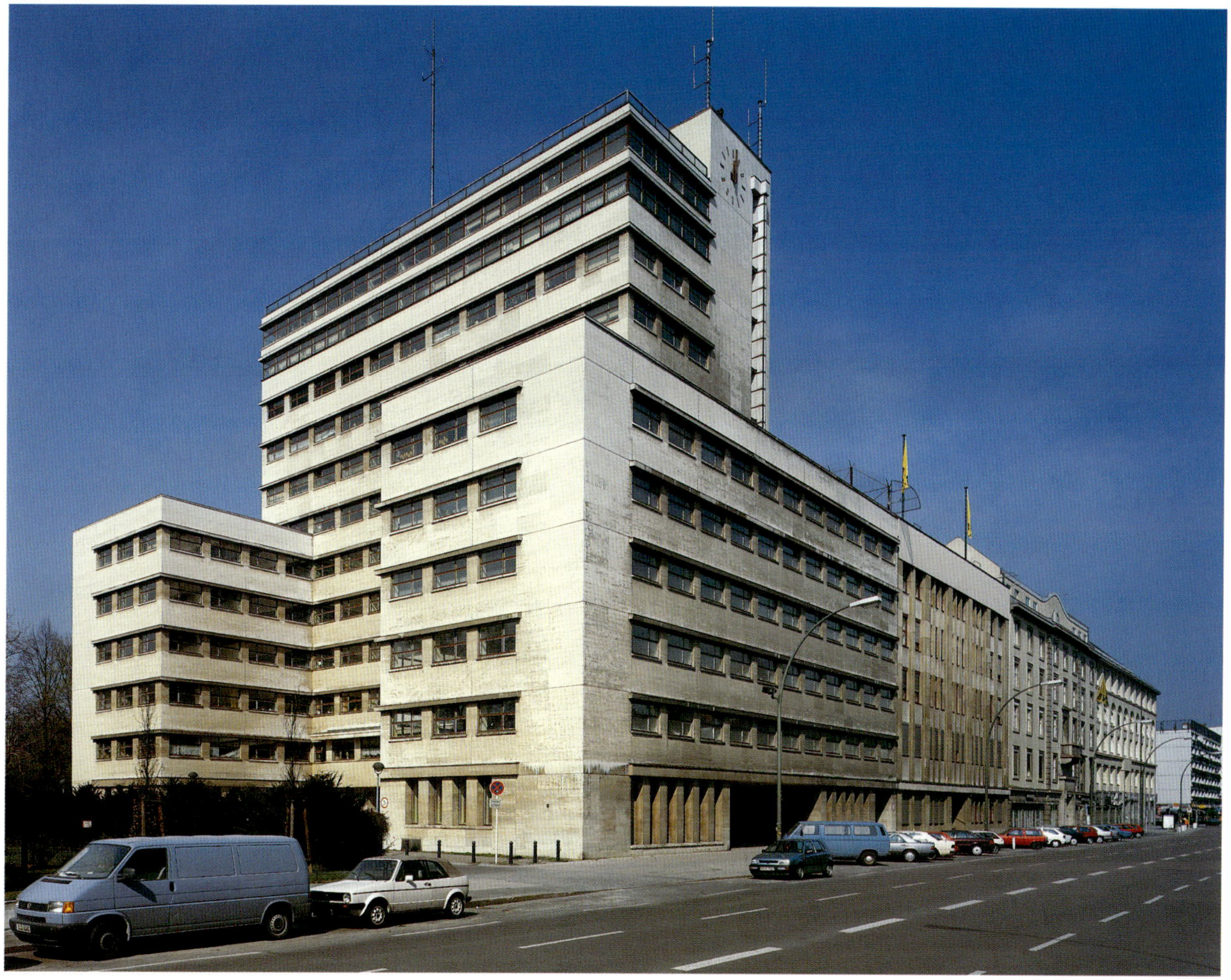

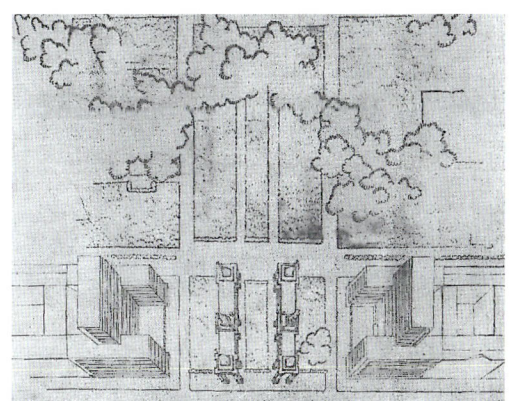

Ursprünglicher Entwurf von Paul mit zwei einander gegenüberstehenden Hochhäusern

monumentale Charakter. Das gediegene Erscheinungsbild sollte den Anspruch des Kathreiner-Malzkaffee-Konzerns zum Ausdruck bringen, erklärt sich jedoch auch aus der Haltung des Architekten: Bruno Paul hatte seine Ausbildung beim Werkbund erhalten und war vornehmlich durch Villen und Interieurs bekannt geworden. Ähnlich wie Peter Behrens oder der junge Walter Gropius war er einem gemäßigten Klassizismus verbunden, wie auch sein erstes Geschäftshaus, der Zollernhof in Berlin (1911), bezeugt. Etwas vom Geist dieses Klassizismus lebt auch im Kathreinerhaus fort: etwa in der axialsymmetrischen Anordnung der Baukörper und in der Sicherheit im Umgang mit Proportionen und tektonischen Kräfteverhältnissen. So ist das Kathreinerhaus ein Bau der Moderne, der nicht im Gegensatz, sondern in bewußter Beziehung zur Tradition steht. Die Gelassenheit und Selbstverständlichkeit, die hier zum Ausdruck kommt, verleiht dem Gebäude etwas Zeitloses und macht seine architektonische Qualität aus.

Gibt es im Lichthof nichts zu lachen?
Das Haus des Rundfunks von Hans Poelzig

Rainer Höynck

Die lange Frontlinie an der Masurenallee, die im Halbkreis geschwungen Flügel dahinter, dazwischen fächerartig die Sendesäle – am Modell oder im Luftbild wirkt der Grundriß besonders eindrucksvoll. Praktisch für den gelegentlichen Besucher wären Pläne und Kreuzchen: Sie sind hier! Wer eilig zu einem Termin muß, dem fehlt die Muße zu architektonischem Nachvollzug. Er hofft auf baldige Begegnung mit Mitarbeitern: Die geben gerne Auskunft; sie haben sich in den ersten Monaten im Poelzig-Bau selbst oft verlaufen. Im grauweiß gestreiften Nachkömmling nebenan, dem eher charakterlosen Fernseh-Hochhaus von 1968, findet sich jeder Flur, jeder Raum viel einfacher. Da kann es nicht passieren, daß man nach fünf Minuten Fußmarsch im Kreis wieder an derselben falschen Stelle steht.

Anpassung des Neubaus an den Altbau gibt es nicht – mit Ausnahme kaum merklicher Details im untersten Bereich – und wäre auch kaum vorstellbar. Selbst die beiden Fußgängerbrücken zeigen keinen Kompromiß und bekennen sich zum architektonischen Kontrast. Das Haus des Rundfunks ist vom Grundriß und von der Fassadensymmetrie her ein Stück Baukunst, das sich nicht erweitern oder reproduzieren läßt. Unnachahmlich sind die so fein modellierten Strukturen der dreiteiligen Fassade, die vertikale Gliederung der Rahmen und der seitlichen Treppenhäuser, die Quadrate der Eingangsöffnungen und der Fenster. Kein einziges Element der phantasievoll abgestuften violett-rötlichen Klinker und Keramikplatten ist im Farbenspiel wie das andere.

Ein eigenes Haus für einen Rundfunksender – das hatte es noch nicht gegeben. Poelzig mußte von Grund auf neu erfinden und mehrfach verändern und vereinfachen. Der Baumeister mit dem weltberühmten expressionistischen Frühwerk verband hier, in einer seiner späten Arbeiten der Neuen Sachlichkeit, traditionelle Formprinzipien mit experimentellen Raumkonzepten. Unter anderem ist ihm zu danken, daß der große und die beiden kleinen Sendesäle im Inneren liegen, durch umlaufende Büroflure vom Straßenlärm geschützt und voneinander durch die Innenhöfe getrennt sind. Diese sind durch Freitreppen erschlossen. Der Architekt hatte sie für Freiluftkonzerte und -sendungen konzipiert. In den frühen Jahren sind sie auch so bespielt worden.

Die Nutzung des Hauses hat sich seither erheblich verändert, aber die in ahnungsvoller Voraussicht mit flexiblen Zwischenwänden versehenen Studios und Kontrollräume mit ihren mehrfachen Modernisierungen, zuletzt zur Digitaltechnik, fügen sich naht- und reibungslos in die Etagen ein, ohne den bleibenden Gesamteindruck zu stören. Dabei war der Neubau bei seiner Einweihung 1931 durchaus nicht unumstritten. Der Architekt und Publizist Siegfried Kracauer beurteilte ihn in der »Frankfurter Zeitung« kultur- und medienkritisch: »Ein Bauwerk, das eher drohend als heiter ist und entschieden mehr an das Verwaltungsgebäude eines Konzerns als an eine Stätte geistiger und künstlerischer Leistungen erinnert. Ich fürchte fast, daß eine Art von Mißverhältnis zwischen seiner Büroschwere und den Rundfunkprogrammen besteht. Es wäre möglich, daß die Künstler nicht ohne

Beklemmung die Senderäume betreten und daß die Musen in der Umarmung der Verwaltungskorridore ein wenig frösteln.« Und wenig Sympathie empfand er für den »Lichthof, in dem es nichts zu lachen gibt«. Auch Theodor Heuss kam in seiner 1939 erschienenen, 1941 von Hitler persönlich verbotenen Poelzig-Biographie zu einem eher skeptischen Urteil über »den symbolischen Charakter des Rundfunkhauses« im damals vieldiskutierten Spannungsfeld zwischen »Fabrik für Massenversendung von allem und jedem« und »Kultstätte für die neueste Form der technischen Magie«, lobte jedoch, daß der »Grundriß die Übersehbarkeit eines guten Ornaments« besitze.

Was hat das Haus erlebt! Die Weimarer Republik mit Reichs-Rundfunk-Gesellschaft, Deutscher Welle, Berliner Funk-Stunde und ersten Fernsehproduktionen. Die NS- und Kriegsjahre mit Goebbels-Propaganda und Durchhalte-Wunschkonzerten. Die sowjetische Enklave mit dem Berliner Rundfunk, mit Unterhaltungs-, Kultur- und Politiksendungen unter der Aufsicht sowjetischer Zensuroffiziere hinter dem Stacheldraht, den die Soldaten des britischen Sektors zogen. Den Aufbau des Senders Freies Berlin als Landesanstalt, nachdem bis dahin am Heidelberger Platz eine Dependance des Nordwestdeutschen Rundfunks sendete. Beispielhafte Live-Sendungen der eigenen Orchester und von Gastensembles. Die zwischen Eifersucht und Überheblichkeit schwankenden Seitenblicke zum SFB-Fernsehen, das bei der Post in Tempelhof begann, ins Deutschlandhaus am Theodor-Heuss-Platz, früher Reichskanzlerplatz, zog und schließlich, im Neubau von Robert Tepez (1963–71), Nachbar des »Dampfradios« im Poelzig-Bau wurde.

Hans Poelzig hatte das Haus des Rundfunks in Korrespondenz zur Gesamtanlage des Messegeländes unter dem Funkturm entworfen, für die er 1927–29 gemeinsam mit dem Stadtbaurat Martin Wagner einen Generalplan entwickelt hatte, das »Poelzig-Ei«. Seine wenigen dort realisierten Bauten gibt es nicht mehr. Von der Figur des 1932 entstandenen Sommergartens, auf dessen Mittelachse sich das gegenüberliegende Haus des Rundfunks bezieht, blieben Grundzüge erhalten. Den kürzlich unternommenen Rekonstruktionsschritten fiel der 1981 eingeweihte Skulpturengarten mit Werken Berliner Bildhauer zum Opfer, der tatsächlich hier ein Fremdkörper war. Neben wenigen erhaltenen Bauten in Berlin – z. B. Wohnbauten und Babylon-Kino am Rosa-Luxemburg-Platz, 1928–30 – steht von Poelzig noch das IG-Farben-Haus in Frankfurt a. M., das in seiner strengen Gliederung, im geschwungenen Grundriß und in manchen Details an das Haus des Rundfunks erinnert. Die Nationalsozialisten verhinderten danach weitere Bauaufträge. Poelzig starb 1936, erschöpft und entmutigt, vor der geplanten Emigration in die Türkei.

Der Autor dieser Zeilen, jahrzehntelang RIAS-Redakteur, hat seit 1959 auch für das SFB-Fernsehen gearbeitet und war erst in den letzten Jahren gelegentlich für »Radio Kultur« und damit im alten Funkhaus tätig. Doch immer wenn ich in den sechziger Jahren und später in den Poelzig-Bau kam, habe ich mich vom geradezu musikalischen Schwung der Flure beflügeln lassen, häufig auch neue Details entdeckt. Besonders die holzgetäfelten kleinen Sendesäle sind mir ans Herz gewachsen. Und der Paternoster fährt und fährt, trotz mehrerer Abschaffungsversuche aus Sicherheitsbedenken. Und die Fenster lassen sich öffnen im Gegensatz zum Fernsehzentrum.

Ein besonderer Glücksfall ist die gelungene Rekonstruktion des fünfgeschossigen Lichthofs unter dem Glasdach. Schon seit 1958 hatte das Haus unter Denkmal-

Literatur:

Theodor Heuss: Hans Poelzig. Bauten und Entwürfe. Berlin 1985 (Reprint d. Ausg. v. 1939 im Wasmuth Verlag, Berlin)

Hans Poelzig: Die Pläne und Zeichnungen aus dem ehemaligen Verkehrs- und Baumuseum in Berlin. Hg. v. Matthias Schirren im Auftrag des Museums für Verkehr und Technik, Berlin. Berlin 1989

Hans Poelzig. Haus des Rundfunks. Hg. v. Sender Freies Berlin (Red.: Carolin Hilker-Siebenhaar, Hanspeter Krüger). Berlin 1994

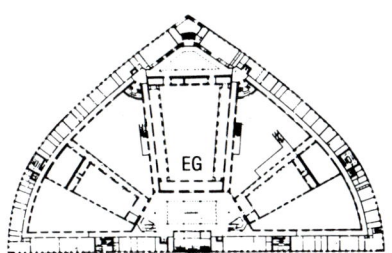

Ort Masurenallee 8–14, Berlin-Westend

Bauzeit 1929–31

Architekt Hans Poelzig

1927 wurde von der Stadt Berlin ein beschränkter Wettbewerb für ein erstes Haus des Rundfunks in Deutschland ausgerufen. Poelzig fand als Gewinner eine Lösung, die typenbildend wirken sollte: Die Sendesäle durchschneiden den Innenhof radial zum Eingang hin so, daß sie von der Straße abgeschirmt sind und kaum neben den Büroräumen liegen. Im Zuge der Übernahme des Gebäudes 1957 durch den Sender Freies Berlin kam es zu diversen Umbauten, welche 1987 größtenteils wieder zurückgenommen wurden. Nach wie vor ist das Haus Sitz des Senders Freies Berlin.

schutz gestanden. Wiederherstellungspläne für den Lichthof gab es seit Mitte der sechziger Jahre. Als er zum Stadtjubiläum 1987 seine originale Gestalt zurückbekam, wurde der Unverstand der »Verschönerung« im Geschmack der fünfziger Jahre so recht bewußt. Damals, mit dem Umbau des Gebäudeinneren für den 1957 einziehenden SFB, wollte die zuständige Sondervermögensverwaltung der Bundesregierung – ohne Not, denn der Lichthof war bei der Übergabe durch die Sowjets nicht beschädigt – »im Zeitgeschmack Poelzigs streng gefaßte Architektur durch eine spielerisch gemeinte Leichtigkeit ersetzen« (wie der Architekturkritiker Günther Kühne 1987 treffend ausdrückte), z. B. durch Drahtglasplatten und Beleuchtungskörper mit explodierenden Sternen. Jetzt leuchten die blaßgelben keramischen Brüstungen wieder zwischen schwarzen Stützen im strengen Raster, der sich im Geländer der in den ersten Stock führenden Haupttreppen wiederholt. Auch die beiden Lampen mit rotlackierten Metallprofilen nach dem Entwurf von Marlene Poelzig sind wieder da. Es lohnt, eine Weile unten zu sitzen, die unvergleichliche Atmosphäre des geschlossenen Raums zu erleben, streng, aber alles andere als abweisend. Poelzig schuf damit nicht nur einen praktischen Verteiler, sondern ein beispielhaftes Begegnungszentrum. »Das Haus glüht wieder wie zur Zeit des Neubaus«, freute sich der Poelzig-Schüler Julius Posener.

Maritimer Schwung
Das Haus für die Shell AG von Emil Fahrenkamp

Jonas Geist

I. Ein Höhepunkt unter vielen

Jede Stilperiode hat ein Bauwerk, in dem sich die gesellschaftliche Idee der Zeit klar manifestiert, so auch in der Residenzstadt erst und dann Hauptstadt und jetzt wieder Hauptstadt Berlin.

– Für das Barock war es der Schlütersche Schloßhof mit seiner doppelten Symmetrie,
– für das Rokoko muß man sich schon nach Potsdam begeben, nach Sanssouci, das man sich noch ganz ohne Toiletten vorstellen muß,
– für den Klassizismus mit etwas revolutionärem Wind vielleicht das schwerblütige Museum mit der Adlerkette auf dem Dach als Tugendwächter (Altes Museum von Schinkel),
– für die aus England herüberschwappende Industrialisierung vielleicht die Bauakademie mit ihrem gebrannten Bildungsprogramm als vierfache Fassade,
– für die Zeit bis zur Entfesselung des ersten Rohstoffkrieges auf nationaler Basis das Gebäude, das der zwangsvereinte Staat sich als Parlamentsgebäude setzt, in dem die sich aus griechischem und römischem Repertoire nährende Architektur endet, wie auch der Parlamentarismus dann bald wieder in Flammen aufging, ehe er Traditionen bilden konnte (Reichstag, Nr. 1).

Setzt man diese Reihe fort und denkt an die von der Inflation erst, dann Weltwirtschaftskrise eingegrenzte Zwischenkriegszeit, so ist kein Bau so stellvertretend wie das Shellhaus – allenfalls Poelzigs Rundfunkhaus [Nr. 14], das aber im ganz neuen Westen liegt, hat es zu einer ähnlichen Steigerung gebracht. Die diesen Jahren folgende neokolossale Gigantomanie spürt man allenfalls noch als travertinen Schauder in Görings riesigem Luftfahrtministerium, dessen Architekt unauffindbar ist. Die nachkriegliche Auftakteule ist sicher Paul Baumgartens Musikhochschulfoyer an der Hardenbergstraße, Er, der durch alles schier mühelos gegangen ist und sich gegen zu viele Namensgleiche auch noch bis heute wehren muß. Na und dann sind wir mit einem Satz in der edelsten Nachkriegszeit, in der sich Vergangenheit und Zukunft paaren. Ein großes gläsernes Auge sieht uns an, durch das hindurch man die ökonomisch so glänzend dastehende Philharmonie [Nr. 26] bis auf den Nabel sehen kann. Es bleibt ein großer Wurf über die zwanziger Jahre hinweg auch, wenn man versucht hat, ihm Junge zu machen. Wie es weitergeht, darüber streiten sich die zahlreicher werdenden Gelehrten.

II. Einige Argumente

Das Shellhaus, warum ist es zum Reiter, zum Stellvertreter der Weimarer Jahre in Berlin aufgestiegen?

– War es der Ort, der von Schinkel und Lenné gemeinsam gestaltete Landwehrkanal, der die Altstadtkeller vor den jährlichen Überschwemmungen schützen sollte?

– War es der Zweck, Bürohaus für eine zukunftsorientierte Produktion zu sein, also dem Auto zu dienen, das erst für wenige, heute für alle dazusein hat und das Leben beschleunigt hat, obwohl man nicht recht weiß wohin?
– War es der Architekt Emil Fahrenkamp? Bestimmt nicht, denn nur wenige wissen weitere Bauten von ihm zu nennen.
– Oder ist es der Bautyp, das Bürohochhaus, der damals neu aus Amerika kam und von dem jeder Architekt – fast wie heute – ein Exemplar bauen wollte?
– Oder ist es das Material Stahl, in dem gebaut wurde, der in den zwanziger Jahren billig war, ehe er im Dritten Reich von Stahlbeton abgelöst wurde?
– Oder ist die Setzung, die Komposition, das Formspiel das Eigentliche, das Zusammenspiel von Selbstbeweger, schwingendem Straßenverlauf und eigener getragener Bewegung, also von Land, Wasser und Kontur, das überzeugt hat?

III. Würdigungen

Natürlich ist der Bau in allen einschlägigen Zeitschriften gewürdigt worden, allen voran die »Bauwelt« und »Wasmuths Monatshefte für Baukunst«. Doch systematisch gewürdigt ist der Bau als Nr. 32 zwischen dem Kathreiner-Hochhaus von Bruno Paul [Nr. 13] und dem riesigen Frankfurter Haus für die IG Farben von Poelzig in dem 1933 noch erschienenen Band »Bürohäuser der privaten Wirtschaft«, verfaßt von Herrmann Seegers im »Handbuch der Architektur«, in dem sich alles findet, was in Deutschland hoch hinauswollte. Nicht nur jede Stadt, sondern auch jedes Unternehmen wollte nach Möglichkeit hoch hinaus, um Größe zu demonstrieren. Mit dem Zweiten Weltkrieg war das vorbei, man lernte unter die Erde zu gehen und aus der Luft zu zerstören. Heute ist es schon wieder so, daß es zum Œuvre eines beachteten Architekten gehört, auch ein Hochhaus gebaut zu haben. Mit dem an eine riesige Guillotine erinnernden im Frankfurter Messegelände fing es an. Es machte den Bautyp wieder salonfähig, und vom Lehrer übertrug es sich wie mühelos auf seine Schüler.

IV. Ewiger Wert

Das Shellhaus ist ziemlich schnell zu den ewigen Werten aufgestiegen und hat sich – wenn ich die Postkartenwertigkeit nehme – eingereiht in die Bauten, vor denen sich unsere Gäste aus Fernost am liebsten fotografieren lassen, die da sehr genau sind. In Berlin führte als Fotoobjekt lange die Siegessäule, als sie noch vor dem Reichstag stand, vor dem mehrgeschossigen Gleisdreieck und der Kaisergalerie Ecke in der Friedrichstraße.

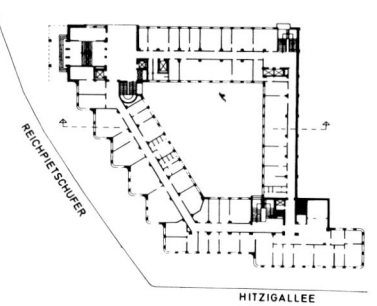

Literatur:

August Hoff: Emil Fahrenkamp. Stuttgart 1928

Wasmuths Monatshefte, 15. Jg., Berlin 1931, S. 145

Bauwelt, Nr. 29/XXIII. Jg., Juli 1932 (Reprint: 1998)

Handbuch der Architektur, Teil IV/7/1a, Bürohäuser der privaten Wirtschaft. Leipzig 1933, S. 90–93

Jonas Geist: Aus dem Fenster gesehen. Bremen 1999

Ort Reichpietschufer 60–62,

Berlin-Tiergarten

Bauzeit 1930–31

Architekt Emil Fahrenkamp

(Entwurf und Berechnung

des Tragwerks: Gerhard Mensch)

Der Bau, einer der ersten
Stahlskelettbauten Deutschlands, wurde
von dem Architekten Fahrenkamp im
Auftrag der damaligen Shell-Kompagnie
errichtet. Von 1952 bis Ende 1995 diente
das sogenannte »Shellhaus« als
Hauptsitz der Berliner Kraft- und Licht-
Aktiengesellschaft (BEWAG). Die
Sanierung des unter Denkmalschutz stehenden Hauses wurde im Jahr 2000
abgeschlossen.

Im Moment ist der ewige Wert verhüllt, denn seine brüchig gewordene Fassade muß erneuert und die verbogene Stahlkonstruktion gerichtet und entrostet werden. Man hat sogar die Firma in Glasgow wiedergefunden, die die Gläser an den aufsteigenden Wellen mal gebogen hat. Der Denkmalpfleger hat dem neuen Besitzer — der BEWAG — die Renovierung aufs Auge gedrückt. Bald kann sich der maritime Schwung der Fassade, der es eigentlich ist, dem Fotoauge wieder mitteilen und so sich vervielfältigen. Ob er sich auch noch für die spätere Erweiterung zum Tiergarten hin interessieren wird — auch von Baumgarten —, ist offen.

V. Eigener Mittelpunkt

Das Shellhaus gehört zum alten Westen, der neue ist der Kurfürstendamm. Man erreicht es, wenn man von dort mit dem 129er Bus kommend dann aussteigt, wenn die Haltestelle »Deutscher Widerstand« ausgerufen wird, wie es verkürzt heißt. Der alte Westen ist ein stadtarchäologisches Feld, denn dort tobte nicht nur der Kampf »Villa oder Mietshaus« als zukünftige Behausungsform für die angedachte Viermillionenstadt, sondern dort an der Kante zum Landwehrkanal saß vor und vor allem nach der Machtübertragung die Lobby, die zu Fuß zu den Ministerien und zur Reichskanzlei gehen konnte. Das ist ein Feld, das darzustellen mich reizen würde, zumal da ich zwanzig Jahre auf das Panorama sehe, in dessen Fokus sich die nächste Regierung eingraben will, die sich hoffentlich andere Fußstapfen zulegen wird. Jedenfalls für das Triumvirat der Gegend, Benjamin, Hessel und Kracauer, kam das Haus zu spät. Aus ihren Beobachtungen läßt sich ein Bild zusammensetzen der Gegend, die zwar wieder bebaut wird mit Botschaften und Verbandshäusern bis hin zum Versuch, den Potsdamer Platz wieder aufleben, besser hochleben zu lassen, die aber, wenn man dort herumstreicht, wenn man nichts weiß, nichts hergibt. Nicht weil die Häuser von Speer entjudet wurden, um Platz zu gewinnen für die Bombengeschädigten und für eine viel größere Planung, die unter der neuen als Geländegewinn liegt, sondern weil über das unheimliche Interessengeflecht um die Potsdamer Brücke Efeu, Moos und ungepflegte öffentliche Flächen gewuchert sind. Irgendwo zwischen Kastanien und Linden, Ausflugsdampfern, Kaiserkronen und Löwenpaaren in Stein wohnen Dinge, die man zu einem Mosaik zusammensetzen kann, das uns entrissen worden ist, trotz allem Metropolengeflüster!

Wendepunkt in der Sportarchitektur
Das Olympiastadion auf dem ehemaligen Reichssportfeld

Wolfgang Schäche

Das Olympiastadion in Berlin – anläßlich der XI. Olympischen Sommerspiele 1936 errichtet – ist als architektonischer Mittelpunkt des ehemaligen Reichssportfeldes angelegt und beherrscht den räumlich-strukturellen Zusammenhang der mehr als 130 Hektar umfassenden Anlage. Nur als deren bestimmendes Hauptbauwerk können der Stellenwert und die Bedeutung des Stadions inhaltlich erfaßt und begriffen werden.

Das ehemalige Reichssportfeld mit dem Olympiastadion und den ihm zugeordneten Anlagen des Maifeldes, des Schwimmstadions, des Reiter-, Hockey- und Tennisstadions, der Freilichtarena (Waldbühne) sowie den Gebäuden des Deutschen Sportforums wurde in seinen wesentlichen Teilen 1933 konzipiert und zwischen 1934 und 1936 realisiert. In seinem Bauprogramm verkörperten sich exemplarisch der Herrschafts- und Machtanspruch seiner politischen Bauherren und das damit verbundene ästhetische Selbstverständnis des nationalsozialistischen Terrorstaates in der Phase seiner politischen Konsolidierung. Dieser qualitative Bedeutungskern ist trotz der baulichen Veränderungen und räumlichen Brechungen, die die weiträumige Anlage seit ihrer Fertigstellung erfuhr, bis heute prägend geblieben. Der momentane Zustand der Anlage ist zugleich Manifestation der nazistischen Entstehungszeit wie auch Ausdruck seiner seit 1945 während Geschichte der zumeist politisch unreflektierten Aneignungsversuche. Er ist überlagert von der spezifischen Geschichte der britischen Besatzungsmacht, die hier, auf einem Teilareal, gleichsam als geschichtliche Konsequenz der Politik der Erbauer des Reichssportfeldes, im Rahmen der alliierten Nachkriegsordnung zwischen 1952 und 1994 ihr Berliner Hauptquartier unterhielt.

Vor diesem Hintergrund gilt es zur Bestimmung des historischen Ranges des ehemaligen Reichssportfeldes festzustellen, daß es in Intention und qualitativer Sinngebung ein originäres Werk des »Dritten Reiches« ist, dessen Konzept in der realisierten Form von dem Architekten Werner March (1894–1976) in engem Zusammenwirken mit dem Nationalen Olympischen Komitee (NOK) und unter persönlicher Einflußnahme Adolf Hitlers entwickelt worden war. Seine Anlagen – zumal der zentrale Stadionbau – ersetzten im wesentlichen die Baulichkeiten der zwischen 1907 und 1909 errichteten Rennbahn Berlin-Grunewald und des 1912–13 entstandenen Deutschen Stadions von Otto March (1845–1913), wobei zwischenzeitlich entstandene Elemente, wie die bereits 1926–28 von Werner March realisierten Teile des Deutschen Sportforums, in die Neukonzeption miteinbezogen wurden.

Als eine der ersten großen baulichen Anlagen des Nationalsozialismus stellt es mit seinem architektonischen Herzstück, dem Olympiastadion, zugleich einen »Wendepunkt in der Sportarchitektur« dar. Obschon in Aufbau, räumlicher Struktur und Architektur Vorläuferanlagen (Köln, Los Angeles, Florenz) verpflichtet, »verdichtete es die aufgenommenen Einzelmotive zu kompakter Intensität«. Bedeutsam erscheint vor allem die inhaltliche Verknüpfung einer Sportanlage mit

militärischen Elementen und dem intendierten Aspekt des Todeskults. Das Maifeld als gigantischer Aufmarschplatz und die Langemarckhalle als »mahnende Weihestätte« für die gefallenen deutschen Soldaten der grausamen Schlacht zu Beginn des Ersten Weltkriegs geben noch heute Zeugnis von der damit verbundenen Programmatik.

Mit der Durchführung der Olympischen Spiele war die Absicht verknüpft, sich der Weltöffentlichkeit als »Friedensstaat« vorzustellen, derweil man insgeheim den zweiten Vierjahresplan als faktischen Mobilmachungsplan vorbereitete. Die großzügigen Sportstätten des Reichssportfeldes, als Synthese von Natur, Architektur und Kunst angelegt, bedeuteten im Rahmen dieser Verschleierungsstrategie kalkuliertes Mittel zum Zweck. Der kulturelle Anspruch, der mit der komplexen Anlage verbunden wurde, zielte konkret auf die Vermittlung der ins 20. Jahrhundert übersetzten Idee des »antiken Hains« mit der des »sozialen Friedens« Pierre de Coubertins, des Begründers der Olympischen Spiele der Neuzeit.

Obwohl in der nach innen gerichteten Propaganda der Nazis pausenlos auf die Förderung der Leibeserziehung abgehoben wurde, sind zwischen 1933 und 1945 tatsächlich nur wenige Sportanlagen entstanden. Das Reichssportfeld mit dem Olympiastadion stellte die einzige in toto realisierte Großanlage dar. Neben dem (nicht fertiggestellten) Reichsparteitagsgelände in Nürnberg war es darüber hinaus das bedeutendste landschaftsplanerische Großbauvorhaben der NS-Zeit. Signifikant für die Freiraumgestaltung unter Beratung von Heinrich Friedrich Wiepking-Jürgensmann ist die geschickte Verknüpfung der verschiedenen Sportstätten untereinander sowie deren Einbindung in die umgebende Landschaft.

Charakteristisch für die Bauten selbst ist ihr monumentalistischer Habitus, der durch Symmetrie und Zentrierung der Aufrisse gesteigert wird, und die Dramaturgie zusammenhängender, in sich abgestufter Achsenabläufe. Exemplarisch hierfür steht die Hauptachse der Anlage, gebildet von Olympischem Platz, Olympiastadion, Maifeld und Glockenturm, wobei das Olympiastadion als räumlicher Nukleus und architektonischer Höhepunkt der Anlage konzipiert ist. Als ein durch

Literatur:

Werner March: Bauwerk Reichssportfeld. Berlin 1936

Andreas Hoffmann: Reichssportfeld, Olympischer Platz. In: Geschichtslandschaft Berlin, Orte und Ereignisse, Bd. 1, Charlottenburg, Teil 2, Der neue Westen. Berlin 1985

Thomas Schmidt: Werner March. Architekt des Olympia-Stadions, 1894–1976. Basel 1992

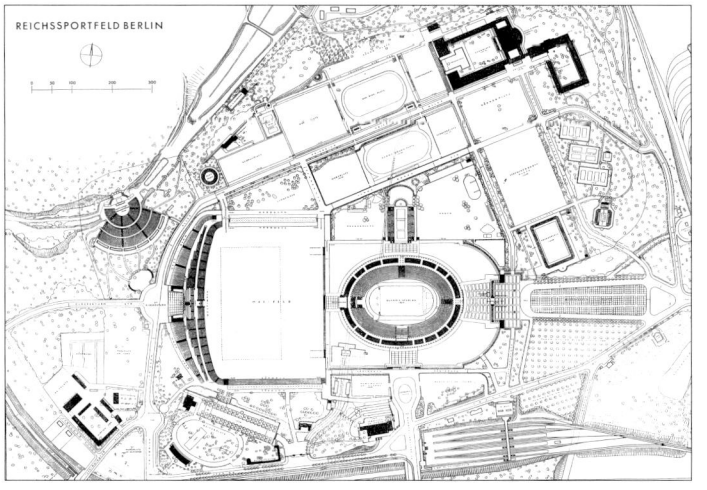

REICHSSPORTFELD BERLIN

Ort **Olympischer Platz, Berlin-Charlottenburg**
Bauzeit **1934–36**
Architekt **Werner March**

Seit 1913 existierte in Charlottenburg ein »Deutsches Stadion«, welches schon 1916 für die in Berlin geplanten Olympischen Spiele genutzt werden sollte, die jedoch aufgrund des Ersten Weltkriegs nicht stattfanden. 1928 wurde Berlin erneut als Austragungsort der Olympischen Spiele 1936 vorgesehen. Nach der »Machtergreifung« der Nationalsozialisten sind die vorhandenen Sportanlagen dazu zum Reichssportfeld um- und ausgebaut worden. Mittelpunkt wurde das Stadion mit mehr als 100 000 Zuschauerplätzen. Nach Westen schließt sich in Verlängerung der Stadionachse das Maifeld an, ein Aufmarschplatz für über 250 000 Menschen. Anläßlich der Fußball-WM 1974 entwarf Friedrich Wilhelm Krahe 1972 eine temporär gedachte Teilüberdachung des Stadions. 1998 wurde vom Berliner Senat das Büro von Gerkan, Marg & Partner mit der Sanierung und Modernisierung des Stadions betraut, die im Juni 2004 abgeschlossen wurde.

das Marathontor geöffnetes Stadion-Oval angelegt, vermittelt es sich dem Besucher durch die monumentale, massive Pfeilerstellung des Oberringes, welcher durch ein kräftiges Kranzgesims abgeschlossen wird. Volumen, Form und Material des Stadions vereinigen alle für die ästhetischen Vorstellungen der Nazis notwendigen Gestaltelemente. Der daraus resultierende, vorindustriell-handwerklich vorgegebene äußere Charakter des Baus schließt durchaus den Widerspruch des in den Substruktionen sichtbaren modernen Konstruktionskerns mit ein. Die Dienstbarmachung modernster Konstruktionen war entgegen den eigenen »Architekturtheorien« durchgängiges Prinzip und im übrigen nicht der Sonderfall im Bauen des Nationalsozialismus.

Im komplexen Zusammenhang des Reichssportfeldes fallen schließlich Umfang und Qualität des bildhauerischen Programms auf. Die Skulpturen und Plastiken, die scheinbar harmlose Sportmotive vor Augen führen oder griechische Antiken nachahmen, sind hierbei vor allem Ideologieträger. Die thematische Überhöhung des gesunden, sportgestählten »Ariers« beinhaltete bereits programmatisch das (spätere) Euthanasieprogramm des menschenverachtenden Regimes. Die überstrapazierte Einheit von Leib und Seele sowie die Betonung des Handwerklichen in der Oberflächenbehandlung der Skulpturen sind als Tarnung, ja als harmonisierende Antithese zu einer hochtechnisierten Industriegesellschaft zu verstehen.

Um dem »selektiven Erinnern« entgegenzuwirken, sei schließlich noch auf die unmittelbare politische Funktion des »Bauwerks Reichssportfeld« verwiesen.

Beispielhaft belegt das der im September 1937 erfolgte Besuch von Benito Mussolini in Berlin, dessen Höhepunkt seine dortige Rede bildete. Hunderttausende versammelten sich zu der abendlichen Kundgebung auf dem Maifeld und im Olympiastadion.

Ein Schauplatz grausamster Art war das Reichssportfeld im März/April 1945, als es zur »Festung« erklärt wurde und der sinnlose Kampf um die Anlage mehr als 2000 Tote hinterließ.

Der Krieg fügte der Anlage schließlich einige empfindliche Schäden zu, wobei das Stadion relativ unbehelligt geblieben war. Vor allem der Komplex des Deutschen Sportforums war in Teilen getroffen; der Glockenturm wurde 1947 aus Sicherheitsgründen gesprengt und 1961–63 nach Plänen von Werner March inklusive der Langemarckhalle »originalgetreu« wiederaufgebaut.

Mit der Übernahme des weiträumigen Geländes des Deutschen Sportforums durch die Briten im Jahre 1952 war über Jahrzehnte ein großer Teil des Reichssportfeldes der Öffentlichkeit entzogen. Seit den fünfziger Jahren wurde die Anlage den neuen Nutzungen angepaßt und durch diverse Umbauten verändert sowie durch Neubauten ergänzt, ohne daß man jedoch durchgreifende bauliche Sicherung und laufende Instandsetzung vornahm. Obschon die strukturelle Qualität der Raum- und Platzfolgen sowie die Gebäudekonfiguration im Prinzip erhalten blieben, änderte sich der Charakter der Teilanlage, nun auf sich selbst bezogen und auf die gewandelten Funktionen ausgerichtet, dementsprechend erheblich.

47

17

Form follows function

Die Müllverladestation von Paul Baumgarten

Josef P. Kleihues

Neben den Industriebauten der AEG von Peter Behrens und denen der Siemens AG von Hans Hertlein gehört die erst Mitte der dreißiger Jahre realisierte Müllverladestation zu den emblematischen Zeugnissen jener Industriebaukultur, die Berlin seit dem 19. Jahrhundert auszeichnet. Im Vergleich zu den bodenständigen Bauten von Behrens und Hertlein bewundern wir hier die überraschende Leichtigkeit und eine Dynamik, wie wir sie bis dahin eigentlich eher von Erich Mendelsohn kannten. Besonders eindrucksvoll vermittelt sich dieser Charakter dem Blick von der Wasserseite. Die älteren Fotos mit dem noch existierenden Wasserarm, dem ehemaligen Salzhafen, dokumentieren dieses Image auf einprägsame Weise.

Es ging Baumgarten aber nicht um rein formale Attitüde. Der Entwurf entspricht vielmehr demonstrativ der Maxime, daß die Form der Funktion zu folgen habe: ein Kriterium, welches man gerne mit der Logik funktionaler Konstruktionen von Industriebauwerken in Verbindung bringt, deren Schönheit zwar früher schon erkannt, aber erst mit dem Aufbruch in die Moderne akzeptiert wird. Zu lange haben die Theorien z. B. eines James Fergusson nachgewirkt, der um die Mitte des vorigen Jahrhunderts die Architektur in drei Qualitätsstufen eingeteilt hat. Dabei rangiert das technische Bauwerk (immerhin spricht er von »technical beauty«) ganz unten, die »sensuous beauty« wird doppelt so hoch bewertet und die »phonetic beauty« als die höchste erreichbare Stufe angesehen. Erst durch das Ornament wird nach Fergusson das technische Bauwerk in den Rang von Architektur erhoben. Dieser architekturtheoretischen Diktion entsprach wohl auch das bürgerliche Empfinden des 19. Jahrhunderts. Wie anders wollte man die Camouflage so mancher aus Stahl und Glas errichteten Bahnhofshalle durch einen steinernen Portikus verstehen. Diese Art sprechende Architektur diente gewissermaßen als Feigenblatt. Selbst die kühnen Stahlkonstruktionen mehrerer Pariser Weltausstellungen wurden durch wucherndes Dekor bis zur Unkenntlichkeit ihrer statisch-konstruktiven Logik »verschönt«.

Camouflieren und Nobilitieren waren die mit der Industriebaukunst des 19. und beginnenden 20. Jahrhunderts korrespondierenden politischen oder architekturtheoretischen Ansprüche der Architekten wie der Bauherren. Der große Peter Behrens übersetzt dagegen das Vokabular des Klassizismus in eine rationale Industriearchitektur von eindrucksvoller Größe. Die Turbinenhalle [Nr. 03] in Berlin-Moabit, die Hochspannungsfabrik (1909–10) und die Kleinmotorenfabrik (1910–13) in Berlin-Wedding sind »beredte« Beispiele hierfür. Sie sind Teil und Ausdruck des Aufbruches in die klassische Moderne. Während der zwanziger Jahre entstanden die großen rationalen Backsteinkuben der Siemensbauten von Hans Hertlein in Berlin-Spandau (1917–28) oder das expressionistisch angehauchte Kraftwerk von Walter Klingenberg und Werner Issel in Berlin-Lichtenberg (1925–27). Der sehr eigenwillige Entwurf Paul Baumgartens für die zentrale Müllverladestation Berlins wurzelt ungebrochen in den Architekturtendenzen des Rationalismus und Funktio

nalismus der zwanziger Jahre und weist darüber hinaus auf einige Tendenzen der jüngeren Architektur. Ich denke z. B. an das Haus der DLRG oder den pinkfarbenen Umlauftank von Ludwig Leo [Nr. 35] aus den siebziger Jahren.

Am 1. Juni 1934 war Baumgarten zum Leiter der Bauabteilung der Berliner Müllabfuhr AG bestellt worden. In dieser Position verfügte er offenbar über genügend Einfluß, um auf der Grundlage vorausgegangener Testentwürfe ein Konzept zu verfolgen, welches auf möglichst direkte Weise den vorgegebenen Funktionsabläufen entsprach. Worum ging es?

Basierend auf Richtlinien, die bereits zu Beginn des Jahrhunderts erlassen worden waren, ging es darum, den eingesammelten Berliner Müll per Schienen- oder Wasserweg aus Berlin hinauszutransportieren. Dafür bedurfte es entsprechender Übergabe- bzw. Verladestationen. Im vorliegenden Fall einer zentralen Verladestation ging es ganz einfach darum, den im Stadtgebiet mit Pferdefuhrwerken eingesammelten Müll, der seinerzeit zu fast 100 % aus Schlacke bestand, auf Schiffe oder Schuten zu verladen. Dem Gesetz der Schwerkraft folgend, war es das einfachste, die Schlacke von einem höher stehenden Fahrzeug auf tiefer liegende Schiffe fallen zu lassen. Diesen Vorgang hat der Architekt nicht nur perfekt organisiert, sondern auf eindrucksvolle Weise inszeniert: Über eine flach geneigte, etwa 100 Meter lange Rampe gelangten die in zwei Reihen antretenden Pferdefuhrwerke in eine etwa 6 Meter über dem Wasserspiegel der Spree errichtete Verladehalle. Diese 35 Meter lange Halle hat vier Bodenöffnungen, die aufgezogen wurden, nachdem die Pferde über sie hinweggelaufen waren. Sodann wurden die Schlackebehälter geöffnet und auf Schuten entladen, welche in einem unter der Verladehalle eingerichteten Hafenbecken bereitstanden.

Während dieses Vorganges wurden die hydraulisch bewegten Tore der Verladehalle geschlossen und eine riesige Anlage in Gang gesetzt, welche mittels zweier Exhaustoren den aufgewirbelten Staub absaugte. Noch heute ist diese seit langem stillgelegte Anlage ein eindrucksvolles technisches Instrument, welches einen konischen Raum von 30 Meter Länge und 10 Meter Höhe ausfüllt.

Das, was der Anlage einen besonderen, einmaligen Charakter verleiht, ist — rein funktional betrachtet — nicht mehr als eine weit über die Spree auskragende Wendeplattform. Diese war unverzichtbar, denn nachdem die Pferdefuhrwerke sich ihrer Fracht entledigt hatten, konnten sie ja nicht rückwärts hinauskutschieren. Sie mußten die Halle geradewegs durchqueren und dann wenden können, um so, an der wartenden Fahrzeugschlange vorbei, auf die Straße zurückzugelangen. Mit dieser funktional und konstruktiv logischen Konzeption gelingt Baumgarten eine architektonische Geste: gewissermaßen die Erhöhung der Funktion durch Ausdrucksform. Darin gelangt aber auch etwas Bekenntnishaftes zum Ausdruck, was im Jahre 1937, dem Zeitpunkt der Fertigstellung des Bauwerkes, nur wenige andere Projekte auszeichnet.

Postskriptum:

Mitte der achtziger Jahre habe ich aus der Zeitung erfahren, daß die Anlage leersteht, der Senat von Berlin sie als Baudenkmal erhalten wolle und eine adäquate Nutzung suche. Sogleich habe ich mich um dieses Projekt bemüht. Eigentlich war es eine verwegene Idee, dieses für eine ganz spezielle Funktion bestimmte Haus zu erwerben, um es als Architekturbüro zu nutzen.

Literatur:

Annette Menting: Paul Baumgarten – Schaffen aus dem Charakter der Zeit. Berlin 1998

Seitdem sind fast fünfzehn Jahre vergangen, verbunden mit viel Sisyphusarbeit und der Erfahrung, daß gelegentlich auch die Umkehrung von Lehrsätzen funktioniert. Denn »Function follows form« war die zwangsläufige Devise bei der Umnutzung der Müllverladestation. Weder die Grundrisse noch die Raumstrukturen durften angetastet werden: Die flach ansteigende Rampe, die es den mit Schlacke beladenen Pferdefuhrwerken auch im Winter erlauben sollte, die hoch über dem Wasser liegende Verladehalle möglichst mühelos zu erreichen, kommt heute den Radfahrern zugute. Und die seitliche Tasche im oberen Rampenbereich bietet sich als komfortabler Parkplatz an. Die Verladehalle (35 Meter lang, 10 Meter breit und 7,20 Meter hoch) wird heute als Großraumatelier genutzt. Den Besucher empfängt zunächst ein offenes Sekretariat. Dahinter befinden sich zwei Besprechungstische. Dann folgen symmetrisch aufgebaut zwanzig winkelförmige Arbeitsplätze, monotaktisch gereiht. An der hinteren Fensterfront schließlich ein Platz für Modelle und Plotter. Die hochliegenden Glaswände geben schönes, gleichmäßiges Licht. Die sogenannte Entstaubungsanlage, ein technisches Unikat, wurde als Industriedenkmal erhalten und füllt – wie maßgeschneidert – nach wie vor den dafür vorgesehenen Raum aus. Unter dem Atelier, in der 80 Meter langen und 10 Meter breiten Wasserhalle, liegt keine der Schuten mehr, welche einstmals die Schlacke in Richtung Potsdam transportiert haben. Hier liegt heute ein Büroschiff: ein Oldtimer für Fahrten durch den Landwehrkanal, die Spree oder in Richtung Berliner Seenlandschaft. Die im Souterrain etwas oberhalb der Wasserebene neben dem Hafen angesiedelten Räume werden in Richtung Spree immer breiter. Diese gut belichtete Raumreserve ist ein Geschenk. Hier befinden sich heute eine Modellwerkstatt, eine Küche, Archive, Toiletten sowie Heizkeller und Ölbunker. Der aufgeständerte Querriegel vor Kopf der Halle, des heutigen Großraumateliers, dient als Besprechungsraum, ergänzt von einer Pantry und zwei kleineren Arbeitsräumen.

Wer wäre auf die Idee gekommen, sich ein solches Büro zu bauen? Wir haben die Nutzung dem Vorhandenen angepaßt und haben heute das Gefühl, als sei das Haus für unsere Zwecke errichtet worden. Funktional und atmosphärisch entspricht es ganz dem Werkstattcharakter, den wir mit unserem Architekturbüro verbinden.

Ort Helmholtzstraße 42,
Berlin-Charlottenburg
Bauzeit 1936–37
Architekt Paul G. R. Baumgarten

Während der NS-Zeit entstanden, veranschaulicht dieser Bau in seinem funktionalen Charakter, daß sich vor allem im Industriebau Elemente des »Neuen Bauens« abseits der offiziellen Architektur behaupten konnten. Das Stahlbetonskelett der flachen rechteckigen Entladehalle in der oberen Funktionszone ist bis auf halbe Höhe mit Klinkern ausgefacht. Nach längerer Zeit des Leerstandes ist seit Mitte der achtziger Jahre in der Halle ein Architekturbüro untergebracht.

18

Düstere Eleganz
Flughafen Tempelhof von Ernst Sagebiel

Gerrit Confurius

Unmöglich, sich dem emotionalen Zugriff dieses Baukomplexes zu entziehen. Die konkaven Formen wollen im Geiste verlängert und geschlossen werden. Zum Flugfeld hin bildet die klar konturierte Anlage die konkave Einfassung des Flugfeldes im Scheitel des elliptischen Rollfeldes. Der städtebauliche Ehrgeiz äußert sich in dem dem breiten rechtwinkligen Hauptgebäude als Herzstück vorgelagerten Ehrenhof und dem angeschnittenen Rondell. Die durch elliptisches Rollfeld, zentrale Haupthalle nebst Vorhof und Platz gebildete, den Flughafen symmetrisch teilende Achse sollte fortgesetzt werden durch eine architektonisch gestaltete Parkanlage, bis hin zum Kreuzbergdenkmal. Das Gesamtprojekt »Germania« sollte bis 1952 abgeschlossen sein. Nach dem Richtfest im Dezember 1937 und der Inbetriebnahme im April 1939 kamen die Arbeiten jedoch wegen kriegsbedingten Mangels an Material und Arbeitskräften zum Erliegen. Die ursprüngliche Intention einer die urbane Struktur gewaltsam dominierenden Symmetrie ist durch die Fragmentierung angenehm gemäßigt. Selbst oder gerade als Fragment entfaltet die Anlage im städtischen Gefüge heute eine erstaunliche raumbildende Energie. An ihr bleibt ablesbar, daß es damals um die Artikulation eines Machtwillens im Medium Raum ging, dem sich die ihn bevölkernden Menschen unterzuordnen hätten als eine sich amorph in den Raum ergießende Masse, als etwas Ungeformtes, Formloses, das gezügelt, diszipliniert und in ein militärisches Ornament gepreßt werden muß. Die Arkaden der Randbebauung bilden einen leicht verträumten Kommentar zu dieser martialischen Raumauffassung.

In der heute vorliegenden Form handelt es sich um eine Reparatur der Kriegsschäden an dem mit Abstrichen realisierten Entwurf von Ernst Sagebiel mit einem Finish im Geist der fünfziger und frühen sechziger Jahre unter der auch in Geschmacksfragen maßgeblichen Geschäftsleitung von Werner Loebermann. Mehr noch als das Reichsluftfahrtministerium, von Sagebiel 1935–36 erbaut, ist der Flughafen Tempelhof eines der herausragenden Beispiele für das Bemühen um eine die gesamte Geschichte atmosphärisch summierende und eschatologisch finalisierende Architektursprache.

Für den sich von der Landseite nähernden Besucher wirkt der Bau streckenweise wie ein Stück Norditalien, aber auch wie verbotenes Militärgelände. Man empfindet sich ein wenig als illegitimen Eindringling, der sich auf eine Inspektion gefaßt machen muß. Die umständliche, den Zugang erschwerende Verkehrsführung – wer auf das Hauptportal zugehen will, muß zahlreiche Hindernisse überwinden, z. B. mehrmals über Ketten steigen – ist nicht gerade geeignet, diesen Eindruck zu zerstreuen.

Stilistisch und atmosphärisch hat das nichts mehr zu tun mit der großbürgerlich-aristokratischen Welt der Bahnhöfe und Grandhotels, die im 19. Jahrhundert Europa zu einer großen Karawanserei machten. Hier spricht der Glaube an den technischen Fortschritt, verknüpft mit dem energischen und auch etwas borniertem Willen zur Nation. Vom Architekten wurde denn auch nicht nur verkehrstechnische Infrastruktur erwartet, sondern ein Renommierbau, der den ideologischen Ansprüchen der »Neugestaltung der Reichshauptstadt« entspräche. Der Flughafen sollte nicht nur dem zivilen Luftverkehr dienen, sondern auch den Flugschauen, die in den jährlichen Reichslufttagen gipfelten. Die auf dem Dach einer der Flugzeughallen geplanten Tribünen sollten 80 000 Personen Platz bieten. Dieser Charakter einer ins Unermeßliche gesteigerten Arena, eines futuristisch in die dritte Dimension erweiterten »Aufmarschplatzes« läßt sich bis heute nachvollziehen, auch wenn der Ort als zentraler Schauplatz der »Luftbrücke« im Gedächtnis des Berliners sentimentale bis mythische Verklärung erfahren hat.

Als anrüchig attraktive Filmkulisse etwa in Vilsmeiers »Comedian Harmonists«, in Billy Wilders »Eins zwei drei« oder »A Foreign Affair« eignet sich die Anlage wegen der etwas düsteren Eleganz, wie sie auch den SS-Uniformen eigen war. In der Fassadenverblendung in braungelben Natursteinplatten, der strengen Reihung der Fenster, die sich einer unbedingten Symmetrie unterordnen und hart von gleichmäßigen Gewänden eingefaßt sind, in den langen Arkadengängen und in der Bestimmtheit der über scharfen Gesimsen aufgesetzten flachen Walmdächer liegt ein Ausdruck bürokratisch-militärischer Arroganz.

Durch das Hauptportal betritt man nicht gleich die Empfangshalle, sondern ein sich querlegendes bombastisches Foyer, das sich links und rechts in zwei Sackgassen in die Tiefe erstreckt. Diese Anordnung versteht man erst, wenn man erfährt, daß nach den Plänen Sagebiels hier eine prachtvolle Ehrenhalle entstehen sollte, deren eigentliche Höhe nach dem Einbau der Zwischendecke nicht mehr zu erkennen ist. Durch ein Pfeilerspalier geht es eine beinahe über die ganze Breite gehende Freitreppe ein paar Stufen hinunter in die Haupthalle. Die umlaufenden Pfeiler sind so überdimensioniert, als befände sich die Empfangshalle tief unter dem Erdboden oder als erhöbe sich über ihr ein Hochhaus, was beides für ein Flughafengebäude einigermaßen ungewöhnlich und unpraktisch wäre.

Das große Abfertigungsgebäude wurde erst 1959 von den Amerikanern wieder für den zivilen Flugverkehr in deutsche Verwaltung zurückgegeben. Die Berliner Flughafengesellschaft begann dann mit den Instandsetzungsarbeiten, die 1962 zum Abschluß kamen. Der eingebrochene Boden und die stark beschädigte Travertinverkleidung der Wände wurden repariert. An die Stelle der zerstörten Stuckdecke der 19 Meter hohen Halle trat eine abgehängte Kassettendecke, in die zu Lichtbändern zusammengefaßte Leuchtstoffröhren und die Lüftung eingelassen sind. Der Linoleumboden und Einbauten wie die auf einen Mittelholm aufgesetzten Betontreppen mit Kunsteisen und Messing sind geeignet, den Monumentalcharakter der Halle auf bundesrepublikanisches Format herunterzuschrauben.

Helmut Conin schrieb 1975 im »airport-forum«: »Zum ersten Mal in der Geschichte der Luftfahrt entstand hier eine Fluggast-Abfertigungsanlage, in der der Ver-

Literatur:

Flughäfen, Raumanlage, Betrieb und Gestaltung. Hg. v. Carl Pirath. Berlin 1937

Heinz Nowarra: 60 Jahre Deutsche Verkehrsflughäfen. Mainz 1969

Helmut Conin: Gelandet in Berlin. Hg. v. d. Berliner Flughafengesellschaft. Berlin 1974

Ort **Platz der Luftbrücke, Berlin-Tempelhof**

Bauzeit **1936–41**

Architekt **Ernst Sagebiel**

In den dreißiger Jahren stieg Tempelhof zum ver-
kehrsreichsten Flughafen Europas auf, so daß
Sagebiel vom Luftfahrtministerium mit der baulichen
Neuordnung beauftragt wurde. Der Zweite Weltkrieg
beendete die Ausführung und führte zu starker
Beschädigung. Bis 1951 Nutzung als Militärflughafen.
Ab 1959 Ausbau zum Zivilflughafen. Seit 1975, der
Eröffnung des Flughafens Tegel [Nr. 31], Nutzung nur
noch für innerdeutsche Kleinflüge und von den
Alliierten. Die Schließung von Tempelhof als Flughafen
ist geplant, die zukünftige Nutzung des Areals ungewiß.

kehrsablauf nach Fluggästen, Gepäck, Fracht und Besuchern auf verschiedene
über- beziehungsweise untereinander liegende Ebenen aufgeteilt wurde.« Der
funktionalen Maschine steht gestalterisch jedoch immer wieder der Zwang zur
Rhetorik entgegen. Hier und da lassen sich das Denkmal und die Nutzungs-
anforderungen nur schwer vereinbaren: Die Halle wirkt hilflos überdimensioniert,
während für die notwendigen Dinge nicht recht Platz ist. Der Vorrang des Monumentalen führt z. B. zu einer Sakralisierung der Toiletten, die, um die Form nicht zu
stören, in größtmöglicher Entfernung vom Zentrum des Raumes und erst recht von
den Warte-Sitzbänken hinter den überdimensionierten Pfeilern versteckt und in
der Verlängerung der Diagonale schier endlos weit unter die Ehrenhalle gescho-
ben sind. Die extrem langgezogene Treppe hinunter kann man den Gepäckwagen
nicht mitnehmen.

Zukunftssicherung bieten auch ein ambulanter Notfall-Flugdienst einer Firma für
medizinische Geräte und das Deutsche Technikmuseum, das einen Hangar als
Werkstatt für die Restaurierung der alten »Rosinenbomber« benutzt.

19

Mut zur Wirklichkeit
Die Offenbarungskirche (Notkirche) von Otto Bartning

Ulrich Pantle

Nachdem die Luftangriffe der alliierten Truppen auf Deutschland im Mai 1942 zunächst auf das strategisch wichtige Rheinland verstärkt wurden, kam es 1943 auch zu anwachsenden Bombardierungen der Reichshauptstadt Berlin. Dabei wurden nicht nur die strategischen Ziele der Militär-, Verkehrs- oder Industriebauten schwer getroffen. Vor allem Wohnhäuser, soziale Einrichtungen und auch Kirchen wurden in unvorstellbarem Ausmaß zerstört. Von den insgesamt 197 evangelischen Kirchenbauten, die vor Kriegsbeginn in Groß-Berlin vorhanden waren, überstand schließlich nur eine Kirche das Kriegsende unversehrt.

Das Ausmaß der Zerstörungen und Vernichtungen des Zweiten Weltkrieges offenbarte vor allem die Unfähigkeit des Menschen zu moralischer Integrität. Nachdem der Erste Weltkrieg den Glauben an eine menschenfreundliche, beherrschbare Technik als Irrtum entlarvt hatte, standen im Rückblick auf die nationalsozialistische Diktatur vor allem die Unzulänglichkeiten des Menschen im Vordergrund.

Die Zerstörung der Städte wurde mit der Orientierungslosigkeit und inneren Leere der Menschen gleichgesetzt. Die Kirche hatte die zunehmende Entzauberung der Welt, den Vernichtungswahn des Menschen und die zerstörerische Seite der modernen Technikeuphorie nicht aufhalten können. In dieser säkularisierten Welt sahen Theologen beider Konfessionen eine Chance, auf den Trümmern des Krieges, auf neuer Grundlage wieder eine Instanz der Moral zu werden, nachdem in der Moderne die moralische Hoheit zunehmend von weltlichen Institutionen und Personen übernommen worden war.

Bereits im August 1945 hatte die evangelische Kirche auf ihrem ersten Kirchentag in Treysa das Hilfswerk der Evangelischen Kirche in Deutschland ins Leben gerufen. Neben einer allgemeinen Nothilfe, die sich in erster Linie der Versorgung der notleidenden Bevölkerung und der zahllosen Flüchtlinge mit Nahrung, Kleidung, Medikamenten und Notunterkünften widmete, sollte auch der kirchliche Wiederaufbau unterstützt werden. Aber wie sollte in dieser Zeit der umfassenden Not gebaut werden? Die unmittelbar nach Kriegsende vom Ausland gestifteten Holzbaracken, die zu Kirchenräumen umgenutzt wurden, schienen keine Antwort auf die Frage nach der Gestalt für einen zeitgemäßen Kirchenraum zu sein. Sie waren mit einem Fassungsvermögen von maximal 200 Personen zu klein und boten keinen Ansatz zur Selbsthilfe. Das vorhandene Trümmermaterial konnte nicht eingesetzt werden, und schließlich wurde die Lebensdauer der Provisorien nicht allzu hoch angesetzt, was letztlich eine Verteuerung der Baumaßnahme bedeutete.

Einen Vorschlag bot Otto Bartning mit dem Entwurf eines standardisierten Kirchenbaus an. Bartning hatte sich bereits zwischen den Weltkriegen einen Namen als Kirchenbaumeister gemacht und gab mit seinem Buch »Vom neuen Kirchbau« schon 1919 wichtige Impulse für den evangelischen Kirchenbau. Die Stahlkirche auf der »Pressa«-Ausstellung in Köln, die Rundkirche in Essen oder die Gustav-Adolf-Kirche in Berlin-Charlottenburg fanden bereits kurz nach Fertigstellung eine breite Resonanz in der Öffentlichkeit und galten bald als Leitbauten.

Bartning arbeitete nach Kriegsende in der 1945 gegründeten Bauabteilung des Evangelischen Hilfswerks. Als Alternative zu den Holzbaracken wurde ein Typenprogramm für einen evangelischen Kirchenbau in Varianten mit 350–500 Sitzplätzen entworfen, groß genug also, um die Mitglieder der Gemeinden aus den zerstörten Städten aufzunehmen. Dieser Entwurf einer Notkirche sollte kein provisorischer Notbehelf sein. Wo es nur irgend ging, wurden die vorhandenen Trümmer als Baumaterial mit einbezogen und existierende Fundamente oder Ruinenteile wiederverwendet, was auch eine umfassende Beteiligung der Gemeindemitglieder ermöglichte. In Städten wie Berlin, wo kaum Nägel frei erhältlich waren, wurden alte gesammelt und zur Wiederverwendung geradegeklopft. Die von Hand gesäuberten Steine wurden als Baumaterial wiederverwertbar gemacht. Um dem Gebäude eine statische Sicherheit zu geben, konnte man sich jedoch nicht auf die unkontrollierbare Qualität des Trümmermaterials und dessen Verarbeitung verlassen. Da Materialien wie Stahl, Eisen und Beton fast nicht zur Verfügung standen, kam für das Tragwerk nur Holz in Frage. Bauholz war äußerst kostbar, jedoch immer noch am ehesten verfügbar und ohne großen technischen Aufwand in Eigenleistung zu bearbeiten.

Eugen Gerstenmaier, der Leiter des Hilfswerks, versuchte im Juli 1946 mit einem Fragebogen an die in den Besatzungszonen tätigen Geschäftsführer den Bedarf an Notkirchen zu ermitteln. Das Anschreiben sollte neben der Erhebung vor allem die Gemeinden über die Angemessenheit dieses Kirchenbaus informieren. Darin formulierte Gerstenmaier, daß »es doch nicht nur um die augenblickliche Not, sondern ebenso darum geht, welche Gestalt wir unserem kirchlichen Leben für die Zukunft geben und wie wir damit vor Kindern und Enkeln bestehen werden«.

Zuerst wurden die Städte bedacht, in denen das Ausmaß der Zerstörung am größten war. Die erste Notkirche konnte schließlich als Musterbau im Oktober 1948 in Pforzheim fertiggestellt werden. Zur Einweihung der Kirche sagte Bartning: »Wir sind nun Kenner der Wüste geworden, der äußeren wie der inneren. Wo aber zwei oder drei in der Wüste sich treffen und am besonderen Blick der Augen sich erkennen, da bleiben sie beisammen. Und wenn ihrer dreißig oder vierzig oder vierhundert werden, so werden sie eine Gemeinschaft bilden des Schweigens, des zögernden Redens und des plötzlichen Betens und Singens. Solche Gemeinschaft in der Wüste aber wird einen Ring von Steinen legen und wird ein Zelt bauen, nicht nur um den Ort des Zusammenlebens zu sichern, sondern um diese ihre Gemeinschaft des Geistes sichtbar und also auch in den Sinnen wirksam zu machen.«

Für Bartning lag in dieser Aussage sowohl eine religiöse wie auch eine architektonische Seite der Sinnstiftung, die auf sein gesamtes Werk Einfluß hatte. In dem Vortrag »Vom Sinn des Bauens«, den er im März 1946 in Heidelberg hielt, definierte er Baukunst als »die Erfüllung der praktischen Not mittels der besten Konstruktion zu einer Befreiung der Seele«. In Verbindung mit dem Raum als dem eigentlichen Thema der Architektur führt diese Aussage zum wesentlichen architektonischen Verständnis Bartnings, zur Raumbildung durch Konstruktion. Einem vielschichtigen Verständnis von Konstruktion, das weit über stilistische Merkmale hinausweist.

Und woran könnte man dies deutlicher zeigen als an einer Notkirche? Und welcher Ort würde sich besser dafür eignen als Berlin, wo man angesichts der vorausgegangenen überheblichen Geltungssucht der Nationalsozialisten mit solch einer

Literatur:

Otto Bartning: Vom neuen Kirchbau. Berlin 1919

Otto Bartning: Vom Sinn des Bauens. Manuskript 1946 (Bartning-Archiv TU Darmstadt, Nr. 303/46-1)

Die 48 Notkirchen. Hg. v. d. Hilfswerk der Evangelischen Kirche in Deutschland. Heidelberg 1949

Otto Bartning: Vom Raum der Kirche. Bramsche 1958

Jürgen Bredow, Helmut Lerch: Materialien zum Werk des Architekten Otto Bartning. Darmstadt 1983

Ort Simplonstraße 32–37,
Berlin-Friedrichshain

Bauzeit 1948–49

Architekt Otto Bartning

Die Kirche ist ein Saalbau nach
dem Modell der von Bartning
entworfenen Notkirchen, hier mit
dem bestehenden Pfarr- und
Gemeindehaus zu einer Zwei-
flügelanlage verbunden. Um
1965 Gemeindehauserweiterung,
1977 Neudeckung des Schindel-
daches. Die Kirche wird nach
wie vor von der Evangelischen
Kirchengemeinde Friedrichshain
genutzt.

Kirche einen betont konträren Akzent der Bescheidenheit setzen konnte? Dies wird besonders deutlich, wenn man sich vergegenwärtigt, welche Situation die Gemeinde der Offenbarungskirche in Berlin auch noch Ende der vierziger Jahre vorfand. Unter der Leitung der Pfarrer Wilhelm Harnisch und Alfred Rehmann führ-te die Bauhütte mit Unterstützung von Gemeindemitgliedern den Aufbau der Kir-che aus. Neben dem freigeräumten Trümmerfeld in der Simplonstraße nutzte die Gemeinde die Fundamente eines ehemaligen Kinderheims für die Errichtung der Notkirche. Auf einem LKW wurden die mächtigen, zweigeteilten Holzbinder ange-liefert. Ohne Kräne und Winden luden zehn Männer die gewichtigen Teile vom Fahrzeug und trugen sie auf den Bauplatz, wo sie am Boden montiert und aufge-richtet wurden. Auf Leitern wurden die Nebenträger befestigt. Mit den vorbereite-ten Trümmersteinen wurden die Seitenwände gemauert. Beim Richtfest konnten die Gemeindemitglieder den Charakter des Raumes bereits erahnen. Das Dach wurde mit Tafeln geschlossen, das umlaufende Fensterband sowie die Empore und

das Gestühl eingebaut. In kurzer Zeit wurde die Kirche fertiggestellt. In ähnlicher Weise wurden zwischen 1948 und 1951 insgesamt 43 Notkirchen in Deutschland realisiert. Weitere fünf geplante Kirchen kamen nicht mehr zur Ausführung. Trotz der Standardisierung lassen sowohl die unterschiedlichen Gegebenheiten des Ortes wie auch die spezifischen Fähigkeiten der helfenden Gemeindemitglieder und die Unterschiede bei der Aneignung des Kirchenraumes jede Notkirche als sin-guläres Bauwerk erscheinen.

Damals wie heute entfaltet sich die Wirkung dieser Notkirchen erst im Innenraum. In der äußeren Gestalt bescheiden, ohne Turm und monumentale Geste, zeugen die geflammten, hölzernen Brettbinder, die unverkleidet den Innenraum bestim-men, von einem grundsätzlichen und zeitlosen Verständnis von Architektur, näm-lich für Menschen, die eines Raumes bedürfen, durch konstruktive Maßnahmen einen Raum zu erzeugen. Oder, wie Otto Bartning es einmal formulierte, »die Raumangst schöpferisch bezwingen und zur Raumlust wandeln«.

20

Via pacis der Befreier
Zur Stalinallee

Vittorio Magnago Lampugnani

Literatur:

Hermann Henselmann. Gedanken, Ideen, Bauten, Projekte. Berlin 1978

Bruno Flierl: Hermann Henselmann – Bauen mit Bildern und Worten. In: Kunstdokumentation SBZ/DDR 1945–1990. Hg. v. Günter Feist, Eckhart Gillen, Beatrice Vierneisel. Köln 1996, S. 386–412

Werner Durth, Jörn Düwel, Niels Gutschow: Architektur und Städtebau der DDR. Frankfurt a. M. 1998 (2 Bde.)

Im Frühjahr 1950 reiste eine Studiendelegation deutscher Architekten und Baufunktionäre auf Veranlassung des Politbüros der Sozialistischen Einheitspartei Deutschlands (SED) in die Sowjetunion. Sie besichtigte die Städte der UdSSR und führte dort Gespräche über sozialistische Stadtplanung und Architektur. Die Ergebnisse dieser Reise mündeten unmittelbar nach der Rückkehr der Gruppe nach Berlin in die »sechzehn Grundsätze des Städtebaues«, die im Juli 1950 von der Regierung der Deutschen Demokratischen Republik verabschiedet wurden.

Das Dokument verarbeitet die Prinzipien des sozialistischen Realismus, wie er im sowjetischen Städtebau und in der sowjetischen Architektur seit Anfang der dreißiger Jahre praktiziert wurde, und beschwört eine hierarchisch gegliederte, verdichtete und dabei begrünte Stadt, die überwiegend von mehrgeschossigen Bauten bestimmt wird. Sie ist durch Monumente verziert, die zu ihrer spezifischen Physiognomie beitragen. Verkehrsstraßen bedienen sie, zerreißen sie jedoch nicht. Die Wohnquartiere sind großzügig mit Infrastruktur ausgestattet und weitgehend dezentral organisiert. Dabei gilt für die »Grundsätze« kein abstraktes Schema: »Entscheidend ist die Zusammenfassung der wesentlichsten Faktoren und Forderungen des Lebens.«

Nachdem feststand, daß die Stalinallee, wie seit dem 21. Dezember 1949 die Frankfurter Allee hieß, im Rahmen des nationalen Aufbauprogrammes zur Magistrale ausgebaut werden sollte, trat Hermann Henselmann mit einem ersten Vorschlag für ihre architektonische Gestaltung im Frühjahr 1950 vor, mitten in der Debatte um die neue Architektur des neuen deutschen Staates. Die quer zur Straße angeordneten sechs- bis achtgeschossigen Zeilenbauten mit Wohnungen, zwischen denen Flachbauten mit Einkaufsläden gespannt sind, gehören noch ganz jener klassischen Moderne an, mit der Henselmann groß geworden war, und widersprechen diametral den gegenteiligen Beteuerungen der dazugehörigen Erläuterungen wie auch den Prinzipien des neu etablierten sozialistischen Realismus. Die Parteiführung wies das Projekt schroff zurück. Sie lehnte auch die überarbeitete Fassung ab, die ihr Henselmann im Herbst des gleichen Jahres vorlegte, und dem abermals modifizierten Entwurf vom Januar 1951 war ebensowenig Glück beschieden.

Enerviert darüber, daß nahezu ein halbes Jahr nach der Verabschiedung der »sechzehn Grundsätze« nicht einmal ein einziger Entwurf vorzuweisen war, der innerhalb der neuen Linie als Vorbild hätte dienen können, entschloß sich das Politbüro, einen öffentlichen nationalen Wettbewerb zur städtebaulichen und architektonischen Gestaltung der Stalinallee auszuschreiben. Die aufsehenerregende Konkurrenz fand im Sommer 1951 mit 45 Teilnehmern statt, unter denen sich sämtliche prominente Baumeister der Deutschen Demokratischen Republik befanden. Als Sieger ging jedoch ein Außenseiter hervor: Egon Hartmann, der erst wenige Jahre zuvor an der Hochschule in Weimar diplomiert und noch so gut wie nichts gebaut hatte. Sein Projekt eines weiträumigen, rhythmisch gegliederten und durch Platzfolgen zusätzlich strukturierten Straßenzugs, der von einer schlichten mehrgeschossigen Randbebauung gefaßt wurde, schien am besten die Erwartungen zu erfüllen. Hartmann wurde verpflichtet, gemeinsam mit den weiteren

Preisträgern Richard Paulick, Hanns Hopp, Karl Souradny, Gerhard Strauß, Heinz Auspurg und Kurt W. Leucht einen neuen, kollektiven Entwurf zu erarbeiten, der die Vorzüge aller vom Preisgericht ausgezeichneten Vorschläge in sich vereinen sollte. Auf der Grundlage dieses neuen Plans hatte dann die Aufteilung der einzelnen Bauabschnitte unter die Architekten vorgenommen zu werden.

Zur Sitzung jedoch, die mit dem Ziel ebendieser Aufteilung anberaumt wurde, erschien zur großen Überraschung seiner Kollegen auch Henselmann. Er hatte zwar weder am Wettbewerb noch an den darauffolgenden Arbeitstreffen teilgenommen, dafür aber einen Entwurf für die Bebauung des Strausberger Platzes erarbeitet. Dieser wurde sofort vom Politbüro akzeptiert und ratifiziert. Henselmann erhielt wenig später auch den Auftrag für den zweiten stadtbildprägenden Platz an der Stalinallee, das Frankfurter Tor, und avancierte zum Spiritus rector der gesamten Operation, deren Bauleitung Paulick innehatte. Am 3. Februar 1952 wurde der Grundstein zur »neuen Magistrale Deutschlands« gelegt, und 45 000 Menschen versammelten sich zum Arbeitseinsatz auf der Baustelle; dazu sollten täglich 6 000 sogenannte Aufbauhelfer kommen, die zu unbezahlten Feierabendschichten abkommandiert wurden, um bei Scheinwerferlicht und Lautsprechermusik Ziegelsteine aus den Trümmern zu klauben. Ministerpräsident Otto Grotewohl ließ keinen Zweifel daran bestehen, daß die Stalinallee lediglich der Anfang des Neuaufbaus Berlins sei, aus dem die Hauptstadt des neuen deutschen Staates »schöner und großzügiger als je« hervorgehen würde.

Tatsächlich wurde eine verschwenderisch dimensionierte Verkehrsstraße mit nobel gestalteten Wohngebäuden und (zumindest in den Absichten der Planer und der Politiker) luxuriösen Geschäften gesäumt. Der gerade Straßenzug wurde auf Achsen von jeweils etwa 250 Metern durch Ausweitungen, Straßenkreuzungen und Plätze sorgfältig rhythmisiert. Dort, wo die Allee die beiden Berliner Ringstraßen kreuzt, wurden nicht nur besonders geräumige und monumental gefaßte Plätze ausgebildet, sondern auch zwei dominante Turmhauspaare zur Betonung der Torsituation vorgesehen. Die Straße war die »Via pacis« der Befreier aus dem Osten, zugleich aber auch und vor allem das architektonische Symbol der Aneignung der Innenstadt durch das Proletariat, das nun dank des Durchbruchs am Alexanderplatz von den Arbeitervierteln im Nordosten Berlins ungehindert und direkt in die Mitte der Stadt gelangen konnte.

Die gigantischen Wohnblocks, die die Allee säumten, orientierten sich typologisch und architektursprachlich an den Wohnpalästen, die im Moskau des Stalinismus Furore gemacht hatten. Zu ihrer architektonischen Gestaltung hatte sich Henselmann bereits im Oktober 1950 im Erläuterungsbericht zu seinem Entwurf der ersten Wohnstadt Stalinallee geäußert: Sie sollte ihre Opulenz aus dem Recht der Bürger ableiten, ihrer Leistung entsprechend wohnen zu können. Dabei war er ins Schwärmen geraten: »Die Säulen an der Straßenseite denke ich mir weiß emailliert mit Blattgold-Kapitälen, die Gitter ebenfalls mit einzelnen farbigen oder Blattgold-Ornamenten besetzt. An den neunstöckigen Hochhäusern stelle ich mir Plastiken vor, die aus demselben Material sein müßten wie der Gesamtsockel, der entweder mit Terrakotta besetzt ist oder mit einem schönen Werkstein…«

Ganz so luxuriös durfte die sieben- bis neungeschossige Bebauung am 2,5 Kilometer langen und 90 Meter breiten »sozialistischen Boulevard« nicht werden, aber die Ausstattung war reichhaltig genug, um auch über die Grenzen der

Ort Frankfurter Allee (ehem. Stalinallee, Karl-Marx-Allee),
Berlin-Friedrichshain

Bauzeit 1951–60

Architekten Hermann Henselmann, Richard Paulick, Egon Hartmann,
Kurt W. Leucht, Hanns Hopp, Karl Souradny

1951 wurde die ehemalige Frankfurter Allee auf Grundlage des sogenannten
»Nationalen Aufbauwerks« auf 90 Meter verbreitert. Entlang der Straße entstanden
sieben- bis neungeschossige, 100–300 Meter lange Wohnblöcke mit Ladenzonen im
Erdgeschoß. 1951–53 räumliche Akzentuierung auf der einen Seite durch den
Strausberger Platz mit zwei vom 7. bis zum 13. Geschoß gestaffelten Hochhäusern:
Haus Berlin und Haus des Kindes, von Hermann Henselmann, Rolf Göpfert und Emil
Leibold erbaut. 1957–60: Der südöstliche Zugang wird durch das Frankfurter Tor mit
den beiden Rundtürmen (Architekt: Hermann Henselmann) gebildet.

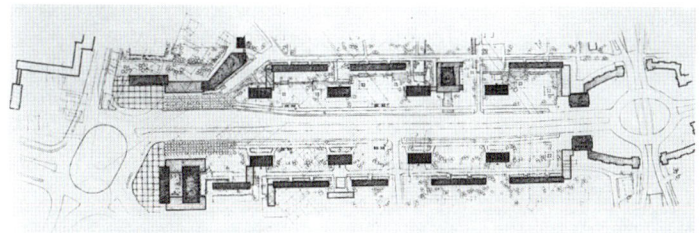

Deutschen Demokratischen Republik hinaus Aufsehen zu erregen. Die Architektur
orientierte sich vor allem am Berliner Klassizismus, der nicht nur ein »Klassiker«
war, der hochgehalten werden sollte, sondern auch, wie ihm die Bauakademie
bescheinigte, einen revolutionären Charakter besaß. Zur Überbauung am Frankfurter Tor legte Henselmann dem Politbüro zwei alternative Turmvarianten an, eine
à la Gontard, die andere à la Schlüter; ansonsten verwendete er neben dem klassizistischen auch neugotisches und barockes Formenvokabular. Den prunkvoll arti-
kulierten und geschmückten Fassaden entspricht der Standard der Wohnungen.
Sie sind in der Mehrzahl klein, aber brauchbar geschnitten, und ihr Komfort ist für
die Verhältnisse, in denen sie entstanden, außergewöhnlich: Es gibt Fahrstühle,
Müllschlucker, Fernheizung, Gegensprechanlage und Telefon.

Die Stalinallee hatte für das Politbüro exemplarischen Charakter. Von dem städtebaulichen Ensemble, das noch gar nicht realisiert war, wurden zehn Modelle gefer-
tigt und in die Bezirksstädte gesandt, um die dort ansässigen Architekten zu ana-
logen Maßnahmen zu inspirieren. Noch 1954 konnte Herbert Riecke ausrufen:
»Vertausendfachen Sie das Bild [der Stalinallee], vertausendfachen Sie die großzügige Ausstattung der Straße, den technischen Komfort der Häuser, die schönen
Ladengeschäfte, Sozialeinrichtungen und Gaststätten und Sie gewinnen eine unge-
fähre Vorstellung von dem beglückenden Leben in den sozialistischen Wohn-
vierteln der Zukunft.«

Derlei hochfliegende Vorhersagen sollten nicht eintreffen. Immerhin demonstrieren die vierzehn Häuser der Wohnanlage am Roßplatz in Leipzig, die Straßenwände
der Langen Straße in Rostock, die Bauten am Breiten Weg in Magdeburg sowie
einige Arbeiterwohnhäuser in Stalinstadt (heute: Eisenhüttenstadt) die Inspira-
tion, die bereits in den frühen fünfziger Jahren von der Stalinallee ausging; und die
Wertschätzung von Architekten wie Philip Johnson oder Aldo Rossi zeugt von der
Zeitlosigkeit ihrer urbanen Qualität, die den ideologischen Anlaß, der sie ins Leben
rief, mit gelassener Würde überdauert hat.

Forum der öffentlichen Rede
Die Kongreßhalle von Hugh Stubbins

Frank Barkow

Zur Internationalen Bauausstellung 1957 erhob sich Hugh Stubbins' Kongreßhalle demonstrativ aus dem Tiergarten: ein architektonisches und konstruktives Manifest, welches das Konzept der deutsch-amerikanischen Freundschaft und der Meinungsfreiheit verkörpern sollte. Als Geschenk der amerikanischen Benjamin-Franklin-Stiftung stellte sie auf dem Zeltenplatz im Tiergarten, der schon früher als Ort der Freizeitvergnügung und des öffentlichen Diskurses benutzt wurde, in der Achse des Reichstages, ein Forum der öffentlichen Rede und Versammlung dar.

Die Kongreßhalle greift eine neue Form der Moderne auf, die während des Krieges unterdrückt worden war. Eine konstruktiv expressionistische, auf sich selbst bezogene, heroische und monumentale Moderne, die sich von der Lehre des Funktionalismus abwandte. Kraftstrotzende Projekte wie Eero Saarinens TWA-Terminal in New York, Jörn Utzons Opernhaus in Sydney und Pier Luigi Nervis Palazzetto dello Sport in Rom sind Beispiele jener neuen Formen, die sich in erster Linie mit sich selbst und ihrer formalen Ausdruckskraft befassen. Das Designspektrum reichte von großartigem erfinderischem Futurismus bis hin zum Kitsch. Schon bald sollten sich diese selbstsüchtigen und selbstzufriedenen Formen der späten Moderne als die Negativbeispiele erweisen, auf die die postmoderne Kritik mit ihrer Betonung auf Geschichte und Stadt reagieren konnte.

Zeitgleich mit der beginnenden Politik des kalten Krieges unternahm Stubbins den Versuch, Redefreiheit und deutsch-amerikanische Freundschaft durch architektonische Form zu symbolisieren. So versuchte sich die Kongreßhalle als didaktisches Medium: Die an den Osten gerichtete Botschaft sprach von einer Architektur, »completely free, a shining beacon beaming toward the East«. »Die Sonne«, so der Vorsitzende des American Institute of Architects, »scheint auf der westlichen Seite stärker zu strahlen.« Die Planung des Hansaviertels und die Kongreßhalle waren somit zwangsläufig eine propagandistische Antwort auf Henselmanns erfolgreiche Stadtplanung für die Stalinallee in Ost-Berlin [Nr. 20].

Der politische und symbolische Gehalt von Stubbins' Bauwerk liegt jedoch eher in der Rhetorik von Freiheit und Demokratie als im tatsächlichen Charakter der Architektur selbst. Frei Ottos in der »Bauwelt« (1958, Heft 1) geäußerte Kritik an der Kongreßhalle scheint hier passend: »Freies Gespräch ist nichts, was man bauen kann.«

Stubbins' Interesse an einer ausdrucksstarken Gebäudestruktur basiert auf der Erscheinung des Bauwerks als Objekt im Raum. Der wichtigste Aspekt hierbei ist die perspektivische Wirkung vom Boden und aus der Luft. Ihre objekthafte Loslösung sowohl vom Grundstück als auch vom städtischen Kontext Berlins macht die Kongreßhalle zu einem Gebäude, das als östlichster Pol gegenüber dem Corbusier-Haus [Nr. 24] in die disparate Planung des Hansaviertels [Nr. 22] ebensogut integriert werden kann wie heute in Axel Schultes' Masterplan für das neue Regierungsviertel. Am wenigsten losgelöst von der Stadt ist das Gebäude in seiner gelungenen Verbindung zur Spree.

Dieser Zugang ist heute um so wichtiger, als die visuelle Verbindung zum Reichstag mittlerweile von Bäumen verstellt ist. Die Loslösung der Halle vom städtischen Kontext wird weiter verstärkt durch ihren Sockel, der ähnlich wie bei Mies van der Rohes Nationalgalerie [Nr. 29] die Blickverbindung zur unmittelbaren Umgebung unterbricht. Die Bäume des Tiergartens und die Stadtsilhouette schweben regelrecht am Horizont. Die Plattform überzeugt als künstliche Landschaft, als Lichtung im Tiergarten, die das Auditorium in dem frei stehenden Dachkiosk enthält. Wie der Eiffelturm in Roland Barthes' Betrachtung kann die Kongreßhalle als ein Gebäude verstanden werden, von dem man lieber hinunterblickt, als daß man es anschaut.

Die Schwierigkeit der Kongreßhalle als urbane Skulptur wird zum größten Teil durch den erstaunlichen Erfolg ihrer inneren Organisation und dynamischen Raumgestaltung überwunden. Im zweigeschossigen Sockel werden die Funktionen in Form eines nichthierarchischen Patchworks organisiert. Dieses System erlaubt die vom Architekten propagierte nichtfrontale Annäherung von allen Seiten und ermöglicht es, unterschiedlichste Programmpunkte in einem Plan zu verweben. Gleichzeitig werden Räume geschaffen und Strategien des freien Grundstücks definiert. Das dadurch entstandene Feld wird durch das Hauptvolumen des Auditoriums durchbrochen, das zugleich mit seinem geneigten Boden das Eingangsfoyer formt. Diese sektionale Umkehrung schafft auf wirksame Weise eine innere Landschaft, ähnlich der Beziehung zwischen Foyer und Konzertraum in Scharouns Philharmonie [Nr. 26], einen Raum, der sowohl aperspektivisch als auch nichthierarchisch ist. Die innere Raumabfolge der Kongreßhalle überwindet die statisch-monumentale Objektivität der äußeren Masse; sie schafft so eine dynamische und komplexe Matrix und ermöglicht eine vielfältige Nutzung.

Aufgrund ihrer unverhohlenen inhaltlichen und konstruktiven Radikalität war die Kongreßhalle anfällig, sowohl für kritische Angriffe (Frei Otto und Pier Luigi Nervi) als auch für das spätere Desaster: Im Mai 1980 stürzte der südliche Teil des Hallendaches infolge von Korrosionsschäden ein, was ein Todesopfer forderte.

Katastrophen stehen in diesem Jahrhundert immer in einem direkten Zusammenhang mit dem Fortschritt. Nur Fehlschläge führen zur Verbesserung von Typen und Methoden. Die Kongreßhalle, deren Programm als Symbol der Freundschaft letztendlich ihre Rehabilitation und ihr Überleben nach dem Einsturz sicherte, wurde durch eine Dachkonstruktion verbessert, die konzeptionell die Trennung zwischen Hauptdach und innerem Dach des Auditoriums vollzog — wie ursprünglich vom Architekten vorgeschlagen.

Im Zusammenhang mit der Ausstellung »Realistische Phantasien und Realität« in der Berliner Aedes-Galerie (1981) wurde die Frage nach dem Umgang mit einer modernen Ruine gestellt. Anstatt das Gebäude originalgetreu zu rekonstruieren, setzte sich eine Gruppe internationaler Architekten mit der Kongreßhalle als Ruine auseinander. Innerhalb einer Reihe von Entwürfen, die vom Visionären bis zum Banalen reichten, hebt sich Raimund Abrahams Projekt »Monument for a Fallen Building« heraus.

Abraham schlägt ein an die Architektur Étienne-Louis Boullées erinnerndes quadratisches Volumen mit schmalen Einschnitten für Tageslicht vor. Es rückt aus der

Literatur:

Kongreßhalle Berlin. Berlin 1958

Berlin baut 2. Die Kongreßhalle. Geschichte, Einsturz, Wiederaufbau. Hg. v. Senator für Bau- und Wohnungswesen. Berlin 1987

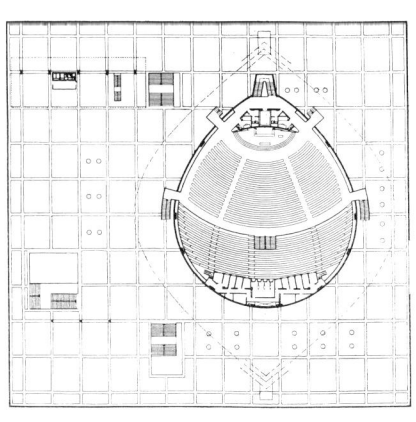

ursprünglichen Achse heraus und kollidiert mit Stubbins' Originalgeometrie. Das existierende Gebäude bleibt als abgehängtes Fragment innerhalb des neuen Volumens erhalten.

Dieser Vorschlag zeigt eine Lösung sowohl für den Erhalt der räumlichen Einheit des Gebäudes im Inneren als auch für das Problem seiner äußeren formalen Gewichtung und des fehlenden Bezugs zur Stadt. Ein stummer, rätselhafter Außenraum verbirgt einen weitgehend intakten und durch Licht wiederbelebten Innenraum. Gerade das Licht verbessert das Gebäude sowohl strukturell als auch konzeptionell.

Anders als bei der Freiheitsstatue, dem Geschenk Frankreichs an die USA, der Fall, ist der Kongreßhalle die Verwandlung in ein populäres kulturelles Artefakt nicht gelungen. Niemals ein Symbol der utopischen Zukunft, blieb sie ihrer Zeit verhaftet, genauso, wie der Film »Ben Hur« uns mehr über die fünfziger Jahre als über die Geschichte Roms erzählt.

Zugleich jedoch darf man das Potential an Erfindung, Optimismus und Authentizität, das die Moderne eröffnete und weiterhin transportiert, nicht vernachlässigen. Im Rahmen der gegenwärtigen Debatten um eine historische Utopie unter dem Vorwand der »kritischen Rekonstruktion« kann man immer noch den Mut und die Vision für eine bessere Zukunft bewundern, für die die Kongreßhalle steht. Eine Ambition, die nicht nur verzeihlich ist, sondern auch künftig inspirierend und lehrreich bleibt.

Ort John-Foster-Dulles-Allee 10,
Berlin-Tiergarten
Bauzeit 1956–57
Architekten Hugh Stubbins, Franz Mocken, Werner Düttmann

Die Kongreßhalle sollte als amerikanischer Beitrag zur Interbau 1957 die deutsch-amerikanische Freundschaft betonen. Der Auftraggeber, die Benjamin-Franklin-Stiftung, sah als Bauaufgabe einen Tagungsort für diverse kulturelle Ereignisse vor, der zugleich eine Höchstleistung im Bauschaffen der Epoche sein sollte. Diese Aufgabe erfüllten Hugh Stubbins und seine Berliner Kontaktarchitekten Werner Düttmann und Franz Mocken mit dem Auditorium auf zweigeschossigem Sockel, das wegen seiner aufsehenerregenden geschwungenen Dachkonstruktion schnell den Spitznamen »schwangere Auster« erhielt. Die scheinbare Hängedachkonstruktion bestand in Wirklichkeit aus Stahlbetonbogen, deren Horizontalschub über Zugbänder auf die Widerlager im Osten und im Westen abgeleitet wurde. Das Dach stürzte 1980 teilweise ein, da ein Zugbogen nachgab. Anläßlich der 750-Jahr-Feier Berlins wurde das ursprüngliche Erscheinungsbild bei leichter Erhöhung der »Dachkrempe« von den Architekten Hans-Peter Störl und Wolf Rüdiger Borchardt wiederhergestellt. Seit Dezember 1989 ist die Kongreßhalle als Haus der Kulturen der Welt Ort internationaler Ausstellungen, Kongresse und sonstiger Veranstaltungen.

Aufbruch in die Zukunft
Die Interbau 1957

Gabi Dolff-Bonekämper

Im Dezember 1954, unmittelbar nach dem Abschluß eines städtebaulichen Wettbewerbes für den Wiederaufbau des Hansaviertels, beschloß der Berliner Senat, das Gelände am Rand des Tiergartens für die Durchführung einer internationalen Bauausstellung zu nutzen. Von der einst prächtigen Bebauung aus der Gründerzeit standen nur noch wenige Häuser aufrecht. Schutt und Kriegsruinen waren weggeräumt, um Platz für eine neue räumliche und architektonische Fassung zu schaffen. Niemand dachte damals an die Wiederherstellung der hochverdichteten Altbaustruktur. Die steinerne Stadt des 19. Jahrhunderts galt als Hort ungesunder Wohnverhältnisse und sozialen Unfriedens, als Inbegriff von Rückständigkeit. Die historistische Architektur wurde als kunst- und würdelose Ansammlung überkommener Stilformen verachtet.

Das neue Leitbild war die aufgelockerte, gegliederte Stadt – aufgelockert in großzügigen, offenen Raumkompositionen und gegliedert nach den natürlichen topographischen Gegebenheiten der unter der Stadt liegenden Landschaft, in überschaubare Einheiten mit überschaubarer Bewohnerzahl. Der Begriff der Stadtlandschaft, wie ihn Hans Scharoun definierte, war einerseits wörtlich gemeint, zur Bezeichnung einer engen Beziehung zwischen Grünraum und Stadtraum, anderer-

seits metaphorisch: Eine »landschaftliche« städtebauliche Komposition war für ihn eine kunstvoll unsymmetrische, möglichst auch unorthogonale Gruppierung der Bauten, deren frei-rhythmische Ordnung er sich als Analogie zur »natürlichen« Ordnung der Elemente in einer Landschaft vorstellte. Das neue Hansaviertel, als reines Wohngebiet mit den für eine Nachbarschaft erforderlichen Infrastruktureinrichtungen konzipiert, sollte nach diesem Ideal geformt werden und zugleich die Möglichkeit zu einer Leistungsschau der Internationalen Nachkriegsmoderne bieten. Für die Konzeptentwicklung und Architektenauswahl war der von Otto Bartning geführte »Leitende Ausschuß« verantwortlich, für die Durchführung die »Hansa AG«, ein Zusammenschluß von verschiedenen Wohnungsbaugesellschaften und zwei privaten Gesellschaftern. Die Finanzierung wurde von den Gesellschaftern bestritten, unterstützt durch reichlich bemessene Zuschüsse aus verschiedenen öffentlichen Kassen. Zum Ausstellungstermin im Sommer 1957 war ein Teil der Häuser fertiggestellt, ein Teil war im Bau, ein Teil in der Planung.

Der Lageplan für die Bauausstellung basiert auf dem im Dezember 1954 preisgekrönten städtebaulichen Entwurf von Gerhard Jobst und Willy Kreuer, dessen freie Figuration von Zeilenbauten allerdings stark abgewandelt werden mußte, um alle damals im Wohnungsbau gebräuchlichen Bautypen in einer zum jeweiligen Typus und zur Topographie des Viertels passenden Anordnung unterzubringen. Im Winkel gegeneinander versetzte Scheibenhochhäuser durchziehen nun wie ein Rückgrat das Gelände von Süden nach Norden, vier Zeilen begleiten den S-Bahn-Damm im Zuge der Klopstockstraße, eine Sequenz von Punkthochhäusern folgt der S-Bahn-Kurve bis zum Bahnhof Bellevue. Ein weiteres Punkthochhaus bildet eine städtebauliche Dominante am Südrand des Viertels. Weiter östlich, abgeschirmt durch die Scheibenhochhäuser, schließt eine teppichartig zusammenhängende Bebauung aus flachen Atriumbungalows an. Es entstand ein lockeres Gefüge ineinander übergehender Räume mit Durchblicken, Engstellen und Aufweitungen. Die Grenze zum Tiergarten, in der Vorkriegsfassung als klare Kante ausgebildet, ist aufgelöst – die Grünräume der Siedlung fließen mit denen des Parks zusammen.

Es gelang den Veranstaltern, neben einer Auswahl von Architekten aus West-Berlin und Westdeutschland auch international bekannte und berühmte Stars der Zunft für die Mitwirkung an der Interbau zu gewinnen. Oscar Niemeyer aus Brasilien, damals bereits mit den Vorbereitungen für die Planung der neuen Hauptstadt Brasilia befaßt, erhielt den besten Platz im Lageplan: Vom zentral gelegenen Hansaplatz abgerückt, eingebettet in eine kunstvoll komponierte Parkwiese, steht seine Großzeile als Schaustück im Zentrum des Ausstellungsgeländes. Mit seiner vollständig in Loggien aufgelösten Westwand, dem als durchgehendes Fensterband in Erscheinung tretenden Gemeinschaftsgeschoß im fünften Stockwerk und der Erhebung des Baukörpers auf Pilotis ist das Haus Niemeyer eine freie Abwandlung der »Unité d'Habitation de Grandeur Conforme«, deren Prototyp Le Corbusier 1947–52 in Marseille errichtet hatte [vgl. Nr. 24]. Städtebaulich weniger spektakulär, dafür in seiner Grundrißausbildung besonders reizvoll ist das Haus des Finnen Alvar Aalto am südlichen Hansaplatz. Ausgehend von der Idee des Hofhauses, dessen Räume allesamt über den zentral gelegenen Hof erschlossen werden, entwickelte Aalto einen Plan für Geschoßwohnungen, deren Zimmer um einen zentral gelegenen Innenraum, den »Allraum«, und eine tief in den Hauskörper eingezogene Loggia organisiert sind. Die Qualität des Beitrags

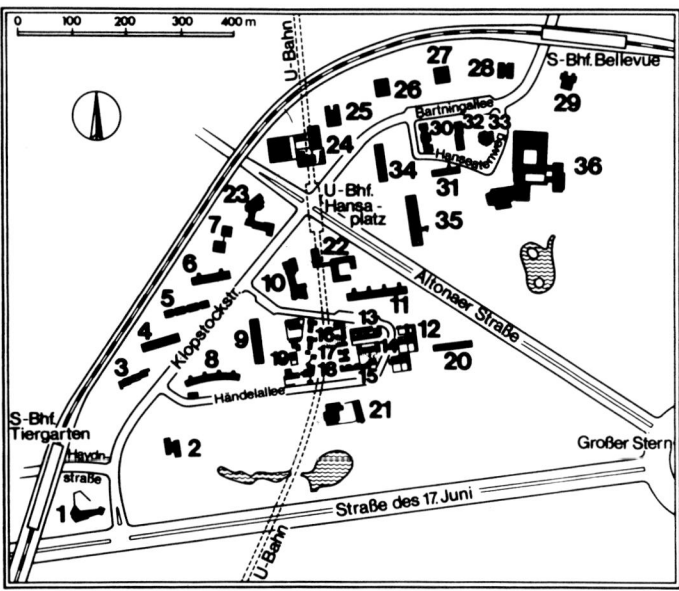

1 H. Fehling, D. Gogel, P. Pfankuch; 2 K. H. Müller-Rehm, G. Siegmann; 3 H. Ch. Müller; 4 G. Gottwald; 5 W. Luckhardt, H. W. Hoffmann; 6 P. Schneider-Esleben; 7 Hochbauamt Tiergarten; 8 W. Gropius, TAC (USA); 9 P. Vago (Frankr.); 10 A. Aalto (Finnl.); 11 F. Jaenecke, S. Samuelson (Schweden); 12 E. Ludwig; 13 A. Jacobsen (Dänem.); 14 G. Weber; 15 A. Giefer, H. Mäckler; 16 S. Ruf; 17 J. Krahn; 18 S. Ruegenberg, W. v. Möllendorff; 19 G. Hönow; 20 P. G. R. Baumgarten; 21 L. Lemmer; 22 W. Düttmann; 23 W. Kreuer; 24 E. Zinser, H. Plarre; 25 L. Baldessari (It.); 26 J. H. van den Broek, J. B. Bakema (Niederl.); 27 G. Hassenpflug; 28 E. Beaudoin, R. Lopez (Frankr.); 29 H. Schwippert; 30 M. Taut; 31 F. Schuster (Österr.); 32 K. Fisker (Dänem.); 33 O. H. Senn (Schweiz); 34 E. Eiermann; 35 O. Niemeyer (Bras.); 36 W. Düttmann

Wohnhaus. Walter Gropius, TAC (The Architects Collaborative), Wils Ebert

Ort Hansaviertel, Berlin-Tiergarten

Bauzeit 1957

Architekten Alvar Aalto, Paul Baumgarten, Werner Düttmann, Egon Eiermann, Walter Gropius, Arne Jacobsen, Oscar
Niemeyer, Max Taut, Pierre Vago, Otto Senn, Sep Ruf u. a.

Der Wiederaufbau des im Krieg stark zerstörten Hansaviertels wurde zum Kernstück der Internationalen Bauausstellung 1957.
53 Architekten aus 13 Ländern sowie 10 Gartengestalter entwarfen 45 Bauten, von denen nur 36 ausgeführt wurden, da die
Architekten für die Einfamilienhäuser selbst Investoren suchen mußten, während die anderen Objekte im sozialen Wohnungsbau
mit Sonderdarlehen errichtet wurden. Gebaut wurden schließlich neben den Wohngebäuden zwei Kirchen, eine Ladenzone mit Kino,
ein Kindergarten, eine Stadtbücherei, eine Schule und nach Abschluß der Ausstellung die Akademie der Künste von Werner
Düttmann (1960). Trotz einigen Sanierungsbedarfs ist das Hansaviertel noch heute ein beliebtes Wohnquartier.

von Walter Gropius und seinem Büro TAC aus Massachusetts leidet darunter, daß aus dem von einem eigenen Vorkriegsprojekt übernommenen Grundriß, dem Fassadenentwurf von Gropius' Mitarbeiter Norman Fletcher und dem vom Kontaktarchitekten Wils Ebert geleiteten Innenausbau kein kohärentes Ganzes geworden ist. Das konvex gebogene Scheibenhochhaus mit seiner reizvollen Fassadenkomposition aus Fensterbändern und paarweise zusammengefaßten Loggienbalkonen mit konkav gebogenen weißen Metallbrüstungen entfaltet gleichwohl eine sehr gefällige Wirkung am Südrand des Ausstellungsgeländes. Die insgesamt sechs Punkthochhäuser sind allesamt Unikate im Œuvre der Architekten, während das Scheibenhochhaus von Fritz Jaenecke und Sten Samuelson aus Malmö zu einer Serie von Allbetonbauten gehört, die das Büro seit den frühen fünfziger Jahren entwickelte.

Wassili Luckhardts und Hubert Hoffmanns viergeschossige Zeile, ein geschickt mit den für diesen Bautyp charakteristischen Prinzipien der Spiegelung und der Reihung spielender Entwurf, war mit ihren Balkonbrüstungen aus leuchtendrotem Eternit ein Dorn im Auge des auf Dezenz bedachten Farbberaters der Interbau. Paul Baumgarten stellte seine siebenteilige Zeile zweigeschossiger Reihenhäuser auf Pilotis und machte daraus Maisonettes, deren obere Geschosse als weitgehend verglaste Aufbauten unter frei auskragenden Pultdächern mit Dachterrassen abwechseln. Die Komposition des langgestreckten Baukörpers hält zwischen horizontalen und vertikalen Dominanten, zwischen Reihung und Schichtung eine subtile Balance.

Auf dem für den Bau von Reihenhäusern vorgesehenen Terrain am Hanseatenweg wurde 1958–60 Werner Düttmanns Akademie der Künste errichtet. Der nach außen geschlossene Kubus der Ausstellungshalle, der eingetiefte Studiosaal, dessen kühn geknicktes Faltdach direkt aus dem Boden aufsteigt, und das kompakte

Akademie der Künste. Werner Düttmann, 1960

Atelier- und Verwaltungsgebäude an der Tiergartenseite umschließen private Gartenflächen und Höfe, zu denen sich die Teilbauten mit großen Glaswänden öffnen. Das Spiel mit der Durchlässigkeit der Grenzen zwischen Natur und Architektur und der Verzicht auf jedwede Art von Erhöhung – der Gebäudekomplex wurde im Gegenteil ins Gelände eingetieft – sind programmatisch zu deuten: Die tradierten Würde- und Autoritätsgebärden der bürgerlichen Tradition galten dem Architekten wie dem Auftraggeber im sozialdemokratisch regierten West-Berlin als ebenso altmodisch wie überflüssig.

Verglichen mit der genau dreißig Jahre zuvor als Bauausstellung entstandenen Weißenhofsiedlung in Stuttgart, die ein homogenes Bild von der ersten Internationalen Moderne vermittelt, ist das Hansaviertel stilistisch wie typologisch heterogen, bunt und vielfältig. Hier sind die seit 1927 aufgekommenen nationalen und regionalen Spielarten der Moderne ebenso wie die neu eingeführten Bautypen – Punkthochhaus, Scheibenhochhaus, Atriumhaus – repräsentiert. Es wird deutlich, daß in Finnland oder Brasilien im Wohnungsbau andere Wege gesucht wurden als in Frankreich, Holland oder Dänemark, in Berlin, Köln oder München. Aber es ist auch, quer zu allen nationalen oder regionalen Architekturschulen, ein starker Einfluß Le Corbusiers zu spüren, dessen »Immeuble-Villa«-Konzept (1923), dessen Villa Savoye (1929–30) und »Unité d'Habitation« (1947–52) hinter überraschend vielen Bauten des Hansaviertels als Vorbilder aufscheinen.

Die Befreiung der Baukörper aus den überkommen Ordnungsschemata, die Abkehr von traditionellen Zeichen und Motiven des Städtebaus, von Achse, Blockrand, Symmetrie und Hierarchie als raumbildenden Prinzipien, die in Berlin durch die Ost-West- und Nord-Süd-Achsen-Projekte der Generalbauinspektion unter Albert Speer auch politisch diskreditiert waren, konnte von den Architekten auch als Befreiung von der Last der Geschichte empfunden werden, als Erfüllung des Traums von einem unbelasteten Neubeginn nach den Schrecknissen und Verstrickungen des Nationalsozialismus, von denen auch die deutsche Architektenschaft nicht unberührt geblieben war.

Kein Architekt aus den Ländern des Ostblocks nahm an der Interbau teil. Wie auch – galt doch im Osten, insbesondere bei den Autoritäten in Ost-Berlin, noch bis in die mittleren fünfziger Jahre die Moderne als formalistisch und im Sozialismus unerwünscht. Architektur und Städtebau hatten, nach Stalins Leitwort, »national in der Form und sozialistisch im Inhalt« zu sein. Man hatte sich also auf die Suche nach nationalen Bautraditionen der Vormoderne gemacht. Das erste großangelegte Wohnungsbauprojekt der »nationalen Bautraditionen«, die Stalinallee in Ost-Berlin, war vom Februar bis zum Dezember 1952 umgesetzt worden und als logistische Meisterleistung in aller Munde [Nr. 20]. West-Berlin, die Frontstadt des kalten Krieges, wo man sich noch immer lebhaft an die 1948–49 mit Hilfe der Westalliierten überstandene Blockade erinnerte, antwortete mit der Interbau, die in diesem politischen Kontext als Manifest der Westintegration, der wirtschaftlichen Leistungsfähigkeit und der Zukunftsgewißheit West-Berlins zu lesen ist. Modernität und Rationalität wurden im Rahmen der Interbau zu Metaphern für Freiheit und Fortschritt, programmatisch ausgeschmückt mit den Leitworten, die die Ausstellungsmacher den teilnehmenden Architekten und Gartenkünstlern mit auf den Weg gaben: »leicht – heiter – wohnlich – festlich – farbig – strahlend – geborgen«.

Wohnhaus (Westfassade). Pierre Vago

Literatur:

Interbau Berlin 1957. Amtlicher Katalog der Internationalen Bauausstellung Berlin 1957 (Hansaviertel, 6. Juli bis 29. September). Hg. v. d. Internationale Bauausstellung Berlin GmbH. Berlin 1957

Johann Friedrich Geist, Klaus Kürvers: Das Berliner Mietshaus. Bd. 3: 1945–1989. Eine dokumentarische Geschichte der Ausstellung »Berlin plant/Erster Bericht« 1946. München 1989

Das Hansaviertel – 1957–1993: Konzepte, Bedeutung, Probleme. Hg. v. Bezirksamt Tiergarten von Berlin. Berlin 1993

Gabi Dolff-Bonekämper: Das Hansaviertel. Internationale Nachkriegsmoderne in Berlin. Berlin 1999

Leerstelle zwischen Gestern und Morgen
Die Kaiser-Wilhelm-Gedächtniskirche von Egon Eiermann

Jürgen Mayer Hermann

»Wenn ein Loch zugestopft wird: wo bleibt es dann?« So fragt Kurt Tucholsky in seinen Überlegungen »Zur soziologischen Psychologie der Löcher«. Ähnlich muß die Sorge gelautet haben, als in den fünfziger Jahren die Kriegsruine der Kaiser-Wilhelm-Gedächtniskirche im Westberliner Zentrum zur Disposition stand. Der Verlust eines religiösen wie auch städtebaulich signifikanten Zentrums wirkte wie eine gähnende Leere, die mahnend an die Geschehnisse des Zweiten Weltkriegs erinnerte. Spendenaktionen und Veranstaltungen, deren Erlös dem Wiederaufbau der Kaiser-Wilhelm-Gedächtniskirche zugute kam, wurden weltweit organisiert. Die Unsicherheit jedoch, in welcher Form der Wiederaufbau realisiert werden sollte, zeigen einige Zeitungsüberschriften aus den fünfziger Jahren, wie z. B. in der Berliner Morgenpost: »Für und wider die Gedächtniskirche: Morgenpost-Leser schlagen vor: Wiederaufbauen – Hubschrauber-Bahnhof – Soldatengrab – Reuter-Denkmal« (31. 7. 1955).

Im Tagesspiegel vom 8. 3. 1955 werden noch mögliche Strategien zur Erhaltung der Turmruine durchleuchtet: »Wer ›Sehnsucht nach dem Kurfürstendamm‹ fühlt, ist geneigt, eine Leere zu empfinden, wenn dessen östliche Begrenzung, die Gedächtniskirche, verschwindet. Als Abschluß dieser Prachtstraße würde der Turm genügen, der als Mahnmal erhalten werden könnte – warum nicht von Efeu umrankt, der seine Schwächen verdecken würde?« Walter Gropius bemerkte 1954, daß die Gedächtniskirche falsch stehe und vom verkehrstechnischen Standpunkt aus »unmöglich« sei. »Und«, so sagt er von der Kirche, in der er eingesegnet wurde, »zu ihrer Architektur habe ich nie Beziehungen gehabt. Man sollte sie an anderer Stelle aufbauen.« Nach unzähligen Vorschlägen aus der Öffentlichkeit und aus Fachkreisen zum Standort, zur Erhaltung authentischer Bausubstanz, zur Mahnmalsfunktion und zur städtebaulichen Einbindung wurde der Breitscheidplatz als Ort für den Neubau der Kaiser-Wilhelm-Gedächtniskirche beibehalten.

Im März 1957 gewann bei einem beschränkten Wettbewerb der Entwurf von Egon Eiermann den ersten Preis. Die Ruine des im Zweiten Weltkrieg zerstörten Kirchenschiffs aus dem 19. Jahrhundert wurde abgebrochen. Lediglich der Umgang mit der Turmruine war bei dem Wettbewerb Teil der Aufgabe. Egon Eiermann entschied sich in seinem ersten Wettbewerbsbeitrag für einen Abriß des Altbaus. Der Neubau, bestehend aus Kirchenhalle, Kapelle, Turm und Sakristei, gruppiert sich als Ensemble einzelner Gebäudekörper auf einer erhöhten Plattform über dem Straßenniveau. Ähnlich wie bei Mies' Neuer Nationalgalerie [Nr. 29] neutralisiert Eiermann mit seinem Entwurf durch dieses Plateau den geschichtlichen (Hinter-) Grund und sucht einen Neuanfang, der über den Schmerz des Verlustes durch das Ausradieren von Erinnerungsfragmenten hinweghelfen soll. »Der Turm der Gedächtniskirche ist eben kein Turm im architektonischen Sinne, sondern nur ein Steinhaufen. Er ist nur ein überhöhter und völlig in den Bau einbezogener Teil des alten Gotteshauses gewesen. Entfernt man aber die Chorschiffe und die beiden kleineren Osttürme der Gedächtniskirche, so bleibt ein fauler Zahn übrig.« (Eiermann)

Zu dieser Zeit hatte sich allerdings das Verhältnis der Bürger Westberlins zur Geschichte bereits verändert. Man wollte sich an dieses »geschichtliche wie städtebauliche Loch« erinnern, um ähnliches für die Zukunft auszuschließen. Im Volksmund wird der ruinierte Kirchenturm zum »Hohlen Zahn« – Manifest eines kollektiven Schmerzes. Durchlöchert bekommt er Mahnmalsfunktion. Mehr noch: Der Reiz der Ruine gerade bei Nacht wird als ästhetischer Gewinn für die Stadt empfunden. In einer Umfrage stimmen 42000 Bürger für den Erhalt, 600 Stimmen sind für den Abriß der Turmruine. Während die Reste des alten Kirchenbaus mittlerweile als »schönste Ruine der Welt« betrachtet werden, bezeichnet die Berliner Bevölkerung den Entwurf von Eiermann als »Eieruhr«, »Gebetssilo«, »Kraftwerk Jesu«, »Seelensilo« oder »Eierkiste«.

Eiermann schlägt in der Folge drei Alternativen vor: 1. der Turm als Monument bleibt stehen, und in seinem Schatten wird eine kleine Kirche für höchstens 500 bis 800 Personen gebaut, 2. den Turm stehenlassen und eine neue Kirche an einem anderen Standort errichten, 3. die Kirchenruine konsequent abreißen und eine neue Kirche auf diesen Platz stellen. Der »Kampf um den Turm« läuft jedoch bereits auf Hochtouren. Spender, die für den Wiederaufbau der Kirche große Geldbeträge zur Verfügung gestellt hatten, verlangten ihre finanzielle Unterstützung wieder zurück, nachdem klar wurde, daß ein Neubau realisiert werden sollte. Eiermann reagierte, indem er »betonte, daß auch ihm als geborenem Spreeathener die Kaiser-Wilhelm-Gedächtniskirche am Herzen liege. Wenn er sich nur vom Gefühl leiten ließe, würde er genauso reagieren wie die Berliner. Nach architektonischen Gesichtspunkten müsse der Turm aber fallen« (Der Kurier, 4. 4. 1957). Auf Protest der Bevölkerung gab der Bauherr, das Kuratorium der »Stiftung Kaiser-Wilhelm-Gedächtniskirche«, schließlich nach und willigte in den Erhalt der Turmruine ein. Die Rahmenbedingungen hatten sich also verändert, und Eiermann mußte seinen Entwurf überarbeiten.

Nach den beiden Entwürfen aus dem ersten und dem zweiten Wettbewerb, die rechteckig oder rund ganz ohne Erhalt von Fragmenten des alten Kirchenbaus auskamen, reagiert er mit dem dann realisierten Entwurf auf die Entscheidung, die zerbombte Turmruine des ehemaligen Kirchenbaus in die Neuplanung zu integrieren. Im Gegensatz zu den ersten beiden Entwürfen ändert er die Formen seiner Ensembleteile zu Achtecken, Sechsecken und Rechtecken und setzt sie damit in Bezug zur oktogonalen Form der Turmruine: »Es ist nicht richtig, die neue Arbeit mit dem alten Turm als Kompromiß zu bezeichnen. Es liegt natürlich nahe, aber ich empfinde das nicht so. Es ist einfach die neue Lösung einer neu gestellten konkreten Aufgabe, genauso, wie wenn auf einem Grundstück ein alter Baum steht, den man ja auch nicht wegnehmen würde, auch wenn er einem schöneren oder deutlicheren Plan im Wege stünde.« Eiermanns entschuldigender Unterton verrät die Enttäuschung und den Verlust einer architektonisch und städtebaulich »besseren« Variante im Sinne eines kompletten Neuanfangs. Gewinnt die Stadt durch die Integration der Turmruine den mahnenden Erinnerungswert, verliert Eiermann seinen schöneren und deutlicheren Plan.

Entrückt durch das Plateau und die homogene Hülle seiner Baukörper, konzentriert sich der neue Kirchenbau von Egon Eiermann ganz auf die Transparenz des Inhalts. Während außen das verhüllende Betonwabenmuster zum Hintergrundrauschen eines mit Warenhäusern, Kinos und Einzelhandel zum Konsum verführenden

Literatur:

Egon Eiermann, 1904–1970, Bauten und Projekte. Hg. v. Wulf Schirmer. Stuttgart 1984, S. 164 (mit Bibliogr.)

Wolfgang Pehnt, Peter Haupt: Egon Eiermann, Die Kaiser-Wilhelm-Gedächtnis-Kirche. Berlin 1994

(Zitat aus:) Kurt Tucholsky: Zwischen gestern und morgen. Hg. v. Mary Gerold-Tucholsky. Reinbek 1961

Egon Eiermann (1904–1970), Die Kontinuität der Moderne, Stuttgart 2004

Ort Breitscheidplatz, Berlin-Charlottenburg

Bauzeit 1957–63

Architekt Egon Eiermann

(Ursprünglicher Bau: 1891–95, Franz Schwechten)

Im Zweiten Weltkrieg starke Beschädigung der ursprünglichen Kirche. 1956 Ausschreibung eines beschränkten Wettbewerbs vom Berliner Senat. Der Träger des 1. Preises, Egon Eiermann, sah einen Abriß vor, was nach Protesten aus der Bevölkerung modifiziert wurde. Erhalten blieb die ruinöse Westfassade mit dem Torso des ehemals 113 Meter hohen Turmes. Die fünfteilige neu gebaute Gruppe wird durch eine um sechs Stufen erhöhte Plattform zusammengefaßt. Anfang der neunziger Jahre wurde das Kirchenschiff saniert, die Sanierung des Glockenturms wurde im Herbst 1999 abgeschlossen.

Stadtkontextes wird, kann innen das Wort Gottes seinen Resonanzraum entfalten. Der Hohlraum der zum Mahnmal umfunktionierten Turmruine wird durch eine Hallenkirche ergänzt. Dieser achteckige Kirchenraum ist mit seinem Altar nach Westen gerichtet. Die Gebäudehülle besteht aus einer »mono-graphischen« Fassade, wie sie ähnlich seit früheren Kirchen- und Kaufhausentwürfen mit Eiermann identifiziert wird: die Warenhäuser Merkur in Stuttgart (1951–60) und Horten in Heidelberg (1958–62), die Matthäuskirche in Pforzheim (1952–56) und der Wettbewerbsentwurf für den Wiederaufbau der Evangelischen Stadtkirche in Karlsruhe (1954). Eine quadratische Rasterung überzieht alle Gebäudekörper, welche die Maßstäblichkeit aufhebt, da Fenster und Türen zur Ablesbarkeit der Größenverhältnisse weitgehend vermieden wurden. Mit der »Insellage« der erhöhten Plattform und der Artikulation der Fassade entzieht sich der Neubau dem direkten Bezug zu benachbarten Baukörpern im Stadtkontext »Einkaufsparadies«. In Eiermanns Entwürfen wandelt sich damit die neutralisierende Feinrasterfassade vom Warenkorb der Verführung zur Verpackung der Versöhnung.

Die eigentliche Zeit des Gebäudes ist der Abend. Wenn aus dem Hohlraum der zweischaligen Fassade das Licht die innere und äußere mit blauen Glasfeldern gerasterte Fassade in tiefleuchtendes Blau taucht, wird die Hülle zum eigentlichen Inhalt der Kaiser-Wilhelm-Gedächtniskirche. Genau an dieser räumlichen Membran zwischen Innen und Außen vermittelt das blaue Licht die Unwirklichkeit des Gedenkens, Glaubens und Hoffens. Der Rand des Loches leuchtet.

Die Leere bleibt Programm, um die Mahnmalsfunktion eines durch den Krieg entleerten Ortes nicht zu gefährden. Und damit blieb für einen Neubau der Kaiser-Wilhelm-Gedächtniskirche nur die Möglichkeit, sich entlang dem Rand eines Loches zu artikulieren. Der »leere« Inhalt ist die permanente Leerstelle im geschichtlichen Text der Stadt zwischen Gestern und Morgen.

24

»Corbusierianismus«
Le Corbusiers Wohneinheit »Typ Berlin«

Werner Oechslin

Literatur:

Le Corbusier 1952–57. Zürich
1957

Le Corbusiers Wohneinheit »Typ
Berlin«. Berlin 1958 (Broschüre
anläßlich der Eröffnung der Unité)

Bauwelt, Heft 38/39, 78. Jg.
Berlin 1987

Das Kriegsende bedeutet gerade in der Architektur Neuanfang. Nach 1945 ist eine Standortbestimmung unvermeidlich. Man beruft sich dabei gerne auf die »Klassiker« wie Walter Gropius oder Le Corbusier. Sie sollen Orientierungspunkte in einer Zeit sein, in der auffällig viel von Harmonie, von Humanismus und gesellschaftlichen Werten die Rede ist. Dementsprechend beherrschen sie die Schlagzeilen. Die von Adriano Olivetti initiierte italienische Architekturzeitschrift »Zodiac« bildet 1957 auf dem Umschlag Gropius, dann in Heft 2, 1958, Le Corbusier ab. Dort liefert Sergio Bettini die Begründung nach, weshalb es solche »klassische«, in sich ruhende Positionen braucht. Sie seien es, die letztlich die historische Kontinuität ermöglichen. Die ehemals geforderte (künstlerische) Autonomie kehrt hier postwendend als historisch-kulturelles Bindeglied zurück.

Keiner ist für diese Quadratur des Zirkels besser vorbereitet als Le Corbusier. Er besitzt das Rezept, die Idee der »unité«. Die Versprechung des Esprit Nouveau wird nach dem zweiten Krieg erneuert. Und sie ist nunmehr real gegeben; in der Synthese der »unité«. Die »unité« ist die Versprechung der ersten Nachkriegszeit. Sie ist Wiederaufbau und Zukunftsvision zugleich. In der Version von Alger (1942) wird sie 1945 in der französischen Architekturzeitschrift »l'Architecture d'Aujourd'hui« als Umsetzung der »charte d'Athènes« (Charta von Athen, 1933 vom CIAM – Congrès international d'architecture moderne – verabschiedet) publiziert. 1949, anläßlich des 7. CIAM-Kongresses in Bergamo, läßt Le Corbusier durch seine Arbeitsgruppe »Jeunes de l'ASCORAL« die »unité« als Lösung des Wohnproblems schlechthin vorstellen. In einem Bericht zu diesem Kongreß in der Neuen Zürcher Zeitung vom 30. August 1949 bemerkt Siegfried Giedion lakonisch, es bestehe »ein stilles Übereinkommen, daß man nicht von den eigenen Arbeiten spricht«. Die »Arbeitsgemeinschaft« galt als verbindliche Form. Gropius hatte dem Kongreß ein Papier zukommen lassen, in dem er ausdrücklich die Erziehung zum Teamwork propagierte. In Bergamo selbst fiel aber in erster Linie Le Corbusier und sein Solipsismus auf. Er verstand es einmal mehr, seine Visionen als allgemein verbindliche darzustellen. Le Corbusier ist die Lösung! Er personalisiert die Geschichte. Die 1943 anonym – vom »groupe CIAM-France« – publizierte »charte d'Athènes« erlebt jetzt ihre zweite Geburt als Werk Le Corbusiers, vorerst ergänzt um die Geschichte der CIAM, dann um Werk und Biographie Le Corbusiers, wie geschehen in der deutschen Erstveröffentlichung von 1962. Am Ende ist alles eins. Die »unité« als Umsetzung der »charte d'Athènes«, als Quintessenz der Bemühungen der

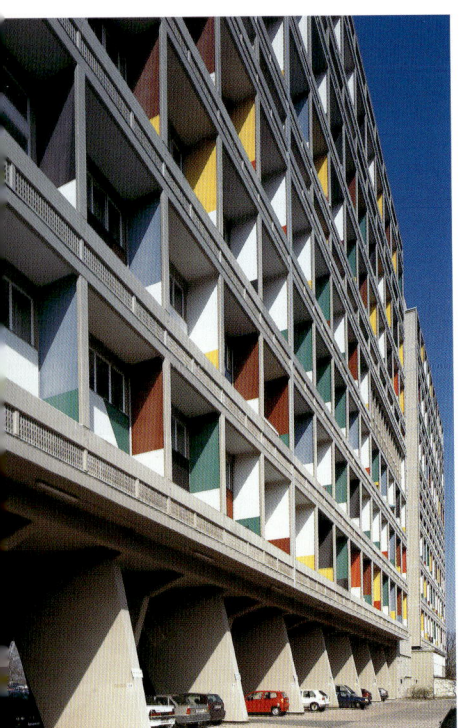

CIAM und der ASCORAL – ein Universalrezept für die Bewältigung der Weltprobleme der Architektur.

Daß sich eine solche Position nicht einfach »unter anderen« der Interbau im Hansaviertel in Berlin [Nr. 22] einverleiben ließe, leuchtet ein. Andererseits, so der Berliner Bausenator Rolf Schwedler in der Broschüre »Le Corbusiers Wohneinheit ›Typ Berlin‹« vom 15. August 1958, galt die Devise, »daß Le Corbusier nicht fehlen durfte«. Man ließ ihn also auswählen, und er entschied sich für das Grundstück am Heilsberger Dreieck, das er als »ganz wunderbare Lage in Berlin« empfand. Dann aber lief einiges schief. Fazit: Die Berliner Vorschriften kümmerten sich nicht um Le Corbusiers Modulor-Theorie. Die Vorstellungen des sozialen Wohnungsbaus sahen nicht nur größere Raumhöhen – 2,50 Meter statt des Corbusierschen Maßes von 2,26 Meter – vor, sondern befanden, daß die »Wohneinheiten angemessener Größe« für Familien mit Kindern untauglich seien, was Le Corbusier mit dem Hinweis auf geradezu paradiesische Zustände in den »unités« von Marseille (1946–48) und Nantes (1952–53) quittierte. Von Le Corbusiers »unité«-Konzept blieb nicht viel übrig. Gleichwohl meinten die Bauherren, sie hätten sich bemüht, »in Abwandlung der in Marseille und Nantes nach französischen Gesichtspunkten und Wohnverhältnissen erstellten Gebäude in Berlin ein in der Konzeption gleiches, jedoch den hiesigen Wohnverhältnissen entsprechendes Haus zu erstellen«. Mit Farbkonzepten versuchte Le Corbusier der Fassade wenigstens noch ein Stück »Corbusierianismus« aufzusetzen. »Und es wurde doch ein Beitrag zur Interbau«, schrieb seinerseits der Bausenator. Zuversicht machte sich breit: »Das Sensationelle geht nach und nach zurück; der Corbusier-Bau gehört zu Berlin.« Daran hatte man sich gewöhnt, als später mit der Privatisierung und den jahrelang publizierten Anzeigen der Name der Immobilienfirma »Bendzko« und nicht derjenige Le Corbusiers fettgedruckt in den Berliner Gazetten erschien.

Le Corbusier war in Berlin vergrätzt und demonstrierte dies. Dabei stolperte er über seine eigene Geschichte. Nach 1918 hatte er sich – aus verständlichen Gründen – innerlich von Deutschland losgesagt und an der antideutschen Propaganda mit zum Teil heftigen Angriffen teilgenommen. In seiner ersten autobiographischen Skizze (1929) blendete er seine Deutschland-Erfahrung von 1910–11 beinahe vollständig aus. Jetzt, wo er sich auf Einladung am internationalen städtebaulichen Ideenwettbewerb »Hauptstadt Berlin« beteiligt, wird das korrigiert. Der Kommentar im »Œuvre complète 1957–65«: »Le Corbusier hatte seinerzeit während eines Jahres in Berlin gelebt und kannte das Stadtzentrum à fond. Sein Projekt war daher in Kenntnis der näheren Umstände entstanden.« Als in Berlin die Polemik zur »Wohneinheit ›Typ Berlin‹« gerade so richtig einsetzte, wurde am 30. März 1957 der Wettbewerb ausgeschrieben. »Le Corbusier hatte sich bereit erklärt, am Wettbewerb teilzunehmen, weil Walter Gropius für das Preisgericht vorgesehen war«, so die unverblümt offene Kommentierung. Gropius wurde »wegen Krankheit in Amerika festgehalten« und kam nicht. Die Jury goutierte Le Corbusiers Vorschlag nicht. Es war die Rede vom Zerschlagen des Maßstabes. Die Kritik endete mit dem vernichtenden Urteil: »Das Preisgericht kann diesem Vorschlag nicht folgen.«

Le Corbusier reagierte auf seine Weise. Er verweigerte die Veröffentlichung seines Entwurfs »zum großen Bedauern der Auslober« und holte dies dann in den »Œuvres« selbst nach. Dort stößt man auf Le Corbusiers Erwartungen: »Die

Stunde schien gekommen, vierzig Jahre des Forschens und Experimentierens zu nutzen.« Gemeint war die Umsetzung des schon im »Plan Voisin« für Paris vorgesehenen Tabula-rasa-Konzepts (»vom ganzen Zentrum war nichts stehen geblieben«). Da Berlin wenig Lust zeigte, Le Corbusiers Theorien umzusetzen, griff dieser nun die Jury an (»der Gedanke einer dreidimensionalen Stadtplanung wurde als Verbrechen angesehen«) und bezichtigte deren Mitglieder des Verrats an den Überzeugungen der CIAM.

Nein. Le Corbusiers neuerliche Kontaktnahme mit Berlin in den fünfziger Jahren führte nicht zum ersehnten Erfolg, eine Schlappe beim Hauptstadtwettbewerb und ein halbwegs nach seinen Ideen umgesetztes Wohnhaus »Typ Berlin«. Im 6. Band der »Œuvres«, der 1957 erschien, wurde das Berliner Projekt noch mit den optimistischen Worten eingeleitet: »La ville de Berlin vient de prendre parti« (Die Stadt Berlin hat Partei ergriffen). Allein, so wie dies Le Corbusier erträumte, konnte das nicht geschehen. Berlin hat nach seinen Maßstäben – und den Vorstellungen des sozialen Wohnungsbaus – die Idee der »unité d'habitation« zu verwirklichen versucht. Mehr lag nicht drin. Die »Wohneinheit ›Typ Berlin‹« bleibt so nicht mehr und nicht weniger als ein Ableger der anderweitig propagierten und realisierten »unité«-Idee.

Ort Flatowallee 16 (ehem. Reichssportfeldstraße), Berlin-Charlottenburg

Bauzeit 1956–58

Architekt Le Corbusier (Charles Edouard Jeanneret)

Der 17geschossige, auf Pfeiler gestellte Stahlbetonskelettbau enthält 557 Wohnungen mit drei Haupttypen, die über neun 100 Meter lange Innenstraßen erschlossen werden. Le Corbusier mußte wegen der deutschen Auflagen im sozialen Wohnungsbau zahlreiche Veränderungen an seinem ursprünglichen Konzept vornehmen; so wurden z. B. die durch den »Modulor« vorgegebenen Maße (2,26 Meter als Grundmaß) nicht eingehalten. Auch von der grundsätzlichen Idee des Hauses als eigenständige Stadt mit zahlreichen gemeinschaftlichen Einrichtungen blieben nur ein kleiner Laden und eine Poststelle im Erdgeschoß sowie eine Waschküche im Dachgeschoß übrig. Momentan wird das Haus umfangreich saniert.

25

Platz für Bewegung
Ernst-Reuter-Platz

Christoph Asendorf

Wer auf die Idee käme, den weitläufigen, vom Autoverkehr dominierten Ernst-Reuter-Platz als aufmerksamer Fußgänger zu umkreisen, der würde beim Blick in die Bismarckstraße doppelarmige Beleuchtungsmasten erblicken, deren Entstehungszeit auf den ersten Blick schwer festzustellen ist. In ihrem Formanspruch irgendwo zwischen klassizistischer Attitüde und Funktionalität angesiedelt, akzentuieren diese Leuchten die Fluchtlinie, indem sie durch unterschiedliche Masthöhen Niveauunterschiede ausgleichen. Ihre Galerie setzt sich jenseits des Platzes in der Straße des 17. Juni geradlinig fort – und sie ist auch hier, neben der Straßenbreite und dem auseinandergezogenen Charlottenburger Tor, die einzige Spur der megalomanen Achsenplanungen Albert Speers, Teil nämlich der Ost-West-Achse, die vom heutigen Theodor-Heuss-Platz zunächst bis zur alten Via triumphalis Unter den Linden geführt war. Der Ernst-Reuter-Platz, an dessen Grenzen die Speersche Leuchtengalerie noch immer stößt, war von seinen Gestaltern in den fünfziger Jahren nicht zuletzt auch als Dementi derart großperspektivisch geordneter Stadträume gedacht.

Natürlich reicht die Geschichte des Platzes sehr viel weiter zurück. Sein früherer inoffizieller Name »Knie« leitet sich her von dem Knick, den an dieser Stelle die ansonsten gerade Verbindung zwischen den Schlössern von Berlin und Charlottenburg macht. Über das »Knie« hinaus und bis zum Theodor-Heuss-Platz wurde der Zug der alten Ost-West-Achse erst in der Spätzeit des Wilhelminismus verlängert; der Straßenstern bildete bis zu den starken Zerstörungen des Zweiten Weltkrieges ein städtisches Nebenzentrum. Erst in den Wiederaufbaujahren, mit wachsender Automobilisierung, ging man an die Umwandlung der alten verwirrenden Kreuzung in einen regulären Platz mit Kreisverkehr und neuer Umbauung. Noch bevor über den städtebaulichen Gesamtrahmen entschieden war, entstand hier als erstes neues Gebäude die TH-Fakultät für Bergbau und Hüttenwesen von Willy Kreuer: drei miteinander verbundene geometrische Baukörper ohne eindeutigen Bezug zum Straßenraum. Der schließlich nach dem Entwurf von Bernhard Hermkes ab 1956 in mehreren Etappen und mit einigen Abweichungen realisierte Platz verweigert sich jeder geschlossenen Umbauung. Er zeigt heute, aus der Straße des 17. Juni und gegen den Uhrzeigersinn gesehen, nach dem Flachbau der TU-Architektur von Hans Scharoun zunächst drei parallel stehende Gebäude, die mit ihrer Schmalseite auf den Platz stoßen, dann das Telefunken-Hochhaus (heute TU), weiter drei parallele, aber gegeneinander verschobene Blöcke und schließlich die Bergbau-Fakultät. Alle Gebäude, mit Ausnahme des Kreuer-Baus, stehen im rechten Winkel zueinander, also ohne direkten Bezug zur runden Platzform. Auch wenn zwischen ihnen viel leere Fläche gelassen wurde, interagieren sie doch als freie Körper im Raum, zusätzlich zusammengehalten durch eine Pflasterung, deren die Platzränder und Teile der Mittelinsel übergreifender Raster allerdings nur aus der Luft wahrgenommen werden könnte.

Begonnen wurde mit dem Osram-Haus (heute Eternit) von Bernhard Hermkes. Fassadenraster und Raumdisposition, konstruktive und gestalterische Faktoren sind eng aufeinander bezogen. Osram präsentierte den unprätentiös klaren Bau als »Haus des Lichts« und knüpfte so an die Tradition seines »Lichthauses« aus den zwanziger Jahren an – nur daß dem Publikum statt einer »Lehr- und Demonstrationsstätte für richtige Beleuchtung« jetzt lediglich ein nächtens leuchtender Verwaltungsbau geboten wurde. Der Aspekt der Inszenierung moderner Technologie spielte auch beim IBM-Gebäude von Rolf Gutbrod eine Rolle, präsentierte man doch im vollverglasten Erdgeschoß ein »Elektronengehirn«. Im übrigen unterlief Gutbrod am nach innen geknickten Ostgiebel das Bilderverbot der Moderne, indem er eine ganze Wand mit einem aus dem Firmensignet entwickelten Buchstabenornament überzog.

Der Bau mit der größten Ambition aber ist sicher das Telefunken-Hochhaus, das 1958–60 nach Plänen von Paul Schwebes und Hans Schoszberger errichtet wurde. Mit seiner Höhe von 80 Metern und 21 Geschossen überragt es den Platz und ist, um ein weniges aus der Ost-West-Achse gerückt, auf Kilometer hinaus sichtbar. Mit seiner »Brikettform« versuchten die Architekten, die Monotonie orthogonaler Blöcke zu vermeiden; das Ergebnis bleibt zwiespältig. Der Betonrahmen um das erste Obergeschoß läßt es wie ein Möbelstück erscheinen, die Vermittlung der sich nach oben verjüngenden Pfeiler mit den rein vertikalen Gebäudegrenzen wirkt unklar. Die Schwächen dieses Baus treten schnell bei einem Vergleich mit dem fast gleichzeitigen und in der Grundform ähnlichen Mailänder Pirelli-Hochhaus von Gio Ponti hervor. Während in Berlin ein vermischtes Stützensystem Verwendung fand, gebildet aus außen- und innenliegenden Pfeilern, Fahrstuhlschächten und Treppentürmen, wird Pontis Gebäude lediglich, so die Formel im »Baumeister« von 1956, von »zwei leiterartigen Stahlbetongerippen und den dreiecksförmigen Kopfgliedern« getragen. Es wirkt so homogen und leicht, daß Pevsner hier eine fast schon überzüchtete Eleganz wahrnahm – und die würde dem Telefunken-Hochhaus denn wohl doch niemand nachsagen.

Bedeutsam ist der Ernst-Reuter-Platz auch nicht so sehr wegen der Einzelgebäude, die alle mehr oder weniger im Mainstream der Nachkriegsmoderne liegen, sondern als städtebauliches Ensemble. Er verkörpert prototypisch das Ideal des offenen städtischen Raumes. Die ursprünglich barocke Leitvorstellung gerichteter Achsen und streng gefaßter Plätze wurde von den Diktaturen unseres Jahrhunderts so übersteigert, bis, wie bei Speer, Bilder totalitärer Verfügung über Menschen und Stadträume entstanden; die Planer der fünfziger Jahre hingegen verstanden ihre Architektur als modern und demokratisch, und das bedeutete, fixierte Betrachterstandpunkte aufzulösen, Räume zu öffnen, um Platz für Bewegung und Kommunikation zu schaffen. »Demokratie als Bauherr«, so Adolf Arndt in seinem berühmten Vortrag von 1960, vermeide geometrische Gewaltsamkeit.

Im Berlin des kalten Krieges gab es noch einen weiteren Grund, Städtebau als politische Manifestation zu begreifen, und das war die Existenz der DDR. Und so gesehen, gab es für den Ernst-Reuter-Platz ein Gegenbild im Ostteil der Stadt, den Strausberger Platz nämlich gleichsam auf der verlängerten Ost-West-Achse. Nur durch vier große Straßeneinmündungen durchbrochen, bildet er in der Flucht der heutigen Frankfurter Allee [Nr. 20] ein Oval mit geschlossener Umbauung. Dieser Versuch, traditionelle Platzqualitäten wiederzugewinnen, wurde lange als »stalinistischer Zuckerbäckerstil« abgetan.

Schon lange aber wird auch diskutiert, daß der Ernst-Reuter-Platz die urbanen Qualitäten nicht entwickeln konnte, die man sich versprochen hatte. Mochten sich seine Planer auch an Mies van der Rohes Alexanderplatz-Entwurf von 1929 orien-

Literatur:

Dagmar Gausmann: Der Ernst-Reuter-Platz in Berlin. Die Geschichte eines öffentlichen Raumes der fünfziger Jahre. Münster 1992 (mit ausführl. Bibliogr.)

Der Campus. Hg. v. Michael Bollé. Berlin 1994

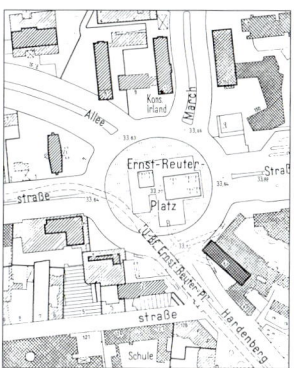

Plankarte von 1977

Ort Ernst-Reuter-Platz, Berlin-Charlottenburg

Bauzeit ab 1955

Architekt Bernhard Hermkes

1955 erstellte Bernhard Hermkes einen Plan für den Ernst-Reuter-Platz – das ehemals sogenannte »Charlottenburger Knie« –, um diesen ganz im Sinne der Nachkriegsstimmung autofreundlich (Kreisverkehr) und mit locker angeordneten Gebäuden, die in Gruppen parallel ausgerichtet meist mit der Stirnseite zum Platz weisen, zu gestalten. Die Neugestaltung des Platzes wurde als kontrastierende Antwort auf den Ostberliner Strausberger Platz (1951–53, Henselmann, Göpfert, Leibold) mit seinen »geschlossenen Platzwänden« verstanden. Das Telefunken-Hochhaus wurde 1958–60 von Schwebes und Schoszberger erbaut, das IBM-Haus 1960–62 von Gutbrod, Kiess und Binder, das Gebäude für die Architekturfakultät der TU 1966–68 von Hermkes selbst.

tiert haben (dem seinerseits vom Mies-Biographen Franz Schulze schon eine »bedrückende aseptische Nüchternheit« zugesprochen wurde), so konnten sie doch beim Ernst-Reuter-Platz nicht von einem ähnlich dichten städtischen Umfeld ausgehen. Es blieb ein Platz für den Autoverkehr, den zu beleben nie recht gelang. Das Projekt von Edward Kienholz, auf der Mittelinsel eine Waschanlage mit einem sich langsam auflösenden Mercedes zu errichten, reflektiert mit böser Ironie genau dieses Problem. Die Funktionsmischung und Zurückdrängung des Autoverkehrs, wie sie heute Renzo Piano am Potsdamer Platz [Nr. 46] praktiziert, kam den Planern der fünfziger Jahre nicht in den Sinn. So bleibt ihr Platz das Dokument einer gebrochenen Modernität, die an aufgelockerte Stadträume, an wohlartikulierte Einzelfunktionen, aber weniger an deren Zusammenwirken dachte.

26

Himmelschaft und Weinberge
Die Philharmonie von Hans Scharoun

Andrea Bärnreuther

Mit Hans Scharouns Philharmonie öffnet sich ein ästhetisch-politisches Konfliktfeld: Der Suche des Architekten, Albert Speers »Germania« ein neues städtebauliches Prinzip und eine neue architekturästhetische Qualität entgegenzusetzen, entspricht der Anspruch West-Berlins, das Gesicht eines neuen Berlin im Vorgriff auf die politische Einheit zu gestalten.

Im Januar 1944 war die Philharmonie in der Bernburger Straße nahe dem Anhalter Bahnhof durch Bombentreffer zerstört worden. Als 1956 der Wettbewerb für einen Neubau ausgeschrieben wurde, dachte man an ein Gebäude, das hinter dem Joachimsthalschen Gymnasium an der Bundesallee liegen und über dessen Eingangsfront zu erreichen sein sollte – in der Tat ein »absurder Gedanke«, wie Günther Kühne kommentierte. Hans Scharoun gewann den ersten Preis. Von den »Urformen der menschlichen Gemeinschaft« ausgehend, fragte er nach der Logik der Organform, die aus dem »Vorgang« zu entwickeln wäre. »Es ist aber gewiß kein Zufall, daß Menschen sich heute wie zu allen Zeiten sofort zu einem Kreis zusammenschließen, wenn irgendwo improvisiert Musik erklingt. Dieser ganz natürliche Vorgang […] müßte sich auch in einen Konzertsaal verlegen lassen – das war die entscheidende Überlegung. Musik sollte auch räumlich und optisch im Mittelpunkt stehen.« Mit dieser Grundidee verband sich die Vision eines Zentralraums, der sich als säkularisierter Kultbau wie ein roter Faden durch das Schaffen Scharouns hindurchzieht. Zunächst als Verkörperung des Volkshausgedankens, dem er nach dem Ersten Weltkrieg als Mitglied der utopisch gesinnten Architektenvereinigung »Gläserne Kette« Ausdruck zu verleihen suchte – als eine »den reinsten Klängen gewidmete« Stadtkrone.

Scharouns Entwurf für die Philharmonie weist dem Orchester einen zentralen Platz zu und gruppiert das Publikum kreisförmig in ansteigenden Reihen um das Podium. Durch die Auflösung aller begrenzenden Flächen, durch die skulpturale Ausformung der Zuschauerflächen durch Abstufungen und Brüstungen sowie durch die zellartig durchhängende Decke wird eine »Großauflösung« der Schallfronten erreicht, die die Akustik optimiert. Es ist letztlich auch der Begeisterung Herbert von Karajans über »die restlose Konzentration der Zuhörer auf das Musikgeschehen« und seiner Intervention zu verdanken, daß Scharouns Plan nicht Zweifeln an der Realisier- und Finanzierbarkeit sowie falschen Bedenken hinsichtlich der Akustik zum Opfer gefallen ist.

Scharouns Bauidee implizierte zugleich ein neues Prinzip des Städtebaus, das mit den historischen Gegebenheiten in Konflikt geraten mußte. »Mensch und Bauwerk sollen in ihrem Verhalten zueinander das sein, was wir heute auch bei der Planung einer Stadt verlangen, wenn wir sie als Stadt-Landschaft sehen: Die Teile, die Elemente der Stadt sind dann wie Berg und Tal, wie Wald und Wiese, wie Wasser und Fels« (Scharoun, »Rund um die Philharmonie«, 1957). Bereits als Leiter der Abteilung Bau- und Wohnungswesen des Magistrats von Groß-Berlin (1945–46) hatte Scharoun »neue Maßnahmen« gefordert, »die nicht allein bestimmt werden können von dem Bild unserer Städte vor der Zerstörung, sondern von dem, was bereits als Wunschbild seit langem in uns entstanden war«. Auf Intervention des Senats wurde Scharoun schließlich Anfang 1957 zu städtebaulichen Standortuntersuchungen aufgefordert. Vor dem Hintergrund des Wettbewerbs »Hauptstadt Berlin« 1957–58, der im Zeichen der Systemkonkurrenz von Ost und West ein neues Bild von Berlin als moderner, demokratischer Hauptstadt entwerfen und damit die Ansprüche des Westens auf ganz Berlin im Vorgriff sinnfällig machen sollte, lancierte Scharoun die Idee eines »Kulturbandes«, das beim Schloß beginnen und sich über Museumsinsel, Staatsbibliothek, Oper und Universität zum Tiergarten hin fortsetzen sollte, um westlich des Tiergartens die Technische Universität zu erreichen.

Die politische Perspektive allein hätte nicht ausgereicht, die Idee so schnell Wirklichkeit werden zu lassen, wenn nicht die Bauordnung 1958 bzw. der Baunutzungsplan 1960 den Bereich Klingelhöferstraße bis hin zur Bellevue-Allee ausgehend von dem Umwandlungsprozeß in der NS-Zeit als Sondergebiet für die Diplomatie ausgewiesen hätte. Im übrigen trafen sich die Überlegungen Scharouns mit den Überlegungen der Stadtplaner, die die Situierung der Philharmonie in der Nähe zur projektierten Westtangente begrüßten.

Als das Berliner Abgeordnetenhaus am 25. November 1959 mit der Festlegung des Standorts für die Philharmonie die Weichen für die spätere Planung eines Kulturforums am Südrand des Tiergartens stellte, bestand das Tiergartenviertel, das 1940 noch 529 Häuser zählte, nur mehr aus 49 Gebäuden, davon 22 Ruinen. Scharoun setzte die Philharmonie an die Stelle der von Speer geplanten »Soldatenhalle«, wobei er die schwer zerstörte und gerade im Wiederaufbau begriffene Matthäikirche (1956–60 durch den Architekten Jürgen Emmerich) als verkehrsbefreite Traditionsinsel mit eigenem Maßstab in den neuzugestaltenden Kontext einband.

In Scharouns Vision der Stadt-Landschaft konvergieren Architektur und Städtebau im Raumkontinuum: »Der Saal ist wie ein Tal gedacht, auf dessen Sohle sich das Orchester befindet, umringt von den aufsteigenden ›Weinbergen‹. Die Decke entgegnet dieser Landschaft wie eine ›Himmelschaft‹. Vom Formalen her wirkt sie wie ein Zelt. Dieses Zeltartige, d. h. Konvexe hängt eng mit der Akustik zusammen, mit den Bestrebungen, die Musik im Raum zu verteilen« (Scharoun zur Eröffnung der Philharmonie am 15. Oktober 1963).

Nach außen artikuliert sich die Philharmonie in prägnanter Gestalt auf schiefwinkligem Grundriß als skulpturales räumliches Gebilde mit einer linearen Dachsilhouette, die in drei Schwüngen die raumbegrenzende zweischalige Konzertsaaldecke nachzeichnet und von der phönixartigen Aluminiumplastik Hans Uhlmanns bekrönt wird. Im Innern entsteht durch den Einzug von Brüstungen in die Hochparterre-

Literatur:

Hans Scharoun. Bauten, Entwürfe, Texte. Hg. v. Peter Pfankuch. Berlin 1974 (erw. Neuausgabe Berlin 1993)

Platz und Monument. Die Kontroverse um das Kulturforum Berlin 1980–1992. Berlin 1992

Edgar Wisniewski: Die Berliner Philharmonie und ihr Kammermusiksaal. Der Konzertsaal als Zentralraum. Berlin 1993

Ort Matthäikirchstr. 1,
Berlin-Tiergarten
Bauzeit 1960–63
Architekt Hans Scharoun

Mit dem Kammermusiksaal, dem
Musikinstrumentemuseum und
dem Institut für Musikforschung
konzipiert, wird die äußere kenn-
zeichnende geschwungene Form
der Philharmonie durch den Saalbau bestimmt. Der Zuschauerraum
wird von einer zwei- bis dreigeschossigen Schale getragen,
wobei das darunterliegende Foyer
die Negativform zum Saal bildet.

flächen sowie die skulpturale Ausformung der Seitenparkette ein Spannungs-
gefüge, das die dynamische Raumidee der ersten Entwurfs in eine in sich ruhende
und schwingende Zentralraumstruktur transformiert. Durch die Anordnung von
vier vor und zwei hinter dem Orchester liegenden Parkettgruppen wird die kon-
ventionelle Längsrichtung mit Blick auf das Podium akzentuiert. Der Saal, der sich
in den Decken des Foyers abzeichnet, wird über großzügige, über zwei Ebenen
führende Treppenanlagen erschlossen, in denen Farbe (Farbglaswände nach Farb-
kompositionen von Alexander Camaro), Licht und Plastik zusammenwirken. Das
Scharoun vorschwebende visionäre Erscheinungsbild konnte aus finanziellen
Gründen zunächst nicht realisiert werden. Die ursprünglich konzipierte goldschim-
mernde Fassadenverkleidung ging von zwei Grundelementen aus, einem Fas-
sadenelement, das die skulpturale Form des Gebäudes nachvollzieht, und einem
räumlich-strukturellen Element, das in Verbindung mit dem Licht der Außenhaut
eine Tiefendimension verleiht. Scharouns Idee sinngemäß aufgreifend, entwarf
Edgar Wisniewski, sein engster Mitarbeiter, später ein Aluminium-Kunststoff-
Element, mit dem das zunächst nur mit einem ockerfarbenen Anstrich versehene
Gebäude in den Jahren 1978–81 die endgültige Fassadenverkleidung erhielt.
Daß die Vorstellung des Kulturbandes bis zum Schloß mit dem Bau der Mauer
1961 ihre Prämisse verlor, hat die Planungen nicht nur nicht behindert – die
Philharmonie wurde bereits am 15. Oktober 1963 eröffnet –, sondern zum Kristal-

lisationspunkt des Selbstverständnisses der Stadt werden lassen. Mit dem Mauer-
bau war die Museumsinsel für den Westteil der Stadt auf damals unabsehbare
Zeit verloren und die Frage akut geworden, wo das gegen Kriegsende ausgela-
gerte Museumsgut des Kaiser-Friedrich-Museums und des Deutschen Museums
der Öffentlichkeit präsentiert werden könnte. Dem Grundsatzbeschluß der Stiftung
Preußischer Kulturbesitz vom 28. September 1962, für die Museen europäischer
Kunst südöstlich des Tiergartens Neubauten zu errichten, korrespondierte die
Entscheidung, einen Bibliotheksneubau an der Stelle des aus der NS-Zeit über-
kommenen Torsos des »Hauses des Fremdenverkehrs« am »Runden Platz« zu
planen.
Diese Ideen bildeten den Anfang des Kulturforums, das mit der Nationalgalerie
von Mies van der Rohe [Nr. 29], der Staatsbibliothek von Scharoun [Nr. 30], den
Museen europäischer Kunst nach Entwürfen von Rolf Gutbrod und der Neukonzeption der Gemäldegalerie durch Hilmer & Sattler seine heutige, immer noch
nicht abgeschlossene Gestalt erhalten hat. Wie das Kulturforum im ganzen als
Kristallisationspunkt eines wiedervereinigten Berlin zum ästhetisch-politischen
Konfliktfeld wurde, sah sich die Philharmonie mit dem Wandel der ästhetischen,
städtebaulichen und kulturpolitischen Ideale einer Zerreißprobe ausgesetzt, der
sie bis heute aufgrund ihrer herausragenden ästhetischen und akustischen Qualität unbeschadet standhält.

27

Zukunft ist machbar
Das Haus des Lehrers am Alexanderplatz

Wolfgang Kil

Als die DDR Anfang der sechziger Jahre mit der grundlegenden Umgestaltung der östlichen Zentrumsareale ihrer »Hauptstadt« begann, waren das Haus des Lehrers sowie die zu ihm gehörende Kongreßhalle die ersten fertiggestellten Gebäude. Als weithin sichtbare »Vorboten des Neuen« besetzten sie einen höchst prominenten Ort – genau die Schnittstelle zwischen der von Osten her näherrückenden Magistrale Stalinallee [Nr. 20] und dem als nächstem Höhepunkt zu inszenierenden Alexanderplatz. Ungefähr hier im kriegszerstörten Stadtgrundriß hatte das historische Lehrervereinshaus gestanden, ein aufwendiger Jugendstilbau von 1907–08, der Geschäftsräume, Saal, Büros und Bibliothek bot für ein reformorientiertes pädagogisches Weiterbildungsprogramm, das auch über die damalige Reichshauptstadt hinaus ausstrahlte. Im Februar 1919 hatte hier im Großen Saal die Gedenkfeier für Karl Liebknecht und Rosa Luxemburg stattgefunden. Auf diese Vorläuferschaft bezog sich das Funktionsprogramm, das die DDR-Regierung als Auftraggeber vorgab: ein repräsentatives »Kulturhaus für Pädagogen«, mit passenden Räumlichkeiten jeweils für Weiterbildung und Freizeit. In den ersten beiden Obergeschossen des Hochhauses wurden ein Café und eine Gaststätte (beide öffentlich) eingerichtet, darüber in den zwei »Blindetagen« hinter dem Wandbild die Bibliothek. Die acht übrigen Geschosse wiesen nutzungsneutrale Großräume auf. In der Kongreßhalle war der runde, von einer flachen Kuppel von 38 Meter Durchmesser überwölbte Hauptsaal für internationale Tagungen ausgerüstet, aber auch für andere Festlichkeiten geeignet. Weitläufige und überschwenglich bis auf den Boden verglaste Foyers vermittelten auch im Haus das Gefühl, sich mitten in der Stadt zu bewegen. In einem unauffällig gestalteten Verbindungsriegel fanden noch ein »Gelber Saal« (300 Plätze) und ein »Weißer Saal« (250 Plätze, mit Bühne) Platz.

Auch wenn eine achtspurige Straße den Bau auf Distanz hält – seine Adresse lautet »Alexanderplatz 4«. Allerdings enthüllt schon ein flüchtiger Blick auf den Stadtplan, warum sich das Haus des Lehrers so merkwürdig unentschieden zum restlichen Alex-Ensemble verhält: Es schaut nur in zweiter Linie als Anrainer auf den Platz. In erster Linie sollte es den Auftakt markieren für das »neue Berlin«, das vom Platz aus gesehen hinter ihm begann, ostwärts, die »gegliederte und aufgelockerte Stadt« der Nachkriegsmoderne, oder (in den Termini der hier waltenden Baugeschichte) Karl-Marx-Allee II, »der erste sozialistische Wohnkomplex der DDR«. Hier, zwischen Alex und Strausberger Platz, hat die architektonische Moderne der DDR ihren Ausgang genommen, und hier hat sie durch die Bauten von Josef Kaiser wohl auch ihre eigenständigste Ausprägung erfahren.

Hermann Henselmann hatte zuvor in seiner Funktion als Chefarchitekt Ostberlins (bis 1959) maßgeblich an der Planung für jene westwärtige Verlängerung der »alten« Stalinallee mitgewirkt, die den Bruch mit dem aus Moskau importierten Konzept der »nationalen Traditionen« besiegelte. Das »Haus des Lehrers« projektierte und realisierte Henselmann mehr oder weniger im Alleingang. Es sollte in

Literatur:

Hermann Henselmann: Bemerkungen zu dem Entwurf für das »Haus des Lehrers«. In: Deutsche Architektur, Berlin (Ost), Heft 8/1961, S. 432 ff.

Hermann Henselmann: Haus des Lehrers in Berlin. In: Deutsche Architektur, Berlin (Ost), Heft 12/1964, S. 714 ff.

Andreas Schätzke: Zwischen Bauhaus und Stalinallee. Braunschweig 1991

Bruno Flierl: Hermann Henselmann – Bauen mit Bildern und Worten. In: Kunstdokumentation SBZ/DDR 1945–1990. Hg. v. Günter Feist, Eckhart Gillen, Beatrice Vierneisel. Köln 1996, S. 386 ff.

Werner Durth, Jörn Düwel, Niels Gutschow: Architektur und Städtebau der DDR. Frankfurt a. M. 1998 (2 Bde.)

sämtlichen Planskizzen und Modellfotos sowohl für das Wohngebiet »Karl-Marx-Allee II« wie auch für alle nachfolgenden Alexanderplatz-Entwürfe einen nie revidierbaren Fixpunkt bilden – ein schwer durchschaubarer Fait accompli, durch den dieser Architekt sich bereits zum zweitenmal als »Bahnbrecher« des neuen offiziellen Trends erweisen durfte: Hatte er 1951, buchstäblich über Nacht, mit seinem Hochhaus an der Weberwiese die folgenreiche Absage an den »Modernismus« formuliert, so sanktionierte er nun, zehn Jahre später, die genau entgegengesetzte Tendenz.

Um den abrupten Auffassungswandel richtig ermessen zu können, stelle man in Gedanken einmal seine Türme am Frankfurter Tor (1957–60) neben das Haus des Lehrers (1961–64): Bauten wie aus grundverschiedenen Welten. Als wäre es nicht nahezu ein Jahrzehnt lang in verbissenem Ideologiestreit immer nur um »das Nationale in der Form« gegangen (und als hätte er in diesen Debatten nie auf der »sicheren Seite« gestanden), zog Henselmann am Alexanderplatz aus dem Stand sämtliche Register dessen, was eben noch als »Amerikanismus« und »kosmopolitische Dekadenz« in schlimmstem Verruf gestanden hatte: eine dreizehngeschossige, völlig geradlinig aufstrebende »vertikale Kiste«, die, anstatt auf einem soliden Sockel zu ruhen, von einer Schar massiver (und dadurch etwas unbeholfener) Rundsäulen emporgestemmt schien. Im Inneren ein Betonskelett, außen die erste in der DDR fabrizierte Curtain-wall, eine Vorhangfassade aus Glas und Aluminium, die anstelle der unlängst noch dekretierten, von Lochfenstern perforierten Wand jetzt das abstrakte Raster von Montagebauteilen zeigte. Als ähnlich revolutionär mußten die enormen Glasflächen am Foyer des Hochhauses wie auch rund um die Kongreßhalle gelten, die für ein vollkommen neues Raumgefühl sprachen.

Unschwer ist die Bereitschaft zu erkennen, sich fortan grundsätzlich wieder auf das Erbe der klassischen Moderne einzulassen: Nach Bruno Flierl markierte das Haus des Lehrers »den Schritt aus dem nationalen ins internationale Reservoir der Bilder«. Bereits ein aufmerksamer Rundgang vor Ort macht deutlich, wie sehr hier die Heroen der vornehmlich überseeischen Nachkriegsmoderne inspirierend gewirkt haben, von Oscar Niemeyer bis SOM (Skidmore, Owings, Merrill): Hochhaus, Kongreßhalle und Verbindungsflügel sind funktional einleuchtend wie auch geometrisch spannungsreich miteinander verschränkt. Im Zusammenspiel mit Wasserbecken, Hochbeeten, gläsernen Freiraumvitrinen und Fahnenmasten bilden die drei Bauteile eine typische, ausladende Gebäudelandschaft im charakteristischen Stil der frühen sechziger Jahre. Der Architekt selbst hat auf die ihm wichtigen Formkontraste mehrfach hingewiesen: »Zu den betonten Vertikalen der Fassaden – das gelagerte Bildband, die gelagerte Kuppel. Zu der gläsernen Durchsichtigkeit der Wände – große geschlossene Flächen. Zu dem Viereck des [Kongreß-] Foyers – das Kreisrund des Kongreßsaales.« Solche frei im Raum entfaltete und vornehmlich aus der Bewegung erfahrbare Rundum-Ästhetik von licht- und luftumspülten »Gebäudeplastiken« ist – nach Siegfried Giedions einflußreicher Abhandlung »Raum, Zeit, Architektur« – das zentrale Motiv aller »Baukunst der Moderne«.

Das Haus des Lehrers kam beim Publikum gut an, seine Darstellungen wurden rasch zu Ikonen: Noch im Fertigstellungsjahr gewann eine lapidare Übereckablichtung des Hochkörpers im offiziellen Baufoto-Wettbewerb 1964 den ersten Preis. Auf dem dritten Rang landete »Hochhaus und Kongreßhalle vom Alex aus

Ort Alexanderplatz 4,
Berlin-Mitte

Bauzeit 1961–64

Architekt Hermann Henselmann mit
B. Geyer, G. Haustein,
O. Kless, H.-U. Schmidt,
J. Streitparth, S. Wagner,
K. Weißhaupt

Bildfries: Walter Womacka mit
G. Brendel, H. Hakenbeck,
G. Bondzin

Gebäudekomplex aus dreizehn-
geschossigem Hochhaus, zweigeschossiger Kongreßhalle und
eingeschossigem Verbinder. Ursprüngliche Nutzung (Bildungsstätte und
Kulturhaus für Pädagogen) bis 1990
unverändert, danach vorübergehend
Ausweichrathaus des Stadtbezirks
Mitte (bis 1998), dann Leerstand und
Nutzung für Kunstprojekte. Die
umfangreiche Sanierung zu einem
Kongreß- und Bürozentrum wurde
2004 abgeschlossen.

gesehen«, eine Nachtaufnahme, die nun mit ihrer gleißenden Illumination die eigentliche Sehnsucht jener Jahre verriet: hinter den unendlichen Trümmerfeldern endlich ein bißchen Weltstadt-Flair! Nach der altväterlichen Biederkeit der »alten« Stallnallee waren solche klaren, luftigen und bei Nacht strahlenden Bauten, wie sie nun zu entstehen begannen, geradezu ein Fanal. Sie waren in der Tat stark genug, ihre Benutzer in ein völlig neues Lebensgefühl mitzureißen: Zukunft war doch machbar!

Wem aber »die neue Zeit« allzu kühl und seelenlos daherkam, dem half vielleicht die Kunst. Natürlich bezog auch der Bildfries seine Inspirationen aus der fernen Welt. Henselmann selbst hat sich auf Siqueiros, Rivera und Leger berufen, wobei er deren Monumentalkunst-Konzept im Geiste der aktuellen Technikbegeisterung modifizierte: »Das Bildwerk des Bandes sollte aus einem oder mehreren dieser Materialien [Leichtmetall, Glas, Kunststoff] aufgebaut sein und gewissermaßen

als Bestandteil der Vorhangwand selbst wie ein Vorhang, ein Schleier wirken.« Den Auftrag für das bald als »Bauchbinde« bespöttelte Bildwerk erhielt Walter Womacka. Unterstützt von Günter Brendel, Harald Hakenbeck und Gerhard Bondzin, fabrizierte er ein Panorama von Alltagsszenen aus dem »glücklichen Leben in der DDR« im schulfibelhaften Realismus der Ulbricht-Ära.

Daß über dessen künstlerische Ungenießbarkeit wohl nur eine bildungsbürgerliche Minderheit die Nase rümpfte, belegt ein winziges Detail des insgesamt 125 Meter langen Endlosbildes: Auf der dem Platz abgewandten Seite findet sich u. a. eine zwar spiegelverkehrte, ansonsten aber unverkennbar figurengetreue Variante des Motivs »Junges Paar am Strand«. Dessen endgültige Fassung als Tafelbild (1962) hing später auf der VI. DDR-Kunstausstellung in Dresden und wurde in den Folgejahren das mit Abstand meistreproduzierte Zimmerschmuckbild der gesamten DDR-Malerei.

Gesellschaft durch Dichte
Märkisches Viertel

Dieter Hoffmann-Axthelm

Unter den Berliner Großsiedlungen der Nachkriegszeit nimmt das Märkische Viertel eine privilegierte Stellung ein. Einerseits konzentrieren sich in dieser Großsiedlung alle Defizite der städtebaulichen Moderne. Andererseits ist das Märkische Viertel im Ergebnis so mehrdeutig geraten, daß die meistkritisierte Großsiedlung der Bundesrepublik nicht nur die wohl erfolgreichste geworden ist, sondern auch noch den heutigen Stand architektonischer Stadtideologien zu spiegeln vermag.

Konzeptionelle Mehrdeutigkeit und praktischer Erfolg lassen sich im wesentlichen auf zwei Umstände zurückführen. Das Märkische Viertel wurde nicht einfach auf freies Feld gebaut, wie die nach Größe vergleichbaren West- und Ostberliner Großsiedlungen: Falkenhagener Feld, Gropiusstadt einerseits, Fennpfuhl, Marzahn usw. andererseits. Die Urbanisierung geht bis in die neunziger Jahre des 19. Jahrhunderts zurück. Das Märkische Viertel entstand also als Sanierungsprojekt einer im wesentlichen aus den Mangelzeiten der zwanziger und dreißiger Jahren stammenden Siedlungsstruktur. Die konsolidierten Teile bestanden aus jenen regelmäßig parzellierten Blockstrukturen mit Einfamilienhäusern, wie sie noch heute weite Teile des Berliner Nordens bilden. Sie wurden wie Fossilien in die Großstruktur des Märkischen Viertels eingeschlossen.

Der zweite Umstand: Das Märkische Viertel ist nicht nur Widerspruch gegen die vormoderne Urbanistik, sondern bereits der Versuch, auf die Enttäuschungen und sozialen Defizite der bisherigen Moderne zu reagieren, insbesondere des aus den vierziger Jahren stammenden Planungsideals der »aufgelockerten und gegliederten Stadt«. Gleichzeitig setzt aber die große Flächenexplosion ein, so daß die neuen Lösungen vorgeschlagen und gebaut werden, bevor man überhaupt die Reichweite der vorgebrachten Kritik an der Unwirtlichkeit der bisherigen Realisierungen begriffen hatte.

Das Märkische Viertel vereint in seiner Konzeption die großen Themen jener Jahre, so zum Beispiel die Forderung nach Gesellschaft durch Dichte. Man reagiert gegen

Literatur:

Dieter Voll: Von der Wohnlaube zum Hochhaus. Berlin 1983

Alessandro und Erdmute Carlini: Das Märkische Viertel – 25 Jahre danach. Berlin 1989

die lockeren Strukturen gereihter Zeilenbauten und gelegentlicher Punkthochhäuser, wie sie auf hohem Niveau im Berliner Hansa-Viertel [Nr. 22] vorgeführt waren. Daher im Märkischen Viertel die Biegung und Vergrößerung der Zeile zum weithin identifizierbaren Großornament und die Verdichtung durch Verfünffachung der Geschoßzahlen.

Hand in Hand damit ging die Reaktualisierung des Raumbegriffs – das zentrale Thema der Moderne, hier jedoch verstanden als die Schaffung von Gemeinschaftsraum. Das wurde im Märkischen Viertel in zwei Ebenen erreicht: Die einzelnen Gebäudekomplexe bilden in ihren barock ausgreifenden Brechungen und Schwingungen sogenannte Gehöfte, und die gesamte Siedlung wurde durch eine umlaufende Kette hart an den Geländerand gerückter Großwohnanlagen bewußt stadtmauerartig umgrenzt und öffnete sich nur nach Nordwesten.

Die Übereinstimmung dieser metaphorischen Mauer nach Süden und Osten mit der Grenze nach Ost-Berlin, nach Westen mit der Barriere der Nordbahn, nach Norden mit dem Rand der naturgeschützten Lübarser Feldmark machte den ästhetischen Effekt real. Das Märkische Viertel war dazu verurteilt, sich, anders als alle anderen Berliner Großsiedlungen, als eigenes Gemeinwesen in einer nur wenig erschlossenen Tasche des Westberliner Stadtgebiets zu entwickeln.

Das Plakative der Planung war gewollt und bedeutete im damaligen, durch das Team X, insbesondere das niederländische Büro van den Broek und Bakema geprägten stilistischen Umfeld eine Internationalisierung. Insofern ist das Märkische Viertel, mehr als jede andere deutsche Trabantenstadt, ein Architekturschicksal. Darin gleicht es einer anderen verkürzten Kritik der Moderne, der Trabantenstadt Beijmermeer bei Amsterdam von Candilis, Josic und Woods.

Die Architektur des Märkischen Viertels ist in ihren Berliner Autoren – Werner Düttmann, Hans Müller und Georg Heinrichs, Ludwig Leo, O. M. Ungers u. a. – ein Generationenmanifest. Programm war, große Massen zu kombinieren mit städtebaulicher Abwechslung und Identifizierbarkeit einerseits, differenzierten Grundrissen andererseits. In der Tat ist das Märkische Viertel als Gesamtkunstwerk aus Architektur und Landschaft geplant, unverkennbar dabei die Handschrift von Werner Düttmann.

Das Programm eines künstlerischen Städtebaus wird kenntlich wie ein architektonischer Pop. Pop meint hier zweierlei: einerseits übertreibende Vergrößerung des Objekts, wie bei dem Künstler Claes Oldenburg, bis an den Punkt, wo klassische Architektur gesprengt ist und in eine andere Größenordnung übergeht, die des Designs inkompatibler Massen, die Lego-Asthetik des Märkischen Viertels. Die andere Seite ist die Farbe – auch da eine Übertreibung. Im Märkischen Viertel verselbständigen sich die Farben, lösen sich von der Architekturform ab und erhalten Signalcharakter. Das ist aber nur die eine, die helle Seite des Architekturabenteuers. Grundlage der Operation war die Industrialisierung des Bauens – Vorfertigung und Montage von Großplatten vor Ort. Obwohl sie nur 40 % des Gesamtvolumens ausmacht, prägt die Vorfertigung optisch das Viertel. Insbesondere gilt das im Zentrum für die nach den ausgereiften französischen Vorfertigungssystemen Camus und Coignet errichteten Bauten von Leo, Gagès, Müller und Heinrichs. Daneben kamen Berliner Verfahren der Teilvorfertigung zum Einsatz. Interessant ist, daß gerade die progressiven Absichten den Architekten zum Verhängnis wurden. Verstädterung, Verdichtung, mehr Gesellschaft, diese Parolen

Ort Wilhelmsruher Damm, Senftenberger Ring u. a., Berlin-Wittenau

Bauzeit 1963–74

Architekten Werner Düttmann,

Hans C. Müller,

Georg Heinrichs (Gesamtplanung)

Die Planung für diese damals als zukunftsweisend geltende Wohnanlage für ca. 40 000 Menschen mit 17 000 Wohnungen geht auf das Jahr 1962 zurück. An der Ausführung waren 35 Architekten beteiligt. Als Gemeinschaftseinrichtungen waren zwölf Schulen, sieben Kindertagesstätten, ein Kulturhaus, ein Schwimmbad, 27 Ladengeschäfte, zwei Kaufhäuser und vier Gemeindezentren vorgesehen. Als Bauweise sind neben den Stahlbetonbauten in Großtafelbauweise auch Mauerwerksbauten und Betonmauerwerksbauten vorhanden.

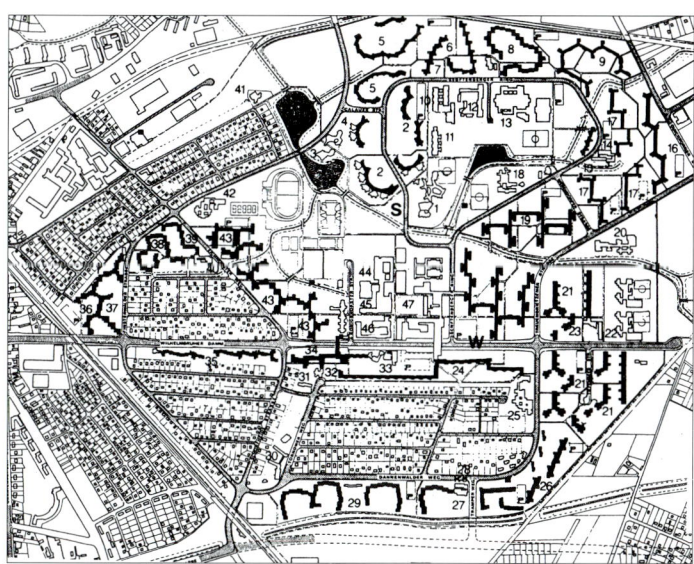

wurden, bevor sie überhaupt richtig gedacht waren, bereits zu Architekturantworten verarbeitet. Die Auswahl junger, möglichst noch nicht dreißigjähriger, im Hochhausbau unerfahrener Architekten trug zur Beschleunigung bei. Sie wurden, an einfallsreichen Grundrissen und Raumvorstellungen bastelnd, durch Technologie und Masse geradezu überrollt.

Indem das Märkische Viertel die technische Serialität und die bauökonomisch-ästhetische Massenhaftigkeit offensiv zur Schau stellte, bot es sich ideal für den Protest der Studentenbewegung an, und zwar in soziologischer wie architekturbezogener Hinsicht. Im nachhinein ist deutlich, wie wenig diese Kritik sich mit dem damaligen Bewohnerärger verzahnte, der der zu spät nachgelieferten Infrastruktur galt, den Bauschäden, der mangelhaften Verkehrsanbindung. Dank einer ganzen Reihe rechtzeitiger Sanierungen, Nachverdichtungen und banalisierender Fassadenkorrekturen – eine Konstante der seitherigen Geschichte des Stadtteils – stellte sich Bewohnerzufriedenheit schnell ein.

Das Märkische Viertel ist in der Tat das Glückskind unter den Großsiedlungen. Bewohnerzufriedenheit ist zwar, weiß man, vorsichtig zu nehmen, aber heute, wo die Abwanderung ins Eigenheim im Umland dem normalverdienenden Westberliner offensteht, ein nicht von der Hand zu weisendes Argument. Gleichwohl ist nicht zu übersehen, daß die Zustimmung einem Servicemodell gilt, dessen wesentliche Eigenschaft es ist, den Transfer zwischen Wohnung, Auto und Einkaufsort so reibungslos wie möglich zu organisieren. Das Märkische Viertel ist als Wohnumgebung so monofunktional-erfahrungsarm wie jede andere Großsiedlung. Es macht den positiven Stellenwert des Wohnens im Märkischen Viertel aus, daß soziale Konflikte durch frühzeitiges Eingreifen verhindert werden. Die ständige Vorsorge- und Bonuspolitik der GeSoBau (Gesellschaft für sozialen Wohnungsbau), des Haupteigentümers, zeigt, daß man sich des dünnen Eises bewußt ist. Das Märkische Viertel teilt strukturell die Mängel aller seiner Kollegen. Der Privilegienstatus hängt an der Besonderheit der Lage und ihrer Pflege – also letztlich an der zunehmenden Ambivalenz des Märkischen Viertels: daß es, obwohl unverändert Großsiedlung, sich über zentrale Verdichtung und Verräumlichung zunehmend dem städtischen Pol annähert. Insofern kann es auf Zukunft rechnen.

Schönheit ist der Glanz des Wahren
Mies van der Rohes Neue Nationalgalerie

Oswald Mathias Ungers

Im zweiten, 1844 veröffentlichten Band von »Die Welt als Wille und Vorstellung« beschreibt Arthur Schopenhauer die Grundgesetze der Künste als die »Objektivation des Willens der Natur« und die Architektur als »das einzige und beständige Thema von Stütze und Last«. Ein Prinzip, das seit der Antike immer wieder neu interpretiert und unterschiedlich formuliert wurde. Stütze und Last sind die Grundelemente in Antoine Laugiers vitruvianischer Urhütte, im Parthenon genausogut wie in Le Corbusiers Dominohaus, dem Haus Farnsworth von Mies und am Ende einer sich steigernden intensiven Auseinandersetzung mit dem Prinzip bei der Nationalgalerie in Berlin. »Haut-und-Knochen-Bauten« nannte Mies seine späten Konstruktionen. Eine Struktur, die nur noch die wesentlichen Elemente betont, Stütze und Last, die vertikale Linie und die horizontale Fläche.

Weiter läßt sich Bauen nicht reduzieren. Auf diese zwei Grundelemente konzentriert sich die kulturelle Erfahrung des Bauens in allen Epochen und Zeiträumen. Die Nationalgalerie ist nicht nur der Höhepunkt des Miesschen Schaffens, sondern auch einer konsequenten architektonischen Logik überhaupt. Über die Zeiträume hinweg verbindet sich diese reduzierte Sprache unmittelbar mit dem Geist des Parthenons und der griechischen Antike.

Die Wand, die noch beim Barcelona-Pavillon und dem Haus Tugendhat in Brünn als raumbildende horizontale und vertikale Fläche zu einer Komposition vielfältiger räumlicher Durchdringungen genutzt wurde, ist in der Nationalgalerie nur noch als eine schwebende Fläche erkennbar. In ihr drückt sich die Sehnsucht aus, die Schwerkraft zu überwinden und sich damit von allen bisherigen Vorstellungen von Raum, Architektur und gebundenem Bauen zu befreien. Die übereck gestellten Stützen lösen die Dachplatte von ihrer Gebundenheit und Schwere und machen sie zu einer in der Schwebe gehaltenen horizontalen Ebene. Dem Eindruck der Schwerelosigkeit der Platte entspricht die Gebundenheit und Massivität des Granitsockels, vergleichbar dem Felsmassiv einer Akropolis, wie sie auch Schinkel für den Entwurf von Orianda vorgeschlagen hat.

Der massive, vielgestaltige und schwere Sockel, darüber die leichte, schwerelose Platte, in der Balance gehalten von filigranen Stützen, ohne Wand, ohne Fenster, ohne jegliche narrative Gliederung, reine Struktur, einen Raum definierend, der keine Grenzen hat, unendlich ist und über den Horizont hinausgeht. Das ist die Quintessenz, das Wesentliche, die Verdichtung des architektonischen Kerns, die Erfahrung eines bewegten und hochkonzentrierten Lebens. In der Berliner Nationalgalerie wurde Wirklichkeit, was Mies wirklich unter dem Begriff des Bauens verstand. Man könnte es die Summe seiner Erfahrungen und Vorstellungen, seiner Konzepte und Hypothesen nennen. Eine Architektur, die sich selbst zum Thema hat, ein Beweis für die Autonomie der architektonischen Sprache, die nicht mehr eine Funktion von etwas anderem als der Architektur selbst ist, die sich aus einer inneren Logik entwickelt und erklärt. Mit der Nationalgalerie hat Mies ein grammatikalisches Regelwerk errichtet und eine Sprache der Unmittelbarkeit, Eindeutigkeit und Klarheit definiert, die in ihren reduktiven Formulierungen und in ihrer Vollkommenheit weder zu ergänzen noch zu wiederholen ist.

So wie Mondrian die Vielfalt der natürlichen Erscheinungen, Formen und Durchdringung auf horizontale und vertikale Linien und Flächen reduzierte, so ist auch die Architektur der Nationalgalerie ein Kompensat Mondrianscher Bildstrukturen. Eine Architektur ohne spezifischen Raum bei Mies, eine Malerei ohne Affinitäten bei Mondrian, eine Literatur ohne Metapher bei Beckett – das sind die Eckpfeiler, die das abstrakte, das gegenstandslose Denken des 20. Jahrhunderts gesucht hat. Die These von der Absolutheit der Gedanken und Formen, der Räume und Flächen, der Begriffe und Bilder war das geistige Konzept, das in diesem Jahrhundert in aller Konsequenz formuliert und vollendet wurde. Gleichzeitig erscheint damit eine Erhabenheit, eine Sublimität, die den späten Bauten von Mies, Barnett Newmans »Colourfield-paintings« und Becketts letztem Prosastück »And stirring still« zu eigen ist.

Berlin hat sich immer als ein »melting pot von Ideen«, als ein Forum des Geistes verstanden und die intellektuellen Kräfte angelockt und gesammelt. Eigentlich ist in Berlin nichts gewachsen, sondern es ist alles entstanden. »Everything is going to happen in Berlin«, pflegte Shepard Stone zu zitieren. Berlin war von Anfang an ein Kreuzungspunkt von Ideen und Konzepten, eine Plattform kultureller und geistiger Auseinandersetzungen, ein Ort der vielen Orte. Es war immer schon These und Antithese zugleich, voller Widersprüche und Gegensätze, ein Platz, an dem sich alle und jeder tummelte, an dem nichts permanent, sondern alles transitorisch war. Ein Sammelplatz der Meinungen, Konzepte, Hypothesen und Vorstellungen. Es war ein Experimentierfeld, auf dem ständig Neues, Andersartiges ausprobiert wurde. Berlin ist ein Kulturspiegel, der die Welt der Ideen reflektiert, ein internationaler Mikrokosmos, der sich wie ein Schwamm mit Einflüssen und Geschehnissen vollsaugt. Man könnte es auch ein Energiezentrum nennen, in dem unterschiedliche Energieströme zusammenfließen. Im sogenannten Kulturforum am Kemperplatz wiederholte sich zum zweitenmal in der Geschichte der Stadt das Aufeinanderprallen der konträren, ihrem Wesen nach jedoch komplementären Gegensätze. Bereits Anfang des 19. Jahrhunderts herrschte die Fiktion vom Spree-Athen, die Museumsinsel – das geistige Zentrum der Stadt. Es war der Gedanke, die Welt der klassischen Antike in ihrer Vielfalt und Unterschiedlichkeit als eine Ansammlung von Bauten, gewissermaßen als historisches Surrogat, wiedererstehen zu lassen. Die Klassik und die Gotik, die harmonische Ruhe und die Bewegtheit, das Apollinische und das Dionysische, die beiden Weltseelen sollten in einem unmittelbaren Nebeneinander gebändigt und vereint werden.

Ein Jahrhundert später wiederholte sich der gleiche Prozeß. Die beiden widerstrebenden Seelen, die klassische und die ausschweifende, personifiziert in Mies und Scharoun, visualisiert in der neuen Nationalgalerie und in der Philharmonie [Nr. 26], zeigten sich wieder im Wechselspiel der Gefühle und Ansichten. Der apollinischen Nationalgalerie mit ihrer strengen Form, dem Quadrat, ihrer heiteren Ausgeglichenheit und rationalen Klarheit steht die dynamische Philharmonie, die rauschhafte Ekstase, die elementare Sinnlichkeit, die Emotionalität und Irrationalität gegenüber. Ein Gegensatzpaar, wie es eklatanter nicht sein könnte, das eine Werk komplementär dem anderen, beides zusammen die ganze Sicht der Architektur. In einer Neubeurteilung der Kunst stellt Nietzsche die Frage nach dem Bezug der beiden Prinzipien zueinander in den Mittelpunkt seiner Untersuchungen und betont den Vorrang dieser Bezugsstruktur: »Wir werden viel für die aestheti-

Literatur:

Fritz Neumeyer: Mies van der Rohe – Das kunstlose Wort. Gedanken zur Baukunst. Berlin 1986

Wolf Tegethoff: Die Neue Nationalgalerie im Werk Mies van der Rohes und im Kontext der Berliner Museumsarchitektur. In: Berlins Museen, Geschichte und Zukunft. Hg. v. ZI München. München/Berlin 1994

Mies van der Rohes Neue Nationalgalerie in Berlin. Hg. v. Gabriela Wachter. Berlin 1995

30 Jahre Neue Nationalgalerie Berlin. Berlin 1998

sche Wissenschaft gewonnen haben, wenn wir nicht nur zur logischen Einsicht, sondern zur unmittelbaren Sicherheit der Anschauung gekommen sind, daß die Fortentwicklung der Kunst an die Duplizität des Apollinischen und des Dionysischen gebunden ist.«

Klassizismus und Expressionismus, am Kemperplatz scheinen beide vereint und beanspruchen ihren Raum. Es ist nicht die konkurrierende Spekulation, die diesen Ort prägt, sondern eine Auffassung von Stadt, die sich – zusammen gesehen – jeglicher Form von Exklusivität verschließt. Die Prägung und Eindeutigkeit bestimmt den jeweiligen Platz und damit auch ihre Gemeinsamkeit. Obwohl der äußere Schein den Eindruck der Unvereinbarkeit vermitteln könnte, so sind doch in ihrem Wesen beide Gebäude miteinander vergleichbar. Beide vermitteln den Willen, sich von traditionellen Zwängen zu befreien. Beide beschäftigen sich mit der Auflösung des Raumes und der Transzendierung in einen universellen, einen kosmischen Raum. Der Landschaftsraum tritt an die Stelle des Stadtraumes, die Raumgrenzen werden fließend und lösen sich auf. Scharoun spricht von »Weinbergen« und

benutzt eine natürliche Metapher. Mies läßt den Raum fließen, die Wand existiert nicht mehr, der Bau wird Teil eines universellen Raumes, er hat keinen Halt mehr im klassischen Sinne.

Aber nicht nur die Auflösung der Bauten als geschlossene Gebilde mit einem Innen- und einem Außenraum, sondern die Stadt als geschlossenes Gebilde wird hier in Frage gestellt. Das Gegenüber der beiden Extreme – es fragt sich, ob bewußt geplant oder zufällig entstanden – entspricht dem Bild einer Stadt, in der sich die Begriffe Stadtraum und Landschaftsraum überlagern, in der Bauten wie schwimmende Zeitinseln im kosmischen Raum schweben. Es ist das Bild einer Stadt, in der die Bauten nicht über Zwischenräume miteinander kommunizieren und eine dritte, eine gewissermaßen negative räumliche Komponente bilden, sondern erhaben und in sich vollkommen alleingelassen dastehen.

Wird hier das Bild einer zukünftigen Stadt sichtbar? Ein profanierter Akropolisgedanke, der Bau ein Knotenpunkt im System der Netze und Verbindungen? Sind hier die Töne angeschlagen, die wir heute in der virtuellen Stadt finden? Man muß

Ort **Potsdamer Straße 50,**
Berlin-Tiergarten
Bauzeit **1965–68**
Architekt **Ludwig Mies van der Rohe**

Die Neue Nationalgalerie ist Mies
van der Rohes einziger Bau, der in
Deutschland nach seiner
Emigration 1938 entstand. Der
Auftrag wurde ihm von der Stadt
anläßlich seines 75. Geburtstages
erteilt. Die Stahlstützen-Glas-
Konstruktion mit acht Stützen, am
äußersten Rand des Daches pla-
ziert, die einem Raster von 3,60 m
folgen, ruht auf einer Plattform.
Das Obergeschoß, von der Straße
her sichtbar, hat durch seine
Glaswände ein Höchstmaß an
Transparenz, während das
Untergeschoß, in dem Cafeteria,
ständige Sammlung, Mitarbeiterräume und Buchhandlung untergebracht sind, nur durch einen
westlich angrenzenden Skulp-
turenhof natürliches Licht erhält.
Die obere Halle war für Wechselausstellungen geplant, wofür Mies
z. B. von der Decke hängende
Tafeln vorsah.

das Modell von Stadt, das sich am Kemperplatz zeigt, ernsthaft diskutieren und vergleichen mit dem gewohnten Bild der Stadt der Straßen und Gassen, der Avenues und Alleen, der Parcours und Plätze. Der Kemperplatz ist kein reiner Zufall. Hier haben sich die Extreme der Architektur des 20. Jahrhunderts erfüllt, getrieben bis zu einem Punkt, den kaum mehr zu überschreiten möglich ist, ohne die Haftung völlig zu verlieren. Über die Architektur hinaus, über die isolierte Frage der Technik und Gestaltung hinaus muß, nachdem sich die Extreme gezeigt haben, nunmehr die Konsequenz für die Stadt diskutiert werden. In diesem Kontext wird die Frage nach dem Sinn und Zweck sowohl der Philharmonie als auch der Nationalgalerie neu zu stellen sein.

Es gibt noch eine andere Frage, die sich im Gegenüber der beiden extremen Bauten einstellt. Sind es wirklich Gegensätze, die sich hier zeigen, oder ist es nur eine Pseudopolarität? Formal kann man sich kaum zwei unterschiedlichere Bauten vorstellen als den Bau von Mies und den von Scharoun. Vom Wesen her gesehen sind die beiden Bauten jedoch viel enger miteinander verwandt, als ihre äußere Erscheinung vermuten läßt. Es stellt sich die Frage, ob nicht die expressionistischen Elemente in dem so rational erscheinenden Bau von Mies van der Rohe überwiegen und Transparenz in Transzendenz, Abkehr vom realen Ort, von Raum und Zeit signalisieren, so wie es gleichfalls die expressionistische Architektur anstrebte. Ist Mies in seinem inneren Wesen doch ein Expressionist geblieben, so wie wir ihn von seinen ersten Entwürfen für die Hochhäuser an der Friedrichstraße kennen? Der Weg über den Barcelona-Pavillon und das Haus Farnsworth bis zur Nationalgalerie könnte zu solchen Spekulationen Anlaß geben.

Auf der transzendentalen Ebene gleichen sich der Geist der Nationalgalerie und der Geist der Philharmonie. So weit, wie es scheinen mag, sind die beiden Protagonisten der Moderne nicht voneinander entfernt, und vielleicht ist es doch kein Zufall, sondern eher eine historische Notwendigkeit, daß sich beide mit ihren Spätwerken am Kemperplatz wiederfinden. Wenn diese Spekulation erlaubt ist, dann erklärt sich auch, warum der Weg hier endete, warum diese Spur nicht weiter verfolgt werden kann. Dann läßt sich auch argumentieren, daß der vermeintliche Gegensatz eine Pseudo-Widersprüchlichkeit ist, die vielleicht nur sentimentalen oder dokumentarischen Charakter hat.

Eines ist sicher: Die Widersprüchlichkeit, die Gegensätzlichkeit stellen sich als eine Frage, durch die das weiterführende Denken bestimmt wird. Der Zusammenfall der Gegensätze, die »Coincidentia oppositorum«, die Nikolaus von Kues in seiner Schrift »De docta ignorantia« 1440 formulierte, enthält den Schlüssel für ein Denken über Zeit und Ort hinaus. In den Widersprüchen der Geschichte, in den Ablagerungen der Zeit, in dem ständig sich erneuernden Prozeß des ewig Gleichen liegt die Entwicklung der Architektur und der Stadt begründet. Wer keinen Sinn für Geschichte hat, wer die Archäologie ausblendet oder – wie Humboldt sagt – »Wer keine Vergangenheit haben will, hat auch keine Zukunft«.

Die Erwartungen an das Jahrhundert der Avantgarde haben sich in Berlin am Kemperplatz erfüllt. Es ist ein vermeintlicher Sieg des Neuen gegen das Alte, der Technologie und formalen Reinheit gegen das Vergangene. Auf dem ausradierten Boden der Geschichte, auf der verschwundenen Vergangenheit entstanden die neuen Raumstrukturen. Die Pavillonzeit der Nachkriegsära endete am Kemperplatz in einem Musik- und einem Kunstpavillon. Die Provokation, das neue Raumbewußtsein – hier wurde es Wirklichkeit. Der Kemperplatz mit den beiden protagonistischen Erfüllungen ist die Spitze einer Pyramide, die bis in die Frühzeit des Jahrhunderts zurückreicht, die in den zwanziger Jahren ihre theoretischen Grundlagen erhielt, ein Jahrzehnt unterbrochen wurde und sich nach dem Krieg sukzessiv verwirklichte.

Die Botschaft der Nationalgalerie, der Philharmonie und des entstandenen Ortes ist die einer geistigen Abgeschiedenheit und Exklusivität. Es ist die Botschaft der Architektur als reine Kunst, als ein in sich abgeschlossenes Werk, losgelöst von aller Realität. Ein Ort, auf sich selbst bezogen. Eine geistige Akropolis, befreit von allen Zwängen und Niederungen der realen Welt. Eine Architektur an sich. Schön und edel im Material, harmonisch und ausgeglichen in der Proportion, überhöht von einer geistigen Dimension, Klarheit und Eindeutigkeit, die keinen weiteren Vergleich zuläßt. Hier ist in Erfüllung gegangen, was Mies van der Rohe in seiner Antrittsrede 1938 als Direktor der Architekturabteilung des IIT in Chicago den Studenten sagte: »Nichts kann das Ziel und die Bedeutung unserer Arbeit besser ausdrücken als die tiefen Worte des heiligen Augustinus: ›Schönheit ist der Glanz des Wahren‹.«

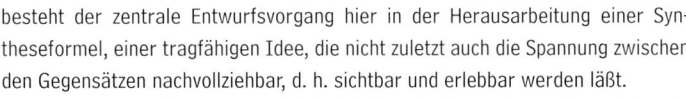

Durchdringung zweier Sphären
Die Staatsbibliothek von Hans Scharoun

Eberhard Syring

Die Staatsbibliothek von Hans Scharoun liegt nur einen Steinwurf weit entfernt von dem wohl bekanntesten Scharoun-Bau, der 1963 fertiggestellten Philharmonie [Nr. 26]. 1964 hatte der Architekt den Bibliothekswettbewerb gewonnen, nach elfjähriger Bauzeit konnte das Gebäude im November 1978 eröffnet werden. Scharoun blieb es jedoch versagt, die Vollendung des größten von ihm geplanten Bauwerks zu erleben. Er starb, 79jährig, im November 1972.

Das Ausschreibungsprogramm für den Wettbewerb macht deutlich, daß von den Teilnehmern neben einer architektonischen Leistung, die der kulturellen Bedeutung der Institution Staatsbibliothek entsprach, auch die Lösung einer wichtigen städtebaulichen Aufgabe erwartet wurde. Am vorgesehenen Standort bildete der Baukörper nämlich stadträumlich ein wichtiges optisches Bindeglied zwischen der Philharmonie und der geplanten Nationalgalerie von Mies van der Rohe [Nr. 29]; insgesamt sollte im Umfeld der Matthäikirche ein »Forum« entstehen, »um das sich Bauten für Wissenschaft und Kunst gruppieren«, später »Kulturforum« genannt.

Der Entwurf Scharouns überzeugte die Jury architektonisch und städtebaulich. Auf eine knappe Formel gebracht, ließe sich Scharouns vorgestelltes Architekturkonzept als »organischer Funktionalismus«, seine städtebauliche Leitvorstellung als die der »Stadtlandschaft« bezeichnen. »Funktionalismus« meint hier die Orientierung an den lebendigen Vorgängen in einem Gebäude, »organisch« steht für den Gedanken, die mitunter gegensätzlichen funktionalen Anforderungen, die von innen und außen auf ein Bauwerk einwirken, in ein ausgeglichenes Verhältnis zu setzen. Gerade weil die funktionalen Aspekte nicht automatisch ineinandergreifen,

besteht der zentrale Entwurfsvorgang hier in der Herausarbeitung einer Syntheseformel, einer tragfähigen Idee, die nicht zuletzt auch die Spannung zwischen den Gegensätzen nachvollziehbar, d. h. sichtbar und erlebbar werden läßt.

Die tragende Idee für die Staatsbibliothek liegt in der Konfrontation und Durchdringung zweier Sphären. Es geht um den Weg und den Ort des Buches, und es geht um den Weg und den Ort des Benutzers. Auf der einen Seite liegt die interne Welt des Lagerns und Verwaltens des Bücherbestandes – wegen der Bestandsgröße konnte nur ein geringer Teil dem Publikum direkt zugänglich sein. Auf der anderen Seite liegt der öffentliche Bereich – geplant war eine Leserbibliothek mit 1200 Plätzen.

Architektonisch anschaulich wird der interne Bereich in der kraftvollen Form des langgestreckten, alles überragenden Magazinteils, der wie eine Rückwand der Gesamtanlage wirkt. Die einzelnen Segmente des öffentlichen Bereichs sind dieser Wandung locker nach Westen, zur Seite des Kulturforums hin, vorgelagert. Innenräumlich betrachtet, erstreckt sich der öffentliche Bereich über zwei Hauptebenen: die großzügige Eingangszone mit dem Ausstellungsteil sowie, darüber gelegen, das langgestreckte Band der drei vielfältig untergliederten Lesesäle. Die Verbindung zwischen den beiden Hauptebenen wird durch zwei in der Verlängerung des Haupteingangs und des Nebeneingangs am Vortragssaal gelegene breite Treppen hergestellt. Sie leiten den Besucher zunächst an die Nord- und Südseite des imposanten Ostfoyers, das die Dimension des darüberliegenden Magazinrückens erahnen läßt. Das Foyer stellt eine Art überdimensioniertes Zwischenpodest dar und ist Bestandteil einer funktionalen und räumlichen Mischzone von interner und öffentlicher Nutzung. Dieser »Kernbereich« erstreckt sich weiter auf die zwischen Foyer und Lesesälen gelegenen kleineren Raumgruppen. Hier waren ursprünglich drei breite Treppenläufe geplant, die den Weg zwischen den beiden Hauptebenen fortsetzen sollten, indem sie das Foyer mit den Haupterschließungswegen der drei Lesesäle verbanden. Gebaut wurden nur die beiden äußeren.

Der räumliche Kulminationspunkt liegt ohne Zweifel im terrassenförmig angelegten Lesesaalbereich, der sich, vom Rückgrat eines breiten Quererschließungsweges aus, nach Westen, zum Kulturforum hin, orientiert. Die Grundflächen der drei Säle sind in bekannter Scharounscher Manier leicht gegeneinander verschoben und so als separate Einheiten definiert, aber nicht optisch isoliert, denn zugleich bilden sie eine fließende Innenraumlandschaft. Insgesamt besticht hier die Balance zwischen Monumentalität und Intimität, zwischen Weite und Verdichtung, zwischen geometrischer Klarheit und kleinräumlicher Differenzierung. Große Glasdachpyramiden setzen in der ansonsten richtungsneutralen Lichtkuppelstruktur der Deckenuntersichten Akzente und Orientierungspunkte; in den Großraum wie hineingestellt wirkende Betonkonstruktionen, Decks, Brücken und Treppen schaffen angenehme Maßstabswechsel. Die Idee hinter dem hier erzeugten Raumeindruck einer »Leselandschaft« liegt in der Verbindung und Konfrontation des konzentrierten, intimen Vorgangs des Lesens mit der Erfahrung von Kultur und Literatur als einem Kollektivgut.

Die landschaftliche Raumauffassung, die sich im Lesesaal nachvollziehen läßt, leitet über zum Gedanken der »Stadtlandschaft«, der Scharoun für den urbanen Umraum im Bereich des Kulturforums vorschwebte. Dieses Konzept steht für die

Literatur:

Hans Scharoun. Bauten, Entwürfe, Texte. Hg. v. Peter Pfankuch. Berlin 1974 (erw. Neuausgabe Berlin 1993)

J. Christoph Bürkle: Hans Scharoun. Zürich/München/London 1993

Jörg C. Kirschenmann, Eberhard Syring: Hans Scharoun. Die Forderung des Unvollendeten. Stuttgart 1993

freie Komposition architektonischer Objekte im Stadtraum, im Sinne einer Auflösung der Struktur von Baublock und Korridorstraße. Scharouns Entwurf interpretiert diese Stadtraumvorstellung als funktionale und visuelle Vermittlung der vorhandenen und geplanten Objekte des Kulturforums mit dem Ziel, eine erlebbare Einheit zu schaffen.

Die Konzeption der Stadtlandschaft, die für die Stadtentwicklung der fünfziger Jahre stilprägend war, geriet bereits in den sechziger Jahren im Kontext einer einsetzenden Urbanitätsdiskussion in die Kritik, vollends aber in den folgenden Jahrzehnten, als unter dem Stichwort »kritische Rekonstruktion« die Wiedereinführung von Baublock und Straßenraum als städtische Ordnungsfiguren vollzogen wurde. Das Kulturforum, wie es Scharoun sich vorstellte, ist Fragment geblieben. Andere Determinanten der Ausschreibung von 1963, wie das raumgreifende Straßenbauwerk der Westtangente im Rücken der Staatsbibliothek, sind längst Makulatur geworden bzw. unter der Oberfläche verschwunden. Anstelle der aufgeständerten Stadtautobahn, die Scharoun noch zu der dynamischen Silhouette seines Bauwerks inspiriert hatte, findet man heute hier mit der Bebauung am Potsdamer Platz eine der markantesten städtebaulichen Ausdrucksformen der neunziger Jahre.

Aufgrund der langen Realisierungsphase der Staatsbibliothek, der beträchtlichen Programmänderungen, der Beschränkung der Einflußnahme des Architekten auf die »künstlerische Oberleitung« durch die Bundesbaudirektion und aufgrund des Todes des Architekten lange vor der Fertigstellung des Bauwerkes hat der Scharoun-Mitarbeiter Edgar Wisniewski, der die Nachfolge in der künstlerischen Oberleitung antrat und später andere Scharoun-Projekte am Kulturforum vollendete, schon 1978 die Frage nach der Authentizität dieses Spätwerks gestellt. Inzwischen sind weitere Funktionsveränderungen vorgenommen worden – in der Regel auf Kosten der Transparenz und des Bewegungsflusses. Doch gilt Wisniewskis damaliges Resümee, daß Scharouns konzeptionelle Idee trotz aller Abstriche und Schwierigkeiten im Laufe des langwierigen Prozesses tragfähig geblieben sei, auch heute noch. Gerade im Vergleich mit den neuen Stadt- und Erlebnisräumen im Rücken des Bauwerks gewinnt das Raumerlebnis in der Staatsbibliothek an Bedeutung.

Ort **Potsdamer Straße 33, Berlin-Tiergarten**

Bauzeit **1967–78**

Architekt **Hans Scharoun**

Ausführungsplanung: Edgar Wisniewski

Künstler: Erich F. Reuter (Fußboden), Alexander Camaro (Glasfenster)

1963 wurde ein Wettbewerb unter elf deutschen Architekten ausgeschrieben, 1964 errang Hans Scharoun den ersten Preis (2. Preis: Rolf Gutbrod). 1965 wird Scharoun mit dem Vorentwurf beauftragt, und Grundsteinlegung ist 1967. 1969 übernimmt die Bundesbaudirektion die Bauleitung und technisch-geschäftliche Oberleitung, Scharoun behält die Ausführungsplanung. Im Mai 1972 übernimmt die Bundesbaudirektion die weitere Ausbauplanung, Scharoun behält die künstlerische Oberleitung. Hans Scharoun stirbt am 22. November – Edgar Wisniewski führt das Projekt im Rahmen der künstlerischen Oberleitung fort. 1978 wird die Staatsbibliothek eröffnet.

31

Knoten im Netzwerk
Der Flughafen Tegel

Tilman Baumgärtel

Die Geschichte der Moderne ist auch die Geschichte einer internationalen Vernetzung, einer »Durchäderung« der Welt. Am Ende des 18. Jahrhunderts beginnen technische Netze, sich um die Erde zu winden. Sie befördern Gas oder Daten, Menschen oder Elektrizität, Festes oder Immaterielles, von einem Haus zum nächsten oder rund um die Welt. Dafür wurden Kabel durch den Atlantik gelegt und an Masten über die Straßen der Innenstädte oder entlang von Landstraßen und Feldwegen geführt. In den großen Städten entstanden netzförmige Versorgungssysteme: Wasserleitungsnetze, später auch Gasrohre und Stromleitungen, noch später Fernsehkabel und Glasfaserleitungen, durch die Datenpakete von einem Computer zum anderen wandern. Erst in Europa und Nordamerika, dann fast in der ganzen Welt breitet sich im 19. Jahrhundert das Eisenbahnnetz aus, im 20. Jahrhundert überzieht ein immer engmaschiger werdendes Netz aus Straßen, dann aus Autobahnen und Highways die Kontinente. In der Luft entsteht seit 1900 ein Netz aus »Flugkorridoren«, in denen erst Zeppeline, dann Flugzeuge um die Welt fliegen. Heute steckt an Bord des Flugzeugs in der Tasche vor jedem Passagier neben der Speisekarte und den Anweisungen für den Notfall das »In-Flight-Magazin«. Auf seinen letzten Hochglanzseiten sind Karten abgedruckt, die die Routen zeigen, die die Airline bedient. Doch wüßten wir nicht, daß die roten Linien über grünen Kontinenten Fluglinien sind, könnten sie auch Telefonleitungen, Ferngas-Pipelines oder Internet-Backbones sein. Ein globales Netz sieht als Diagramm aus wie das andere.

Zu einem Netz gehören die Punkte, an denen seine verschiedenen Stränge verknüpft sind. Sie heißen beim Telefon Vermittlungsstelle, beim Internet »node«, im Flugverkehr Flughafen. Der Flughafen Tegel, 1969–74 von dem Architekturbüro von Gerkan, Marg und Partner erbaut, ist nichts als ein Knoten der riesigen, globalen Netzwerke, in dem das internationale Luftverkehrsnetz mit anderen Netzen verschaltet wird. Im Gegensatz zu älteren Flughäfen ist die Architektur von Tegel ganz darauf abgestellt, die verschiedenen Ströme, die sich hier treffen, so reibungslos wie möglich miteinander zu verbinden. Als »Schnittstelle« soll der Tegeler Flughafen den Kreislauf von Passagieren, Gepäck, Transportgütern, Flugzeugen, Autos und Bussen reibungslos und zügig ermöglichen. Er ist keine autar-

Literatur:

The New Terminal Area of the Berlin-Tegel Airport – Results of a competition. Hg. v. d. Berliner Flughafen-Gesellschaft. Berlin 1967

Rolf Rave, Hans-Joachim Knöfel: Bauen der 70er Jahre in Berlin. Berlin 1981

kes, für sich stehendes Gebäude, sondern ein Schnittpunkt, in dem sich verschiedene Verkehrsnetze überkreuzen wie die olympischen Ringe. Daß er von Anfang an als Knoten in einem weltweiten Netz konzipiert wurde, unterscheidet den Bau von früheren »Lufthäfen«.

Der Unterschied zwischen dem modernen Flughafen und dem »Lufthafen« wird besonders deutlich, wenn man den Neubau in Tegel mit dem ersten Berliner Großflughafen in Tempelhof [Nr. 18] vergleicht. So wie der mächtige, dunkle Koloß des Tempelhofer Flughafens ein Monument der nationalsozialistischen Staatsarchitektur war, so ist der Flughafen Tegel eine architektonische Widmung an das »Modell Deutschland« der sozialdemokratischen siebziger Jahre. Mit seinem hellen, durch ein aufgesetztes Glaspyramiden-Dach mit Licht durchfluteten Atrium und seinem durchdachten Orientierungssystem versinnbildlicht er die Idee von einer transparenteren, offeneren, bürgerorientierten Bundesrepublik. War das schwerelos wirkende, durchscheinende Münchner Olympiastadion von Frei Otto (1964–72) ein bewußter Gegenentwurf zu der düsteren Berliner Nazi-Olympiaden-Architektur von Werner March [Nr. 16], so kann man auch den Flughafen Tegel als demonstrativen Abschied von Gestern und als demokratische Replik auf den totalitären Bau in Tempelhof verstehen.

Der Tempelhofer Flughafen reichte seit Ende der fünfziger Jahre nicht mehr aus, um der zunehmenden Reiselust der Westberliner Herr zu werden. Darum baute man ab 1960 den französischen Militärflughafen Tegel Nord zum Ausweichflughafen aus. Um aus diesem Provisorium ein repräsentatives »Tor zur Welt« zu machen, wurde 1966 ein architektonischer Ideenwettbewerb ausgeschrieben, den das Büro Meinhard von Gerkan, Volkwin Marg und Klaus Nickels gewann. Ihr Entwurf war ein »Drive-in-Flughafen«, in dem sich die verschiedenen Verkehrssysteme verschränken.

Verschiedene Netzwerke treffen sich in der Schnittstelle Flughafen Tegel mit so wenig Reibungsverlusten wie möglich: der internationale Flug-, der Auto- und der öffentliche Personennahverkehr. Das Passagierterminal erlaubt dem »Bodenverkehr«, so nahe wie möglich an die einzelnen Flugsteige heranzufahren. Während man in anderen Großflughäfen beim Umsteigen oft durch finstere Gänge und über Treppen geschickt wird, sind die einzelnen »Gates« in dem sechseckigen Rundbau in Tegel so untergebracht, daß der Strom der Fluggäste mit einem Minimum an Wegen und Orientierungsproblemen von einem Flugzeug zum nächsten oder zum Ausgang geschleust werden kann. Die offene Mitte des Hexagons dient als Parkhaus für Langzeitparker, ein weiteres Sechseck könnte bei Bedarf an der Ostseite des Towers angeschlossen werden.

Damit gehört der Flughafen Tegel zu dem in den sechziger Jahren entwickelten Typus des »dezentralen Fluggastgebäudes«. Bei ihm wurden die Anlagen für die Passagierabfertigung nicht wie zuvor an zentraler Stelle zusammengefaßt (wie z. B. ursprünglich in Tempelhof), sondern in unmittelbarer Nähe zum Flugzeugstandplatz angeordnet. Die Abstellfläche für Flugzeuge schließt sich fingerartig an das Flughafengebäude an; die Flugschalter befinden sich so nahe wie möglich am Ein- und Ausstieg, genauso wie die Gepäckabgabe, Zoll- und Sicherheitskontrollen, der Warteraum und die Gepäckausgabebänder. Sieht man sich den Grundriß des Flughafens an, erkennt man die Linien der verschiedenen Netze, die sich hier treffen, überschneiden und wieder fort von dem Gebäude führen.

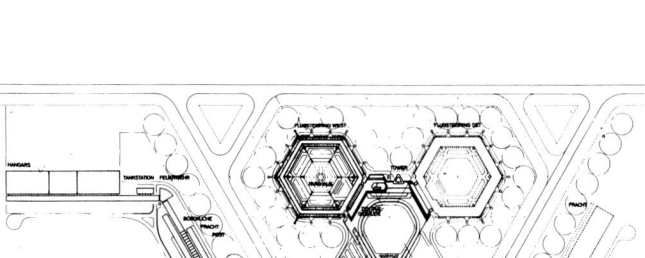

Ort Kurt-Schumacher-Damm, Berlin-Tegel

Bauzeit 1969–74

Architekten Meinhard von Gerkan, Volkwin Marg, Klaus Nickels

1966 sollte ein internationaler Ideenwettbewerb, ausgeschrieben von der Berliner Flughafen-gesellschaft, den Ausbau des französischen Militärflughafens Tegel Nord befordern. Es gewann das Hamburger Büro von Gerkan, Marg und Partner. Im Westen des Zentralgebäudes befindet sich ein Sechseck mit direkter Verbindung zu den einzelnen Flugsteigen, wobei ursprünglich im Osten das Pendantgebäude geplant war. Von 1996-99 wurde der Flughafen umfangreich saniert, die Schließung ist geplant im Zusammenhang mit dem Ausbau des Flughafens Schönefeld.

Das Modell, das den Verkehr der Fluggäste als »Zirkulation« begreift, sollte den Reisenden »weniger Unbequemlichkeiten, Fußwege und Zeitverzögerung als bei jedem anderen Verkehrsmitteln zumuten«, wie es in einer Dokumentation über den Flughafen-Wettbewerb von 1967 heißt. Der Entwurf wurde beispielgebend für die Flughäfen in Köln/Bonn und Hannover. Das Architekturbüro baute in Folge Flughäfen in Algier, Stuttgart und Hamburg. Zuletzt erhielt es den Auftrag für den Lehrter Stadtbahnhof in Berlin.

Auch die Gestaltung des Innenraums zielt auf maximale Transparenz und einfache Orientierung ab: Im Bereich der Fluggastabfertigung dominiert das Orangerot der Klinkerfußböden, ein leuchtendes Gelb ist die »offizielle« Farbe der Informations-schilder, während ein kräftiges Grün auf »Nebenfunktionen« wie das Postamt, die Kioske und Telefonzellen verweist. Zur Zeit werden einige der auffallendsten Sieb-ziger-Jahre-Marken wegrenoviert. Diese Bauarbeiten werden spätestens dann ab-geschlossen sein, wenn im Jahr 2007 der neue Großflughafen in Schönefeld fer-tiggestellt ist und Tegel endgültig »vom Netz genommen« werden wird.

Funktionale Schönheit
Die Hauptwerkstatt der Stadtreinigung von Josef Paul Kleihues

Susanne von Falkenhausen

Auf einem typischen Filetgrundstück des städtischen Industriegürtels, gerahmt von der Betonmauer, die die Stadtautobahn begrenzt, und der Ringbahnstraße mit einem Anflug von Idyll zwischen Straßenbäumen, Laubenkolonie und Kleinindustrie, steht ein langgestreckter Bau mit apsisartig gerundeter Schmalseite. Umgeben von einem Geländestreifen mit Betonpflasterung und einem hohen Zaun, gibt er seine Funktion eher in der Belebung dieses Geländes durch eine Vielzahl dort geparkter orangefarbener Mülltransporter zu erkennen als in seiner Form. Wer mit einem Architekturführer in der Hand und dem Namen des Architekten im Kopf hierher pilgert, wird es schwierig finden, den Bau zwischen den Lastern durchlugend in seinen ästhetischen Valenzen – Proportionen, Raster, Gliederung, Axialsymmetrie, Bauform – wahrzunehmen und an dem zu messen, was er von Kleihues, dem »Klassisch-Klaren«, weiß. Die Form gemahnt die einen an die seit den utopischen Entwürfen von Antonio Sant'Elia in der Architekturgeschichte beliebte Schiffsmetapher, andere denken eher an die klassische Bauform der Basilika, welche Assoziation angesichts der strengen Gliederung der Außenhaut und der – von außen allerdings nicht erkennbaren – Dreischiffigkeit des Innenraums auch näherliegt.

Eigentlich gehört zu solch noblen Formverwandten wahrnehmungstechnisch gesprochen Raum, eben ein Platz, auf den der Betrachter, möglichst von einem repräsentativ gestalteten Straßenzug herkommend, heraustritt und der den Blick freigibt auf die Fassade des Baus, die so mit aller architektonischen Macht die Basilika als Mittelpunkt eines Stadtgefüges markiert. Hier hingegen wendet der Bau dem Herannahenden eine Längs- und die Rückseite, d. h. die Apsis, zu; eine Schau-Fassade gibt es nicht. Hätten wir es hier also mit der »Rückseite« der Stadt als eines symbolischen Raums zu tun? Gleichsam mit dem Hinterteil des Reichstags, der seine Zentralität mit Schaufassade, Kuppel und Platz zu erkennen gibt, dem aber ganz entschieden ein repräsentatives Hinterteil fehlt? Und wäre dann gegebenenfalls der Müll die »rück«-wärtige, symbolische Analogie zum Parlament bzw. seinem Produkt, dem Gesetz? Treffender wäre dieses Spiel mit dem Symbolischen der Architekturform im Zusammenklang mit der Funktion sicherlich zu treiben, handelte es sich um eine Müllverbrennungs- oder Recyclinganlage und

nicht so unspektakulär nur um die Reparaturwerkstätten für Mülltransporter. Denn dann könnte man den Reinigungeffekt der Anlage als Fundierungsmetapher der städtischen Gesellschaft mit der Potestas des Volkswillens verknüpfen, unterstützt vom Bild der Basilika und besonders der Apsis als Zentrum einer von Sünden reinigenden Kulthandlung, wobei die moderne Sünde dann der Müll wäre.

Aber der Kleihuessche Bau widersetzt sich derart schlicht gestrickten Nobilitierungsversuchen, denn er bricht die Baumetapher in mehrfacher Hinsicht auf, beginnend bei der Logik des Materials. Kein Marmor, kein polierter Kalkstein oder was sonst noch so hoch in der Gunst postmoderner Klassik stand, ist hier zu finden, nur das für den modernen Industriebau Übliche: Beton, Glas, Stahl. Die Außenhaut alterniert diese Materialien in einer gleichsam graphisch von den Linien der Stahlrahmen und von vertikalen gereihten Betonelementen durchzogenen Gliederung, die jede Monumentalität verweigert und statt dessen auf eine Ästhetik der Proportion und Transparenz setzt. Hier wiederum setzt sich in der Ausgewogenheit von breit gelagerter Bauform und den pfeilerartigen Vertikalen die Anmutung der Basilika wieder durch; man wird an Seitenkapellen und den regelmäßigen Raster der Säulenstellungen eines Kirchenraums erinnert. Die Metapher setzt sich im Inneren fort: Das Mittelschiff bildet die Werkstatt, während die Seitenschiffe die Gruben für die Reparaturarbeitsplätze bergen, die sich zudem in der Apsis fortsetzen, die das Mittelschiff halbkreisförmig umschließt. Und hier erweist sich eine merkwürdige Umkehrung von Funktion und Bedeutung: In der Basilika war die Funktion – der Amtshandlung, des Kultes – gleichzeitig Bedeutung, mithin fielen symbolischer Gehalt und Funktion in eins. Der mehrschiffige Apsidialbau war also im Grunde bereits vorbildlich für das moderne Paradigma von »form follows function«, allerdings nicht in der um die Bedeutung verarmten Weise des industriellen Zweckbaus, denn hier war der Zweck die symbolische Handlung. Kleihues nun macht aus eben dieser Form einen Industriebau, indem er sie nach außen öffnet. Der Raum, der die Amts- oder Kulthandlung und die ihr Beiwohnenden umschloß, begehbar von der Fassadenseite her, meist durch eine Säulenhalle, wird nach außen gestülpt. Die Abstände zwischen den Pfeilern werden zu ebenso vielen Toren, durch die die Mülltransporter von außen hereinfahren können, aus den Seitenkapellen und der Apsis werden die Reparaturgruben, die das Mittelschiff umlagern; die Apsis ist nun kein besonders hervorgehobener Teil des Raumes mehr. Kleihues holt also aus der architektonischen Zweckform des Kultbaus die Erneuerung einer industriellen Bauaufgabe heraus, denn er rationalisiert auf diese Weise die Wegeführung der Werkstatt auf eine verblüffend schlüssige Weise. Die Form, die der Kult über Jahrhunderte gerinnen ließ, produziert nun nicht mehr als einen ästhetischen Mehrwert, eine knappe, funktionale Schönheit, die wiederum von den Spuren ihrer Nutzung doch erheblich gefährdet ist – und das hat sicher damit zu tun, daß es schwerfallen würde, diese rituell so zu nobilitieren, daß z. B. nach getaner Arbeit keine Reste – Paletten, Öltonnen – den Blick auf das klassische Ebenmaß der Form störten. Aber leider, und das ist nun ein wohl definitiver Unterschied zum Kultbau, ist der Faktor des Anblicks, wie er für den Ort des Kultes wesentlich ist, für die Hauptwerkstatt der BSR *funktional* völlig ohne Bedeutung. Diesbezüglich wird es der Reichstag leichter haben, denn seine Fassade, Kuppel und Innenraum sind auf den An- und Ausblick ausgelegt. Es stünde nur zu vermuten, daß ein Verdacht widerlegt werden müßte mit dieser allge-

Literatur:

Josef Paul Kleihues. Vier Projekte 1969 bis 1980. Berlin 1983

Frank Werner: Ein Tempel für die Sauberkeitsapostel. In: 40 Jahre Moderne in der Bundesrepublik. Hg. v. Matthias Schreiber. Stuttgart 1986, S. 115

Wolfgang Schäche: Der technisch-industrielle Zweckbau im Werk von Josef Paul Kleihues. In: Josef Paul Kleihues. Basel 1996, S. 125–147

genwärtigen Bedeutung des An-Blicks: daß nämlich die unter ihm sich ereignenden Handlungen unserer gesetzgebenden Körperschaft wiederum erst durch die Pracht der sie umgebenden Blickinszenierungen – auf die Fassade, auf die Kuppel, aus der Kuppel auf die Stadt, von der Besuchertribüne auf die Parlamentarier – ihre volle Bedeutung erlangen sollen.

So wird denn die Hauptwerkstatt der BSR wohl eine Art visuelles Abstraktum der Architekturgeschichte Berlins bleiben, ein Geheimtip, schwer zu finden, schwer mit dem Blick zu erfassen, ohne urban inszenierte Schauseite. Angesichts der kleinmütigen postmodernen Klassik, überzogen von Kalk- und anderem Edelgestein, mit der Teile der städtischen Schau-Plätze verlangweilt wurden, hat sie, als Zeugnis des Übergangs vom Funktionsbegriff der Moderne zur Repetition klassischer Baukörper, meine Sympathie gewonnen.

Ort Ringbahnstraße 88–124, Berlin-Tempelhof

Bauzeit 1970–74/1977–80

Architekt Josef Paul Kleihues

(Mitarbeit: Walther Stepp, Axel Schultes)

Kleihues' Entwurf für die Hauptwerkstatt der Berliner Stadtreinigung ging aus einem Wettbewerb 1969 preisgekrönt hervor (Bauherr: Berliner Stadtreinigungsbetriebe). Der Stahlbetonbau besteht aus einem teilweise zweigeschossigen, rechteckigen Werkstattkern und halbkreisförmig darum angeordneten Werkstatthallen. Bei der Gestaltung der Hauptwerkstatt war ein strenger Ordnungsraster von 12,5 x 12,5 cm für sämtliche Elemente maßgebend. Die Fassaden werden durch Außenstützen in einzelne Kompartimente geteilt, in denen die hohen verglasten Rolltore liegen, wobei Wand- und Glasflächen wiederum in einzelne Segmente unterteilt sind. Die Arbeitsplätze und die technische Leitung befinden sich im Mittelbereich, damit zu beiden Seiten die Reparatur der Werkfahrzeuge überwacht werden kann.

Haus des Volkes
Der Palast der Republik von Heinz Graffunder und Karl-Ernst Swora

Tilo Köhler

Schon im Jahre 1994 hatte der Palast der Republik »den Löffel abgegeben«, er wurde geschlossen. Wer ihn von früher kannte, wollte es nicht glauben: Für gerade hunderttausend Mark ging der Palast über den Tisch – sein vollständiges Inventar stand damals zum Verkauf. Ein ganzes Industriegebiet in Spandau wurde angemietet, und selbst das erwies sich als zu klein, die vollständige Pracht dort aufzunehmen. Schwer gekränkt ob der geringen Summe brach so mancher brave Patriot ins Knie und grummelte: Das kann doch nicht alles gewesen sein. Vierzigtausend Gläser, Becher oder Kelche waren zu haben, beinah zwanzigtausend Dessertgabeln, wie die Kellner im Palast, zumeist aus Leipzig oder Dresden zugereist, betonten, halb so viele Dessertlöffel, dreitausend diverse Bratenplatten, eineinhalbtausend Kaffee- und Mokkakännchen und allein acht Sorten Porzellan für unsere Werktätigen, dreizehn Bar- und Restauranteinrichtungen u. a. m. Die ehemaligen Besucher aber hatten keine Chance, den Fledderern des Domiziles in den Arm zu fallen, nur im Block ging jeder Posten an den neuen Eigner. Wer hier also endlich einmal das berühmte Dutzend gleicher Gläser in die heimische Vitrine holen wollte, mußte sich auch für die anderen neununddreißigtausendneunhundertachtundachtzig Stück erwärmen; wunder nahm es also nicht, daß die Auktion ein Stelldichein von Gaststättengrossisten aus dem Westen unserer Hauptstadt war, die sich zwar für den Goldrandsozialismus interessierten, nicht jedoch dafür, wie sich so eine Tasse feiner »Rondo« aus dem »Parsival«-Kaffeegeschirr im Haus des Volkes damals schlürfte.

Dabei hatte alles so viel zuversichtlicher begonnen, und ganz sicher wäre die Summe ungleich höher ausgefallen, hätte man das Inventar des ursprünglich geplanten Hauses zum Verkauf gebracht, mit welchem Walter Ulbricht 1958 auch im Baugeschehen die Höhen der Kultur erstürmen wollte – ungefähr bei einhundertunddreißig Metern legte er sie fest. Aber die Höhe seines wolkigen Entwurfes scheiterte am Untergrund, der zeigte sich als butterweich. Doch auch ein fester Boden hätte den verstiegenen Turmbau nicht ertragen, sondern vielmehr das sakrale Gegenüber, den Berliner Dom, zutiefst erschüttert und ihn gleichsam ausgehebelt wie auf einer Wippe. Erich Honecker wollte sich jenen Traum des Vorgängers im Amt dennoch erfüllen, mußte sich der »Bodenfrage« wegen aber mit der Flachstrecke der Ulbrichtschen Vision begnügen. Für kaum fünfhundert Millionen Mark, die der solvente Staatsetat fast aus der Portokasse zahlte, glaubte man den trunkenen Bilanzen, ließ er ihn errichten.

Heinz Graffunder, Architekt des Ostberliner Tierparks und geübt im Bau schon anderer Exotenzwinger, hatte den Palast entworfen, einschließlich des riesigen, flexiblen Saals für unsern nicht so ganz beweglichen Konvent. Auch dessen Sessel, die zu jeder Zeit ihre hundertprozentige Zuverlässigkeit bewiesen, standen zum Verkauf, sie galten aber als asbestverseucht wie die gesamte stoffbespannte Sitzkultur des Hauses. Manchem melancholischen Palastnostalgiker mochte der unverhoffte Schlag in das Kontor der kapitalen Schnäppchenjäger wie ein guter Witz entschädigen – die Ironie aller Geschichte wollte es, daß sie in einer Stehbierhalle landeten.

Tabu indes waren jene legendären Kunstwerke, die das Foyer des Hauses tapezierten und inzwischen das Historische Museum durcheinanderbringen. Denn »Wenn Kommunisten träumen«, handeln Galeristen aus dem Westen lieber – Walter Womackas gleichnamiger Ölriese von 1976 ist inzwischen längst mehr wert als die gesamte übervolle Rumpelkammer des Palasts in dessen besten Zeiten; immerhin war die erstaunlich voll geblieben, dabei hat sich doch fast jeder DDR-Bürger auch selbst einmal als Souvenirjäger versucht. Das Echtheitssiegel »PdR«, Palast der Republik, verbürgte nicht nur Beutestücke von relativ geschmackvoller Gestalt, es galt zugleich für eine Tapferkeitsmedaille, denn wer sich am Haus des Volkes verging, war mehr als nur ein schlimmer Finger und lief ohne weiteres Gefahr, im Falle einer Dingfestmachung aus dem sonst so festgefügten Arbeitskollektiv zu fliegen. Schließlich gab es in der DDR kaum eine einzige Brigade, die hier nicht einmal zum Kegeln auf der Bowlingbahn zusammenkam und ihre Jahresendprämie vertrank, kaum eine glückliche Familie, die nicht irgendeine Feier in den Räumen des Palasts begangen hätte, sei es eine Jugendweihe, eine Trauung, eine Wohnungszuweisung, ein Autokauf und selbst ein unverhoffter Urlaubsplatz von der Gewerkschaft.

Udo Lindenberg gab hier sein erstes – und natürlich letztes – Rockkonzert, die größte Disco der sonst schwer verschlafenen Hauptstadt war natürlich im Palast, und Radeberger oder Wernesgrüner Bier gab es, wenn überhaupt, dann in den Schankstuben im »Haus des Volkes«. Und so nimmt es auch nicht wunder, daß für den Erhalt der Frohsinnsfeste selten bauliche, sondern fast immer populäre Gründe in den Ring geworfen wurden.

Die Vertreiberfirma übrigens, die sich um das Verramschen der Palasteinrichtung im erwähnten Jahre 1994 kümmerte, beschrieb den eigenen Auftrag als »Verwertung von beweglichen Objekten, die mit deutschen Steuergeldern angeschafft und irgendwann nicht mehr gebraucht werden« – eine gelungene Formulierung für die rückstandsfreie gastronomische Entsorgung einer ganzen kulinarischen Epoche. Damals klangen solche Wendungen den ungeübten Ohren hier noch mehr als fremd, inzwischen ist man auch im Umgang mit so ausgebufften Handelstechniken vertrauter, und vielleicht ermöglicht dies, auch noch den letzten ominösen Restposten des einst als »Lampenladen« hochgenommenen Palasts gewinnträchtig an prominente Interessenten zu verhökern.

Eingeweihte nämlich wissen, daß noch immer einhundertundneunzig Operngläser des Palastbestandes einen Käufer suchen; früher konnten sich die Hinterbänkler damit beim Parteitag ihren Erich ganz, ganz nah heranholen und in den Tagungspausen auf dem Grund der Kaffeetasse nach der Wahrheit suchen. Was läge insofern also näher, als den Posten an den Reichstag zu vermachen, sozusagen als »Verwertung von beweglichen Objekten, die mit deutschen Steuergeldern angeschafft und irgendwann erneut gebraucht werden«? Das wäre noch einmal ein kleiner, aber feiner Treppenwitz in der so ruhmreichen Geschichte des beliebten Hauses und ein letzter, niedlicher Triumph, bevor es wahrscheinlich endgültig abgerissen wird. Ansonsten findet man wohl auch mit schärfsten Okularen kaum noch einen Grund, ihn anders stehenzulassen als in den Erinnerungen derer, die ihn, in Ermangelung anderer Möglichkeiten, leidenschaftlich mögen mußten.

Literatur:

Der Palast der Republik. Leipzig 1977

Kunstdokumentation SBZ/DDR 1945–1990. Hg. v. Günter Feist, Eckhart Gillen, Beatrice Vierneisel. Köln 1996

Werner Durth, Jörn Düwel, Niels Gutschow: Architektur und Städtebau der DDR. Frankfurt a. M. 1998 (2 Bde.)

Ort Schloßplatz (ehem. Marx-Engels-Platz), Berlin-Mitte

Bauzeit 1973–76

Architekten Heinz Graffunder, Karl-Ernst Swora

Das Gelände, auf welchem vorher das 1950–51 abgerissene Stadtschloß der Hohenzollern gestanden hatte, war seit 1950 für diverse Hochhausprojekte vorgesehen, die die »Krone der Stadt« bilden sollten, bis der Palast als Sitz der Volkskammer gebaut wurde. Neben dieser beherbergte er Fraktionsräume, einen Mehrzwecksaal, 13 Restaurants und Cafés. 1991 wurde eine Entkernung wegen starker Asbestbelastung vorgenommen. Momentan Nutzung für temporäre Kulturveranstaltungen, der Abriss ist im Zuge der Rekonstruktion des Schlosses geplant.

Synthese von Architektur und Technik
Das Internationale Congress Centrum

Anna Klingmann

Ähnlich wie andere stadtimagebildende Bauwerke der Gegenwart präsentiert sich das Internationale Congress Centrum Berlin als unverwechselbares Objekt in der Berliner Stadtlandschaft. War seine gewagte Ästhetik noch vor zwanzig Jahren umstritten, wird das Gebäude heute als Markenzeichen der Stadt zelebriert. Umringt von Infrastrukturen aller Art, bildet das große Kongreßzentrum einen Ruhepol inmitten des ständigen Verkehrsflusses der Berliner Stadtautobahnen. Von einer Beton-brut-Ästhetik gezeichnet, besticht es den Betrachter zunächst durch seine überwältigende Größe, welche im Kontrast zur umliegenden Stadtstruktur steht. Jenseits von allen städteräumlichen Integrationsversuchen hat sich das ICC einen eigenen Ort erobert. Wie ein UFO, wie ein Raunschiff scheint es soeben gelandet zu sein. So viele Meinungen Schülers Bau zuläßt, so wenig wird man ihn kategorial einordnen können. Unbestritten ist jedoch die cinematische Aura dieser Monumentalarchitektur, welche mit ihrer geschlossenen Stahlbetonbauweise an die Megastrukturen der Metabolisten in den sechziger Jahren erinnert. Von der Handschrift des High-Tech geprägt, wurde das ICC zu einer Zeit gebaut, in der sich der Optimismus technischer Neuerungen und industrieller Rationalisierungen fast zeitgleich an den Architekturfronten abbildete. Auffällig ist in dieser Hinsicht die in der Manier moderner Entwurfstradition kontrollierte expressive Form des Gebäudes mit dem implizierten Anspruch auf Innovation und Lesbarkeit der Machart.

Die im Gegensatz zum städtebaulichen Kontext stehende Selbstbezogenheit des Gebäudes verleiht dem Kongreßzentrum eine Qualität, welche sich am besten mit Begriffen aus dem Filmgenre beschreiben läßt. »Alien«, »Raumschiff Enterprise«, »Berlinosaurus« oder »King-Kongreß« lauten die Spitznamen für die futuristische Maschinenästhetik dieses Gigantomanen. Immer wieder wird das Gebäude als spektakuläre Kulisse für Film -und Fernsehproduktionen herangezogen, insbesondere im Genre des Actionfilms oder des Science-fiction. Ein Highlight unter den Produktionen bietet jedoch die Anfangsszene des in den achtziger Jahren von Wim Wenders gedrehten Films »Himmel über Berlin«, welche mit einem Flug über das ICC eröffnet wird. Am Messeturm vorbeigleitend, gibt die Kamera den Blick auf den monolithischen Baukörper frei, welcher sich unter vorbeiziehenden Nebelschwaden mattglänzend abzeichnet. Mit der unmittelbar daran angrenzenden Schneise der Stadtautobahn setzt das Gebäude einen neuen Maßstab inmitten der um die Jahrhundertwende gebauten Mietshäuser von Charlottenburg. Aber das ICC ist nicht nur räumlich gesehen eine hermetisch abgeschlossene Welt. Wenn globale Telekommunikation, totale Mobilität und weltweite wirtschaftliche Vernetzung zu einem neuen Raumverständnis geführt haben, wenn im Zeitalter von Telekonferenzen und Internet von einem eigentlichen Verlust des Genius loci gesprochen werden kann, so scheint das ICC die perfekte Manifestation dieses Zeitgeistes zu sein. Die Tatsache, daß das Gebäude gerade sein zwanzigjähriges Jubiläum feierte, scheint nichts an seinem zukunftsweisenden Geist geändert zu

Literatur:

Kongreßzentrum Berlin.
Architekten: Ralf Schüler, Ursulina Witte. Berlin 1972

Rolf Rave, Hans-Joachim Knöfel: Bauen der 70er Jahre in Berlin. Berlin 1981

haben. Es bildet einen eigenständigen Erlebnisraum, in dem sich – vom unmittelbaren Kontext abgelöst – Veranstaltungen verschiedenster Art überlagern. Neben internationalen Kongressen dient das ICC gleichermaßen auch als Tagungsort für eine Vielzahl von Hauptversammlungen und Parteitagen sowie als multifunktionale Plattform für Modenschauen und Konzerte. Entscheidend für die Vielfältigkeit der hier stattfindenden Ereignisse ist die unmittelbare Nähe zum Berliner Messegelände. Durch einen dreigeschossigen Brückenkomplex vollzieht sich hier, von außen fast unbemerkt, der fließende Übergang zwischen dem Kongreßzentrum und einem der größten Messegelände der Welt. So scheint das Gebäude zwar in Form, Material und Detaillierung ein Fremdkörper in der Stadt zu sein, bezieht sich aber mit seinen präzis konzipierten Übergängen selektiv auf seine Umgebung.

Das szenographische Ereignis des Außenraums mit seiner Maschinenästhetik setzt sich im Innenraum fort. Zentrales Thema der gesamten Anlage ist eine kontrollierte Multifunktionalität, verbunden mit technischer Effizienz, um verschiedene Ereignisstrukturen entweder miteinander in Beziehung zu setzen oder auch voneinander abzugrenzen. Demzufolge ist das gesamte Gebäude in Schichten unterschiedlicher Öffentlichkeitsstufen organisiert. Die innerste Schicht wird von den geschoßweise verteilten inneren Straßen gebildet, die einen öffentlichen Erschließungs- und Begegnungsraum über die gesamte Länge das Gebäudes entstehen lassen. Sachlich und geordnet schließen sich die einzelnen Konferenzbereiche in einer übersichtlichen Hierarchie daran an. Den spektakulärsten Teil der komplexen Anlage bildet die großflächige Eingangshalle. Spezielle Monitore informieren den Besucher ähnlich wie in einer Flughafenhalle über die genauen Uhrzeiten und Orte der unterschiedlichen Programmabfolgen. Als zusätzliche Orientierungshilfe wurde ein spezielles Informations- und Leitsystem entwickelt, bestehend aus optischen Leitspurelementen, welche der Grundorientierung dienen. Die weitere Wegführung ist im wesentlichen elektronisch programmiert. Sie besteht aus virtuell anmutenden Piktogrammen sowie neonfarbenen Informationspunkten und rechnergesteuerten Fallblattaggregaten, Monitoren und Laufschrift, wie sie als Anzeigetafeln von Flughäfen her bekannt sind.

Ein ebenfalls spannendes Moment bietet das technische Interface zwischen den Mehrzwecksälen Saal 1 und Saal 2. Durch eine nach oben fahrbare Tribünenanlage kann Saal 1 gleichermaßen als Konferenzsaal wie auch als ebener Saal für Bankette und Bälle umfunktioniert werden. Von besonderem Interesse ist in dieser Hinsicht die zwischen Saal 1 und Saal 2 liegende, beidseitig bespielbare Bühne. Schalldichte Portale ermöglichen beispielsweise, daß in Saal 1 ein Konzert und in Saal 2 eine Tagung stattfindet, ohne daß die jeweiligen Veranstaltungen akustisch beeinträchtigt werden.

Neben seiner Funktion als werbewirksamer Imageträger der Stadt bestätigte sich das ICC auch für die Wirtschaft Berlins. Das Internationale Congress Centrum steht als Global player schon seit vielen Jahren erfolgreich im Wettbewerb mit europäischen, asiatischen und nordamerikanischen Tagungszentren. Nach der Statistik der Union of International Associations (UIA), Brüssel, rangiert Berlin durch das internationale Tagungsgeschehen im ICC stets unter den zehn führenden Tagungsorten der Welt. Mit einer Vielzahl von hochkarätigen Welt- und Europakongressen hat das Kongreßzentrum seine starke Marktstellung vor allem bei medizinischen Großkongressen unter Beweis gestellt. Aber auch bei der

Durchführung von Kongressen in der Informations- und Telekommunikationsbranche eroberte es sich schon nach kurzer Zeit eine führende Position. So dient es gleichermaßen auch als Paradebeispiel für Stadtmarketing, das die Mittel der Architektur bewußt in den Dienst wirtschaftlicher Überlegungen stellt.

Vor seiner offiziellen Fertigstellung löste die Planung für dieses Gebäude allerdings so manche kontroverse Diskussion sowohl in der Öffentlichkeit als auch im Abgeordnetenhaus von Berlin aus. Als es am 2. April 1979 eröffnet wurde – 14 Jahre nach der öffentlichen Ausschreibung des Wettbewerbs vom Land Berlin –, prägten zwei Lager das Meinungsbild in der Stadt: Das eine wertete den Bau als überdimensioniert, zu teuer und zu futuristisch, während das andere das ICC als notwendige Investition in die Infrastruktur der damals geteilten Stadt sah. Was aber nur die kühneren Optimisten für möglich gehalten hatten, setzte schon bald nach der Eröffnung des ICC ein. Das Haus begann eine beispiellose Erfolgsgeschichte zu schreiben, die sich kontinuierlich fortgesetzt hat. Seine gewaltigen Dimensionen, seine Multifunktionalität und multimediale Technologie haben bis heute Maßstäbe gesetzt. Genau hier liegt die Stärke des Konzepts der Architekten Schüler und Schüler-Witte: in der Bewältigung einer großen Form, die eigentlich nur einem Motto folgt: der Synthese von Architektur und Technik.

Ort **Messedamm, Berlin-Westend**

Bauzeit **1973–79**

Architekten **Ralf Schüler, Ursulina Schüler-Witte**

Künstler: J. Ipousteguy, B. und M. Matschinsky-Denninghoff, F. Oehring

Mitte der sechziger Jahre entwickelte sich aus einem Wettbewerb des Berliner Senats für neue Ausstellungshallen mit Mehrzwecksaal der Gedanke einer neuen Kongroßhalle und wuchs zum Konzept eines vielschichtig nutzbaren Kongreßzentrums. Aus der Konkurrenz der Kongreßorte erwuchs ein Zentrum der Superlative, dessen Bauherr die Neue Heimat für das Land Berlin war. Die Überbrückung des Messedamms war durch ein freitragendes Brückenwerk möglich, die Konstruktion besteht aus raumbildenden Stahlbindern, Dach und Fassade sind als getrennte äußere Schalen aus Aluminiumtafeln ausgeführt.

35

Bildlichkeit der Formen

Der Umlaufkanal der Versuchsanstalt für Wasserbau
und Schiffbau von Ludwig Leo

Andreas Ruby

Irgendwann macht wahrscheinlich jeder Berlinbesucher diese Erfahrung einmal: Mit der S-Bahn vom Bahnhof Zoo in Richtung Friedrichstraße unterwegs, rauscht irgendwann am nördlichen Rand des Tiergartens plötzlich etwas Großes Buntes durchs Fenster(-Bild). Ein blauer Kasten schwebt in der Luft, halb getragen, halb durchbohrt von einer prallen rosa Röhre. Mit seinen 30 Metern Höhe reckt sich das Gebäude nicht nur deutlich aus dem Grünraum des Tiergartens heraus, sondern bricht auch mit dem Maßstab der Bauten an der Straße des 17. Juni. Signalhaft leuchtet der plakative Rosa-Blau-Farbkontrast seiner Außenhaut aus dem eher zurückhaltenden urbanen Kolorit Berlins. Und überhaupt läßt die schroffe Bildlichkeit der Formen eher an eine urbane Skulptur von Claes Oldenburg als an ein Gebäude denken. Ein Großteil der Faszination des Umlaufkanals rührt sicherlich aus dieser betonten Fremdheit. Unweigerlich zieht das Gebäude die Blicke der Passanten an und läßt sie doch an der hermetischen Abgeschlossenheit seiner Außenhaut sogleich wieder abprallen. So kraftvoll sich das sperrige Ungetüm einerseits im Stadtraum aufbaut, so bedeckt hält es sich andererseits über sein Innenleben.

Dieser Widerspruch zwischen Selbstdarstellung der Form und scheuer Zurücknahme der Funktion repräsentiert in gewisser Weise die divergierenden Interessen der Kräfte, die an der Entstehung des Gebäudes beteiligt waren. Interessanterweise verdankt sich diese »Architektur im Ausnahmezustand« weniger dem Willen des Architekten als den Vorgaben und politischen Interessen des Bauherrn, des Berliner Senats.

Das fängt bei der Entscheidung des Bauherrn an, den neuen Umlaufkanal auf dem historischen Gelände der 1899 gegründeten Versuchsanstalt für Wasserbau und Schiffbau – heute ein Institut der Technischen Universität Berlin nach wie vor zur Entwicklung und Erprobung von Schiffskörpern und -schrauben – zu bauen, auf der Schleuseninsel im Landwehrkanal am Tiergarten. Die Überlegung des Senats war, daß auf diese Weise die bereits existierenden Anlagen der Versuchsanstalt für den Betrieb des neuen Umlaufkanals mitgenutzt werden konnten – z. B. die Modellbauwerkstätten und das Rechenzentrum zur Auswertung der Versuchsdaten. Zusammen mit den flächenintensiven Flach- und Tiefwasserbecken der Versuchsanstalt bedeckten diese Anlagen jedoch bereits weitgehend den verfügbaren Baugrund der Insel. Das übrigbleibende Grundstück war so klein, daß der Umlaufkanal nicht wie normalerweise üblich horizontal angeordnet werden konnte. Statt dessen mußte er vertikal in das Gebäude eingepaßt werden.

Ludwig Leo stand dieser Vorgabe von Anfang an skeptisch gegenüber. Er befürchtete, daß sich der Eingriff zu großmaßstäblich in die Parklandschaft des Tiergartens hineinfresse. Statt diese letzte grüne Lunge im Herzen Berlins schleichend zu verbauen, hätte Leo den Kanal lieber auf einem angemessen großen Grundstück am Stadtrand gebaut. Der Nachteil der räumlichen Trennung von den

anderen Versuchsanlagen zur Auswertung der Meßergebnisse hätte mittels moderner Datenfernübertragung leicht ausgeglichen werden können. Jenseits der städtebaulichen Problematik hätte eine solche horizontale Anordnung eines Umlaufkanals auch ökonomische Vorteile in der Baukonstruktion gehabt. Denn horizontal hätte man den Kanal als Erdbau mit geringerem Material- und Kostenaufwand im Vergleich zu dem tatsächlich gebauten Stahlbau realisieren können. Auch auf der funktionalen Ebene wirkt sich die vertikale Anordnung des Kanals eher nachteilig aus. Schließlich muß seine frei in der Luft liegende Stahlröhre zusätzlich wärmegedämmt werden, damit sich das darin fließende Wasser nicht durch die direkte Sonneneinstrahlung erwärmt (was die Strömungseigenschaften des Wassers verändern und die Versuche entsprechend negativ beeinflussen würde). Diese Kostennachteile mußte Ludwig Leo, der auch die Bauleitung des Gebäudes ausführte, durch entsprechende Kompromisse an anderer Stelle wieder ausgleichen. So erklärt sich nicht nur die rationelle Stützenkonstruktion des blauen Aufbaus mit seinen schlichten Fertigteilverblendplatten, sondern auch die Farbwahl des Außenanstrichs. Für das Rohr hätte Leo lieber Gelb ausgewählt, Gelb war jedoch zu teuer, und so wurde statt dessen Rot, die preiswerteste Farbe auf dem Markt, ausgewählt. Weil er sich an ihrer Leuchtkraft störte, bestimmte Leo die Zusammensetzung der Farbe so, daß sie mit der Zeit zu jenem matten Rosa verbleichen würde, das die Röhre heute umgibt.

Diese Entstehung auf Umwegen tut dem Gebäude jedoch keinen Abbruch. Wer einmal die Möglichkeit hatte, es von innen zu erleben, wird den Eindruck nicht wieder vergessen. Wie im Maschinenleib eines Dampfschiffes irrt man lange durch schmale Gänge und enge Treppen, bevor man in den hallenartigen Raum der Meßstrecke gelangt (die übrigens die größte ihrer Art weltweit ist). Auf mehreren Ebenen (»Decks«) sind kompliziert aussehende Labormeßgeräte und Steuerpulte verteilt, mit denen die Ingenieure die Testbedingungen der Versuche kontrollieren. Am Boden des Raumes führt die Wasserröhre durch, deren Oberseite hier mit einem fahrbaren Deckel geöffnet werden kann. Über eine Kranvorrichtung werden maßstäblich verkleinerte Schiffsmodelle von oben in den Testbereich der Röhre eingesetzt, um sie in bezug auf Strömungsverhalten, Windwiderstand usw. zu testen. In Bewegung versetzt wird das Wasser durch eine gigantische Schiffsschraube, die sich im unteren Lauf der Röhre befindet. Mit einer Höchstgeschwindigkeit von 4–9 m/sec rauscht das Wasser durch den Kanal: An der dicken Seite der Röhre wird es nach oben gedrückt, von dort aus fließt es durch die eigentliche Teststrecke in dem blauen Volumen, bevor es durch die dünne Seite der Röhre wieder nach unten zur Schiffsschraube gelangt und von neuem nach oben getrieben wird.

Diese von außen unsichtbare Bewegung ist das eigentliche Ereignis dieser Architektur, sie bestimmt den Bau in Maßstab, Form und Bildwirkung. Die so erzeugte Gestalt des Gebäudes enthält in der Tat eine ungeheure Metaphorik. Indem es Schiffen eine künstliche Wasserumgebung bietet, verwandelt es sich selbst quasi zum Schiff: So gesehen schwimmt der blaue Kasten der Meßstation auf dem Wasser, das er sich durch die Röhre unter den Kiel spülen läßt. Aus dieser Perspektive klärt sich auch die merkwürdig entrückte Beziehung des Baus zum Grund, den er ebensowenig berührt wie ein Schiff im Wasser den Meeresboden. Anders als bei einem normalen Gebäude ist seine eigentliche horizontale

Literatur:

Rolf Rave, Hans-Joachim Knöfel: Bauen der 70er Jahre in Berlin. Berlin 1981

Versuchsanstalt für Wasserbau und Schiffbau. Zentraleinrichtung der Technischen Universität Berlin (Hg.). Berlin 1995

100 Jahre Schiffbautechnische Gesellschaft e. V. Kat. zur Ausst. »100 Jahre deutscher Schiffbau in der Versuchsanstalt für Wasserbau und Schiffbau der Technischen Universität Berlin«. Berlin 1999

88

Ort Müller-Breslau-Straße,
Berlin-Tiergarten

Bauzeit 1975–76

Architekt Ludwig Leo

Bauherr war der Senator für
Bau- und Wohnungswesen für
die Technische Universität
Berlin. Die Anlage ist Teil des
am Landwehrkanals liegenden
Instituts für Wasserbau und
Schiffbau, welches 1899 dort
gegründet wurde, und wird
heute noch zu diesen Zwecken
genutzt.

Bezugsebene zur umgebenden Welt deswegen nicht das Erdgeschoß, sondern die Wasseroberfläche in der Teststrecke der Schiffsmodelle (von außen gesehen in etwa die Unterkante des blauen Baukörpers). Diese künstliche Wasserbezug hat insofern etwas Paradoxes, als am Fuß des Gebäudes eine weitere Wasserlinie in Form des Landwehrkanals existiert. Aber mit diesem geht das Gebäude keine Verbindung ein – so stammt das für die Versuche benötigte Wasser auch nicht aus dem Kanal, sondern aus einem extra gebohrten Tiefbrunnen. Trotz seiner zentralen Lage auf der Schleuseninsel mitten in Berlin bleibt der Umlaufkanal ganz für sich und hätte somit eigentlich auch, wie von Ludwig Leo ursprünglich vorgeschlagen, irgendwo an der Peripherie gebaut werden können. Aber dann hätte Berlin eine wichtige Skulptur und die Berlinbesucher einen schönen Grund weniger, beim S-Bahn-Fahren aus dem Fenster zu schauen.

Spätwerk des Gründers
Bauhausarchiv von Walter Gropius

Andreas Haus

Das »Bauhausarchiv Berlin« mit seinen eigenwilligen Staffeln gerundeter Sheddächer ist seit seiner Einweihung zu einem unverzichtbaren Charakteristikum im architektonischen Einzugsbereich des Kulturforums geworden. Landschaftlich frei wie eine Villa am Nordufer des Landwehrkanals gelegen, bietet der weiß gestrichene Betonkomplex der Stadtseite den Rücken. Die großzügige Fensterreihe des klassisch-symmetrischen Frontkörpers nach Süden ist stets verhängt, die 14 gewölbten Dachschalen mit den Kupferhäuten sind abgewandt. So ergibt sich zur Wasserseite hin eine seltsam hermetische Anlage. Zur Verkehrsstraße im Norden findet sich ebenfalls kein Zugang. Dieser liegt im Westen des Grundstücks und führt über eine lange, erhöhte Passage mit gewundener Rampe hinab zur Haupttür. Nimmt man zur hofartigen Abgeschlossenheit dieses nach innen gelegten Gebäudeeinganges noch die kleingruppierte, verschobene Vielbuckeligkeit des Umrisses, so zeigt sich ein Charakter, in dem ein programmatischer Gegensatz zum idealen Transparenzquader von Mies van der Rohes Nationalgalerie [Nr. 29] spürbar wird.

Angesichts seines Planungsschicksals stellt sich für diesen Bau allerdings die Frage: Was ist von seinem Charakter noch Ausdruck einer bewußten Idee? Der Entwurf ist ein Spätwerk des Bauhausgründers Walter Gropius. Gropius hatte einen großen Teil seines persönlichen Nachlasses – unschätzbar wertvolle Dokumente zur Geschichte des Bauhauses – als Grundstock zur Einrichtung eines Bauhaus-Archivs in Nachkriegsdeutschland gestiftet und gab auch die Zusage, den kostenlosen Entwurf eines Neubaus für das Archiv zu liefern. Der Standort des damaligen Bauhaus-Archivs (Gründung 1960) war die Stadt Darmstadt, die mit der »Mathildenhöhe« bereits ein berühmtes architektonisches Dokument moderner Architektur vor dem Ersten Weltkrieg besaß. In dieser Nachbarschaft, auf der »Rosenhöhe«, sollte der Bau entstehen (siehe Zeichnung).

Walter Gropius' Entwurf (es existieren zwei im Detail verschiedene Varianten) ist sehr genau auf die landschaftliche Lage der »Rosenhöhe« ausgelegt. Der Plan entwickelte zwei parallele, leicht verschobene und auf Distanz gesetzte etwa gleichgroße Baukörper, von denen der nördliche für die Schausammlung gedacht ist. Er besitzt zwei flankierende Seitenräume mit Oberlicht (Sheddachgruppen). Der südliche enthält Eingangshalle, Verwaltung, Bibliothek und Arbeitsräume. Zwischen den Blöcken vermittelt ein eingezogenes Mittelstück mit Raum für Wechselausstellungen, das durch eine weitere Sheddachgruppe hervorgehoben ist.

Der Bauplatz lag am Nordhang. Der Eingang sollte von Süden, also am höherliegenden Teil des Gebäudes erfolgen. Die nach Norden gerichteten Sheddächer, schon damals die markantesten Elemente, öffneten sich somit zur Ansichtsseite auf das offene Tal hinaus. Die Sheddächer galten einer ausgeklügelten Anlage, die neben dem in ihren Wölbungen reflektierenden Tageslicht (Nordlicht) sowohl Leuchtstoffröhren wie zusätzliche Strahler vorsah und raumübergreifend von einem durchgängigen, großmaßigen Streugitter aus Holz unterfangen sein sollte. So darf man sagen, daß das Formelement der Dächer zugleich ein Konzentrat der für den Bau entscheidenden Lichtfunktionen enthielt. Sollte ihre Form wirklich, wie Hans Maria Wingler – geistiger Schöpfer und erster Direktor des Archivs – ver-

mutet hat, das »Fingermotiv« von Olbrichs Hochzeitsturm der Mathildenhöhe paraphrasieren, so wäre ihr Eigenwert als Gehäuse für Lichttechnik ein Programm des Funktionalismus gegenüber rein symbolischen Bauformen.

Der Gropius-Plan stieß nicht auf ungeteilte Begeisterung. Nachdem sich herausstellte, daß die Stadt Darmstadt die Finanzierung des Baus (damals knapp 4,5 Mio. DM) nicht zusichern konnte, übersiedelte das Bauhausarchiv 1970 schließlich nach Berlin. Gropius selbst hatte als erster für Berlin plädiert und Zusagen für die Finanzierung und Errichtung seines Baus von Vertretern des Berliner Senats bekommen. Er hatte mit dem eher zögernden Archivdirektor Wingler über Bauplätze für seinen Entwurf in Berlin gesprochen und wohl sogar 1968 das Plazet für den heutigen Standort gegeben, nachdem zwischenzeitlich auch eine Lösung mit viel näherer Zugehörigkeit zum Kulturforum und damit zu den Bauten Scharouns und Mies' diskutiert wurde. Der Senat von Berlin übernahm schließlich die Option für den Bauplatz am Landwehrkanal, wobei dort zunächst im Gegensatz zur späteren Freilage eine recht enge Einbindung in ein dichteres Nutzungsumfeld (Wohnungen und Gewerbe) vorgesehen war.

Das neue Grundstück erforderte eine Neuorientierung des für eine Hanglage angelegten Entwurfs. Bei den Planungssitzungen regte Senatsbaudirektor Müller an, das ganze Gebäude um 180 Grad von Nord nach Süd zu drehen, was zugleich erforderte, die Sheddächer im Gegensinn nach Nord zu richten. Gropius' ehemalige Eingangslösung, die nun nach Norden gelegen hätte, wurde nicht beibehalten und durch die Rampe ersetzt. Zudem sah man die Notwendigkeit, die Höhe der Dachelemente um 50 % zu steigern, um ihre durch die Berliner Flachlage verlorene Wirkung zu kompensieren und sie als Silhouette gegen die benachbarte Villa von der Heydt zu behaupten. Eine seltsam absichtsvolle Rüdigkeit der Baubeamten und Nachfolgearchitekten im Umgang mit dem »Monument« Gropius' wird spürbar. Wurde auch der Gropius-vertraute Architekt Alexander Cvijanovic mit der Modifikation betraut, so bleiben Ausführung und sämtliche Details doch durch die Berliner Kalkulations- und Ausführungsplanung bestimmt. Das betrifft nicht zuletzt die Außenerscheinung des Baus mit massiven Blockschalen aus Beton. Dieses damalig-modische Brutalismus-Zitat wirkt zugleich mit dem maßstablos klobigen Blockfugenmuster in jener nachlässigen Art »poppig«, die so manchen Berliner Senatsbau der siebziger Jahre wie mutwillig vergrößertes Kinderspielzeug aussehen läßt. Gropius hatte das Außenbild viel zierlicher in einer zweifarbigen Kombination von Betonfachwerk mit leichter Sichtziegelfüllung gedacht, die eine Reihe seiner amerikanischen Bauten (z. B. Harvard Graduate Center, 1948–50) kennzeichnet.

So mochte die ursprüngliche Materialwahl eine Typenaussage für das Bauhausarchiv beinhalten, nämlich in Verwandtschaft zu den amerikanischen Universitätsgebäuden ein Bauwerk der Wissenschaft und der Studien zu sein. Ähnliches möchte man auch von den Sheddächern annehmen. Anders als Mies, der zur immer vollkommeneren Austerität gläserner Riesenquader gelangte, hatte Gropius zunehmend exotisch wirkende, gestalthaft-gerundete Elemente aufgenommen (Universität von Bagdad, 1960–62; jüdischer Tempel Oheb Shalom, Baltimore, Maryland, 1957). Diese Dächer vermögen den etwas pathetischen Eindruck eines Ortes kollektiver geistiger Sammlung zu vermitteln, und ein urbanisierter Rest davon liegt wohl auch in den Sheddachgruppen des Bauhausarchivs. Denn dieses sollte ein

Literatur:

Hans M. Wingler: Das Bauhaus-Museum in Berlin. In: Bauhaus, Archiv, Museum. Sammlungskatalog. Berlin 1981, S. 9–14

Hartmut Probst, Christian Schädlich: Walter Gropius. Berlin 1987, Bd. 2, S. 59 f.

Ein Entwurf in eigener Sache. Katalog zur Ausstellung »Von der Idee zum Werk«. Hg. v. Bauhaus-Archiv Berlin. Bonn 1991

Ort Klingelhöferstraße 13–14,
Berlin-Tiergarten

Bauzeit 1976–78

Architekt Walter Gropius

Der Entwurf von Gropius entstand unter Mitarbeit von Louis McMillan, The Architects Collaborative (TAC), in der Zeit von 1964 bis 1968. Er ging stark auf den ursprünglich dafür vorgesehenen Bauplatz, die Rosenhöhe in Darmstadt, ein. Wegen finanzieller Probleme der Stadt zog das Archiv 1970 nach Berlin um. Der Entwurf für Darmstadt wurde 1970–72 von Alexander Cvijanovic stark modifiziert. Die Ausführung durch den Senat von Berlin (Bauherr: Senator für Bau- und Wohnungswesen) fand 1976–78 statt, die Einweihung 1979.

Bauhausarchiv-Entwurf für die Rosenhöhe in Darmstadt von Gropius und Louis McMillan

Wissenschaftszentrum zur Erforschung und Weiterentwicklung der »Bauhaus-Idee« sein, die 1919 unter dem expressionistischen Bild der Kathedrale ihren Anfang genommen hatte. Künstlerisch »modern« im Sinn der klassischen Moderne sind diese Formen jedoch auch. Der mit Gropius befreundete Architekt José Lluis Sert hatte 1959–64 die Anlage der Fondation Maeght im französischen St.-Paul-de-Vence mit plastisch gerundeten Sheddächern erbaut – ein in Erinnerung an den Surrealismus fast skulptural gedachtes Kunst-Bauwerk mit höchstem Anspruch.

Ein oft kritisiertes Element der Berliner Umplanung, die Zugangsrampe, geht in gewisser Weise auf Gropius selbst zurück. Rampen besaß bereits die zweite Variante des Darmstädter Entwurfs, wenngleich an anderer Stelle zur Gewinnung einer Aussichtsplattform auf dem Dach. In der Berliner Umplanung ist hingegen der Anteil eines latenten Klassizismus der Gropius-Entwürfe, für den man wohl damals unempfänglich war, verschwunden. Die heutige optische und funktionelle Entwertung der Süd- wie der Nordfassade läßt vergessen, daß beide ursprünglich ein kaum verhehltes Säulenhallenmotiv entwickelten. Zugleich zitiert die Platten-tektonik, wo sie in der ehemaligen Südfront des Darmstädter Entwurfs den Eingang bilden sollte, ein Element des Dessauer Bauhaus-Gebäudes (1925): Dort stehen sich die beiden Hauptportale gegenüber: vereinfachte Würdemotive, jeweils aus zwei Ständerplatten und einer Deckplatte klassizistisch-symmetrisch aufgebaut. Ehemals möglicherweise von Gropius schon auf Erweiterung angelegt, war das für Berlin nur wenig angepaßte Raumprogramm bereits bei Eröffnung des Baues viel zu dürftig. Die unproportionale Erhöhung der Dächer bei Beibehaltung der Grundflächen, Beleuchtungsprobleme und Mangel an Hängewänden tun das Ihrige dazu, daß die gesamte Museums- und Ausstellungsaktivität nur unter großen Mühen geschehen kann. Ein Erweiterungsbau ist seit langem geplant.

37

Zwischen Haus und Schiff
Die Phosphateliminierungsanlage von Gustav Peichl

Ingeborg Kuhler

In Gustav Peichls Zeichnungen und Bauwerken ist seine originäre Schrift wahrnehmbar und erkennbar. Ich stelle fest, daß die Besseren, die in den zwanziger Jahren geboren sind, eines gemeinsam haben: Sie kämpfen mit Raum, Konstruktion, Material, Technik und Gestalt; an jedem Ort und mit jedem Bauwerk stellen sie die Grundfragen immer wieder neu. Die Aufgabe bestimmt Konstruktion und Erscheinungsform. Sie wollen nicht eingeordnet werden, und dennoch wird in ihrer Architektur der Geist der klassischen Moderne übermittelt.

— Zwischen Natur, Architektur und Technik: Die Phosphateliminierungsanlage (PEA) soll den Zufluß des Tegeler Sees aus dem Nordgraben und Tegeler Fließ von Phosphaten reinigen. Das Klärwerk eliminiert vor allem den gefährlichsten Stoff, das Phosphat. Die Logik der Verfahrenstechnik wird umgesetzt in die technisch-funktionale Konzeption und integriert in eine stadtlandschaftsarchitektonische Ordnung. Das Bauwerk, umhüllte technische Geräte und zur Topographie verformte Technikbauwerke im Untergrund werden in ihrer Anordnung und Sinngebung zu artifiziellen Elementen der Natur. Die Montage mit Fragmenten von Landschaft, Architektur und Technik stellt durch das Inszenieren der Räume die Beziehungen zwischen den Elementen her, läßt den Sinn im Zwischen entstehen. Die heterogenen Elemente im Raum ordnen sich neu: für dieses Ereignis ist die Position des Betrachters in den Höhenebenen entscheidend. Es führt uns zum tieferen Verständnis der stadträumlich bestimmenden, verfahrenstechnisch gesteuerten, architektonisch formulierten »land-art-formation«.

— Über der Erde und unter der Erde: Versunken, eingelassen, eingeebnet, zugeschüttet, verschluckt von Erdwällen und Böschungen, angedockt, Schichten, das Wesentliche in und unter der Erde, so wird balanciert zwischen Verborgenem und Sichtbarem, zwischen Schützendem und Geschütztem, wird vermittelt zwischen Stadtlandschaft und Naturhaushalt. Die Gestaltung des Gebäudekontaktes mit der Erde ist das Faszinosum des Projektes und Argumentation des architektonischen Gedankens im Einklang mit dem Genius loci. Das Maschinenthema bleibt im uns verborgenen Raum.

— Zwischen Bauwerk und Maschine: Das Einlaufbecken mit Grobrechen und Wehr, Transformatorenstation und Pumpenhaus dient der Förderung des Rohwassers zum zentralen Verteilerturm. Diese technischen Anlagen sind mit einer Hülle geschützt. Der Verteilerturm ist »Herz« der Anlage im Achsenkreuz, zwischen den physikalischen und chemischen Prozessen. Er dient der gleichmäßigen Beschickung der drei kreisförmigen Sedimentationsbehälter mit einem Durchmesser von 28 Metern und 5,4 Meter Höhe.

Die Technik und ihre Daten haben eine monumentale Dimension. Die drei Sedimentationsbehälter sind zusammengespannt in einem bewachsenen Pyramidensockel mit einer Kantenlänge von 120 Metern. Unter den drei Sedimentationsbehältern liegen die Filterbauwerke und Reinwasserbehälter. Das in den Pyramidensockel hineingerammte Betriebsgebäude mit Dosierstation für die Chemikalien, Wartungs-, Aufenthalts-, Büroräumen und Steuerungszentrale stellt den Kontakt mit dem unter der Erde konstruierten Technikbauwerk her. Das Reinwasser wird über eine Kaskade, in der es Sauerstoff aufnimmt, zurück in den Nordgraben geleitet. Von der funktionalen Effektivität der technischen Anlagen führte der Entwurfs- und Bauprozeß zur ausdrucksstarken Gestalt, »zum sozial-künstlerisch-technischen Sinnbild«. Das Technikbauwerk wird Landschaftselement im Wohngebiet. Die Anordnung und Gestaltfindung der technischen Details verdeutlichen die Symmetrie und Sinnwirkung des Bauwerks.

— Zwischen skulptural und plastisch: Technische Gegenstände erhalten ein Eigenleben, sie werden zu Skulpturen und Plastiken des Bauwerks. Herausgeschnitten oder hinzugefügt definieren sie ihren Ort. Das ist virtuos und atmosphärisch höchst wirksam.

— Zwischen Haus und Schiff: Wir sehen den vordersten, spitz zulaufenden Teil eines Schiffes versinken, den Bug, Räume über und unter Wasser, sehen Behälter eingetaucht in einer großen Hügelwelle. Wir sehen das über der Welle herausragende Heck, hinter dem die Schaltzentrale, das Gehirn, die Anlagentechnik steuert. Der Zustand wird gezeichnet zwischen wegfahrend und angedockt. Die Hausloggien und Wege führen ins Freie und werden hier zu Seitendecks, Oberdecks und Abgängen mit Reling. Die Motive der Wasserstandslinien, der Bullaugen, der Schiffsleuchten, der »großen« Horizontalen sind erzählende Details, sie vermischen sich mit Kastenfenstern und Loggien, Werkstatt- und Lagertoren, Sonnensegeln und Dachentwässerungen. Das alles wird zur sprechenden Architektur.

— Zwischen Moderne und Postmoderne, zwischen erkennendem und formendem Bewußtsein: Das Äußere ist Resultat des Inneren, ohne Kenntnis des Inneren ist das Äußere Symbol, Metapher und Chiffre zugleich. Auf dem Grundriß baut sich alles auf, zur Hälfte im Verborgenen der Erde, und so entschlüsselt sich das Projekt im Geheimen. Die selbstverständlichen und direkten Beziehungen zwischen Raum und Fassade werden im Inneren und Außen überlagert mit Details der Schiffsarchitektur. »Ingenieur-Ästhetik, Baukunst: beide im tiefsten Grunde dasselbe, eines aus dem anderen folgend« (Le Corbusier). Bei der PEA bestimmt die Logik der Verfahrenstechnik mit den physikalischen, mechanischen, chemischen, elektronischen Prozessen die ersten Schichten. Der Bautypus für die PEA entsteht auf der Grundlage dieser Logik in einer eindeutigen Geometrie. Aus dieser Organisationsstruktur entwickelt Gustav Peichl die Anordnung und Komposition der Bauwerksstruktur, überlagert von den implizierten Beziehungen innerhalb der konzeptuellen Räumlichkeit. Die soziale und künstlerisch-technische Sinnbildlichkeit des Bauwerks wird mit in anderen Zusammenhängen entwickelten Bauelementen erreicht. Die Collage als Methode wird eingeführt und zur Concept-art in der Dimension Stadt—Land—Wasser. Das Ereignis der Raumkomposition der Moderne: Sie bricht mit dem Prinzip der erstarrten Symmetrie des Klassizismus. Bei Gustav Peichl hat die Symmetrie das Pathos des Funktionalen, das Muster der Logik von Technik. Die Symmetrie verstärkt das Erscheinungsbild des Ensembles

Literatur:

Jürgen Burmeister: Phosphateliminationsanlage Tegel. Hg. v. Senator für Bau- und Wohnungswesen. Berlin 1985

Gustav Peichl: Gebaute Ideen. Hg. v. d. Akademie der Bildenden Künste Wien. Salzburg 1988

Dietmar Steiner: Gustav Peichl. A Viennese Architect. Wien 1993

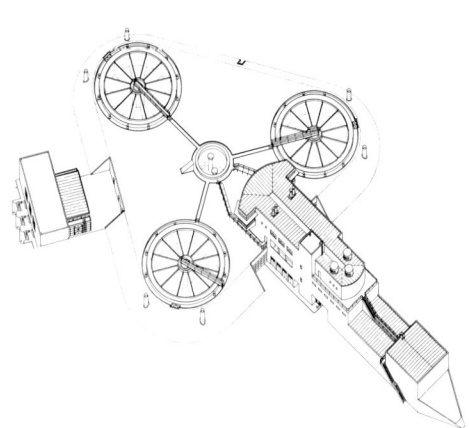

und die auf den Inhalt bezogene Phantasie. Wenn ich die PEA betrachte, so vergrößert sich der Raum: Ich werde erinnert an das Schützenhaus von Otto Wagner, das Paimio-Sanatorium von Alvar Aalto, an Zonnestraal von Jan Duiker und an Le Corbusier.

— Zwischen Ratio und Wahrnehmung: Beim Durchschreiten des Hauses wird die komplexe, für den Lebens- und Naturraum schwerwiegende Aufgabe, die Eutrophie des Sees zu vermeiden, in ihrem programmatischen Ablauf selbstverständlich und einfach. Die Körperelemente, Gehirn, Herz und Kreislauf der Anlage sind erlebbar. Vor dem Zaun, ausgegrenzt, erkennt der Betrachtende wenig. Er sucht und hinterfragt die Dimension. Es ist Winter, neblig und kalt, die Heterogenität wird gewichtig. Es schneit. Die Schneebedeckung verstärkt die Einheit in der Vielheit, es entsteht die notwendige Klarheit mit der Einheitlichkeit der Oberfläche. Der Frühling und Sommer und Herbst wird andere Sinn-Bilder entstehen lassen. Jeder Tag und jede Stunde bringt eine neue individuelle Kommunikation mit dem Ort.

Um langfristig einen mesotrophen Zustand des Tegeler Sees zu erreichen, beträgt die Reinigungsleistung täglich etwa 300 000 Kubikmeter Wasser. »Dafür werden, je nach Beschaffenheit des ankommenden Rohwassers, 20–30 Tonnen Chemikalien benötigt. Aus den Sedimentationsbehältern werden täglich etwa 2000 Kubikmeter Schlammwasser abgezogen, über Druckrohrleitungen zum Klärwerk Ruhleben gepumpt und dort einer Abwasserbehandlung unterzogen. Der tägliche Energiebedarf der Anlage beläuft sich auf ungefähr 50000 Kilowatt pro Stunde.« Ohne Belastung der Anwohner wird mit der Organisation und Raumkomposition die Be- und Entlastung balanciert.

Ort **Buddestraße, Berlin-Tegel**
Bauzeit **1981–85**
Architekt **Gustav Peichl**

Nach der Entwicklung einer neuartigen Verfahrenstechnik konnte die Phosphateliminierungsanlage als das einzige technische Bauwerk der IBA im Gutachterverfahren 1978 ausgeschrieben werden. Ihre Aufgabe ist es, den Phosphatgehalt des Tegeler Sees zu verringern.

93

»Wahlverwandtschaften«
Das Wissenschaftszentrum

Diane Lewis

Literatur:

James Stirling: Wissenschaftszentrum Berlin. Berlin 1985

Der Neubau des Wissenschaftszentrums Berlin für Sozialforschung. Berlin 1988

James Stirling, Michael Wilford and Associates, Buildings & Projects 1975–1992. Stuttgart 1994

Dieser Bau ist das erste »gebaute Haus« für das Wissenschaftszentrum in Berlin. Dieses war in den sechziger Jahren in Deutschland eine vollkommen neuartige sozialgeschichtlich orientierte Institution, deren Aufgaben kontrovers diskutiert wurden. Gegründet wurde die Einrichtung 1969 in der festen und auch neuen radikalen Überzeugung, daß Studien über Berlin und Deutschland auch international von Bedeutung sein könnten. Das Haus sollte der gemeinsamen Arbeit deutscher Denker dienen, die nach Beteiligung an einer internationalen geistigen Gemeinschaft und nach ihrer Anerkennung strebten. In den sechziger Jahren wurde Geschichte neu verstanden unter dem aktionistischen Motto »Der Prozeß ist das Produkt«. Jedes Geschehen wurde aufgezeichnet in der Möglichkeit, es zu Geschichte zu machen. So sollte auch der Bau des internationalen Wissenschaftszentrums von dem Schotten James Stirling, der den Zeitgeist der sechziger Jahre geradezu verkörperte, international Geschichte schreiben – und bildete gleichzeitig die Schwelle zum Postmodernismus, zu einem fast gegensätzlichen Verständnis von gebauter Geschichte.

Es stellt ein kritisches Modell für die städtebauliche Entwicklung Berlins dar, weil es die städtische Erinnerung aktiviert in der bewußten Auswahl des Standorts und seiner Anbindung und Umwandlung eines vorhandenen historischen Bauwerks: des ehemaligen Reichsversicherungsamtes, 1894 von Alfred Busse erbaut, auch »kleiner Reichstag« genannt.

Der Bau dieser so schwer einzuordnenden »privat-staatlichen« Institution, welche am Rand der Universität angesiedelt ist, ist die Verkörperung eines ähnlichen Kampfes innerhalb der Architektur: Sie läßt sich in das Sichtbare und das Unsichtbare untergliedern. Sichtbar für jedermann sind das Gebäude, die Fassade, der Baukörper; unsichtbar für den Bürger sind Ausgestaltung des Wissenschaftszentrums im Inneren und der Grundriß, der das primäre Bild für den Architekten ist. Ein großer Teil der Diskussionen um das Wissenschaftszentrum betraf das Sichtbare. Hier soll es um das Unsichtbare gehen, das großen Einfluß auf die »Psyche der Stadt« besitzt.

Die »Psyche der Stadt« wurde als Begriff eingeführt von Freud in seiner Schrift »Das Unbehagen in der Kultur«, als er die Stadt mit einem seelischen Organismus verglich. Dies stellt für mich das Denkmodell dar, mit welchem ich das Projekt Stirlings lesen werde. Seine Idee, Berlin zu heilen, geht über das Physische hinaus: nicht Rekonstruktion, sondern Bereicherung des Organismus. Dies geschieht, wenn es eine gleichzeitige Innovation der Institution und ihrer architektonischen Form gibt.

Um das nächste Jahrhundert mit der Hinterlassenschaft von Mies van der Rohes Überzeugung »Architektur ist der eigentliche Kampfplatz des Geistes« als Begründung von fundierter Kritik zu beginnen, muß

auch dieser architektonische Akt auf seine speziellen Herausforderungen hin untersucht werden: die Gründung einer neuen bürgerlichen Institution, ihre Verortung in der historischen Textur Berlins, die Legende des Ortes, die Umwandlung der schon vorhandenen Struktur und die Konfrontation mit der umliegenden Architektur. Diese Punkte repräsentieren die Fragestellung des gesamten IBA-Projekts (Internationale Bauausstellung; Nr. 39).

Das Wissenschaftszentrum war eines der wenigen Projekte, die nicht dem sozialen Wohnungsbau und nicht der Berliner Blockstruktur zuzuordnen sind. Der Standort gehörte zu den prominentesten der IBA, weil er in Blickweite der von Mies van der Rohe geschaffenen Neuen Nationalgalerie [Nr. 29] liegt, des Parthenontempels unseres Jahrhunderts. Die Chance, den Blick durch die Nationalgalerie um ein Stück zu bereichern, stellte eine schwere Verantwortung dar; daraus ergab sich unvermeidlich ein Dialog mit Mies, wie dieser im Dialog mit der Matthäikirche (1844–46, von August Stüler), mit Scharouns Philharmonie [Nr. 26] und Staatsbibliothek [Nr. 30] und mit der Erinnerung an diesem Ort gestanden hatte. Berlin war und ist ein architektonisches Schlachtfeld des Geistes, ein leidenschaftliches Spiel, ein allegorisches und mythisches Modell, aus dem sich viel lernen läßt; und James Stirling ist einer der Spieler dieses Dramas.

Die Alchimie des Entwurfs:

Der eigentlichen Faustlegende gingen zahlreiche Legenden voraus, in der statt des Alchimisten ein Baumeister seine Seele an den Teufel verkauft, um eine Kathedrale entwerfen zu können, die ganz seinen Vorstellungen entspricht; für eine neue Vision des Gotteshauses verlangt der Teufel die Seele seines Schöpfers. So ging in der deutschen Legende ein Baumeister in dem Pakt mit dem Teufel dem Alchimisten voraus. Sein Pakt stellte eine Selbstaufopferung mit dem Ziel der Heilung dar. Einen geistigen Akt von öffentlicher Tragweite, der zugleich der Versuch war, »den Teufel auszutreiben«. Der Entwurf der Kathedrale als ikonographische Projektion des Leibes Christi oder eines Heiligen auf die Stadt findet sich in zahlreichen Legenden deutscher Städte und nimmt eine sakrosankte Stellung ein.

Die Alchimie von Stirlings Entwurf für das Wissenschaftszentrum ist weitaus ernster als der Charakter von »bricolage«, den man seiner Methode vielfach zuschreibt. Dieser Entwurf ist ein ballettartiger Tanz aus Identitäten, die einander sanft berühren oder heftig aufeinanderstoßen. Die Auswahl der Ikonen enthält eine Botschaft für Berlin: eine kleine Kathedrale, ein griechisches Theater (die Cafeteria), ein mittelalterlicher Turm (die Bibliothek), Busses »kleiner Reichstag« (der bereits vorhandene neoklassische Bau) und ein Kloster des 20. Jahrhunderts (die »Zellen« für die Forscher). Stirling schreibt eine ausgewählte Geschichte humanistischer Architekturtypen in dieses Gelände, wo einstmals entlang des Kanals viele soziale Institutionen beheimatet waren.

In seinen frühen Projekten bewies Stirling große Meisterschaft in der Kombination unterschiedlicher Entwurfsnotationen, mit deren Hilfe er funktionale Elemente der jeweiligen Institutionen charakterisierte, die er aber ohne historische Anspielungen gestaltete. Was veranlaßte ihn in diesem Berliner Projekt, die historischen Assoziationen in seinen Entwurf aufzunehmen? Gewöhnlich weist man in diesem

^{Ort}Reichpietschufer 48–58, Berlin-Tiergarten

^{Bauzeit}1980–88

^{Architekt}James Stirling mit Michael Wilford

(Reichsversicherungsamt: 1894, Alfred Busse)

Das Wissenschaftszentrum wurde 1969 gegründet. Für die »Denkfabrik« wurde 1979 der Bauplatz neben dem Kulturforum für einen Neubau gewählt, der den Altbau integrieren sollte. Stirling gewann den unter IBA-Leitung ausgeschriebenen Wettbewerb 1980. Forderung war, ein Raumprogramm zu entwickeln, welches die drei Institute (Wirtschaftswissenschaften, Sozialwissenschaften und Ökologie) miteinander verbinden sollte.

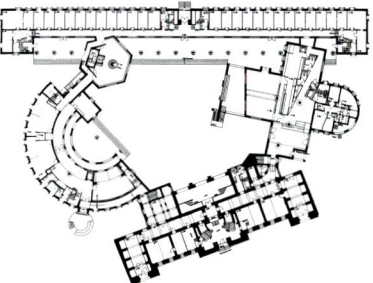

Zusammenhang auf Spree-Athen hin oder auf die Ähnlichkeit mit der Villa Adriana. Doch Stirling hatte bereits bewiesen, daß er sich auf die radikale, aus den »Wurzeln« der Syntax schöpfende Transformation klassischen Denkens versteht; schon früh in seinem Leben knüpfte er Verbindungen zu Le Corbusier und Mies und zeigte, daß er sehr wohl um die Möglichkeiten struktureller Interdependenzen als Metapher für die Ziele sozialer Interaktionen weiß.

In Stirlings Entwurf, einer Liebeserklärung an die Geschichte, sehe ich einige Wahlverwandtschaften: eine Erwähnung Schinkels im Gespräch mit Mitarbeitern des Wissenschaftszentrums über Spree-Athen; einen Versuch, John Hejduk zu ehren, in der ballettartigen Ausgestaltung des Entwurfs, in dem Elemente sich tangential berühren – eine Hommage an Hejduks »Berlin-Masque«-Projekt (1979–83); und natürlich einen Salut an Aldo Rossi hinsichtlich der Verwendung anerkannter historischer Vorbilder. So sind im Text des Stirlingschen Versuchs die einflußreichsten Wurzeln des Diskurses aufgezeichnet, den die IBA über die Bedeutung des Ortes für die programmatische und gesellschaftliche Innovation geführt hat.

Die in die Fassade des »kleinen Reichstags« eingelassene Krone der Freiheitsstatue ist Stirlings letzte Botschaft, eine sichtbare Collage für die Nachwelt, ein Sinnbild für Freiheit und Demokratie. Die Fragen, die in der Umwandlung des »kleinen Reichstags« zu einer sozialwissenschaftlichen Institution im Kontext der Mauer und der IBA entwickelt wurden, können als Vorläufer der Fragen verstanden werden, die an die konzeptuelle Transformation des »großen Reichstags« [Nr. 50] zu stellen sind.

Wiederentdeckung der Geschichte
Die Internationale Bauausstellung in Berlin 1984/87 im Rückblick

Peter Rumpf

Ein Rückblick auf die IBA, die Internationale Bauausstellung Berlin, mutet an wie ein Blick in eine weit zurückliegende Vergangenheit. 1984, 1987, mein Gott, eigentlich erst ein Dutzend Jahre her, aber was hat sich seitdem nicht alles verändert! Jede Erinnerung an jene Zeit, in der alle an Architektur und Städtebau Interessierten voll auf ihre Kosten kamen und in der die IBA und ihre Protagonisten oft genug die Gemüter in Wallung versetzten, jede Erinnerung daran wird überdeckt vom Herbst 1989 und den Umwälzungen, die dieses Datum für die Stadt und für das Baugeschehen in ihr gebracht hat. Vor diesem Hintergrund erscheint die IBA der »Vorwendezeit« fast marginal, ja, trotz ihres erklärt hohen Anspruchs beinahe wie eine Fußnote zu dem, was später kam. Aber war sie wirklich nur eine Fußnote in der bewegten Chronik der Stadt?

Es lohnt ein schlaglichtartiger Blick auf die Situation, in der sich Berlin und die Architektur Berlins befanden, als die Internationale Bauausstellung 1978 ins Leben gerufen wurde, 21 Jahre nach der ersten Internationalen Bauausstellung der Nachkriegszeit im Hansaviertel [Nr. 22]. So hieß es denn 1978: »Mit dem Senatsbeschluß hat eine fast vierjährige Vordiskussion den Abschluß gefunden. Die ganze Stadt wird polyzentrisch zum Ausstellungsgegenstand.« Gemeint war natürlich nicht die ganze Stadt, sondern nur die halbe, die westliche. Das eigentliche Zentrum, »der Osten«, blieb völlig außerhalb des Blickfeldes – was eine Form von selbstverordneter Einäugigkeit nicht nur der IBA war. Und noch eine Passage aus der damaligen Presseerklärung sei in Erinnerung gerufen: »Um die zu gründende Trägergesellschaft auch personell optimal auszustatten, hat sich Bausenator Harry Ristock zu einer internationalen Stellenausschreibung entschlossen.« Daß diese dann doch nur national ausfiel und zunächst den Wiesbadener Stadtrat Jörg Jordan und den Ministerialdirektor im Bonner Bauministerium, Ulrich Pfeiffer, auf die Geschäftsführerstühle brachte, daran erinnert sich heute kaum noch jemand. Auch daran nicht, daß noch andere Personen auf- und wieder abtauchten: Oswald Mathias Ungers, Thomas Sieverts,

Hinrich und Inken Baller, Wohnbebauung Fraenkelufer in Berlin-Kreuzberg (1982–84)

Lothar Juckel. Übrig blieben schließlich Hardt-Waltherr Hämer und Josef Paul Kleihues; daran erinnert sich jeder.

Was fanden sie vor, die Macher der IBA? Eine Halbstadt im politischen, finanziellen, kulturellen, soziologischen und stadträumlichen Ausnahmezustand. Nichts, fast nichts funktionierte hier wirklich normal, obwohl sich alles diesen Anschein gab. Die Entwertung der Stadt als komplexes Lebensgefüge war weit fortgeschritten. Die Träume einer autogerechten Metropole waren keineswegs schon ausgeträumt; Tangenten aller Himmelsrichtungen warteten auf ihre konsequente Durch- und Weiterführung. Kahlschlagsanierungen größten Stils bestimmten die Strategie nicht nur der allmächtigen Wohnungsbaugesellschaften, sondern auch die Köpfe der Stadtplaner. Die Folge waren der Verlust ganzer Gründerzeitviertel auf der einen Seite sowie Demos und Hausbesetzungen auf der anderen Seite. Und was die Neubauarchitektur als solche anging, so war sie aufgeteilt unter einer Handvoll von Platzhirschen und wurde stilistisch dominiert vom sogenannten Internationalen Stil, der sich weltweit auf die Tugenden des Bauhauses berief, aber schon längst zum platten Technizismus, Vulgärfunktionalismus und zu formaler Dürftigkeit verkommen war. Jane Jacobs' »The Death and Life of Great American Cities« (1961) war zwar inzwischen auch auf deutsch erschienen, und Alexander Mitscherlichs »Unwirtlichkeit unserer Städte« wurde nicht nur unter Studenten der 68er Generation lebhaft diskutiert. Sichtbare Folgen zeitigte dies aber kaum. Verschärfend hinzu kamen die abgeschottete Insellage mit ihrer unheilvollen, aber »gewachsenen« Verfilzung von Parteien, Gewerkschaften und Politikern sowie Ämterpatronage innerhalb der Bezirks- und der Senatsbehörden. Genug also zum Aufräumen.

Andererseits war es aber keineswegs so, daß die IBA mit ihren Absichten bei Null hätte beginnen müssen. Spätestens seit dem Europäischen Denkmalschutzjahr 1975 war nicht nur die Fachöffentlichkeit sensibilisiert für die Gefährdung historischer, ja, aller vorhandenen Bausubstanz – worauf Hämer in SO 36, im östlichen Teil Kreuzbergs, aufbauen konnte. Und Wolf Jobst Siedler hatte 1977 mit seiner Morgenpost-Serie »Modelle für die Stadt« den Boden bereitet für Kleihues und seine »kritische Rekonstruktion« und für den Blick über die Stadtgrenzen hinaus sowie den von außen auf die Stadt. So klang das Motto der IBA, »Schluß zu machen mit der Lieblosigkeit und Routine im Wohnungs- und Städtebau« weniger wie eine revolutionäre Kampfansage als eine Intensivierung und Kanalisierung sich abzeichnender Tendenzen. Mit kräftigem Rückenwind aus dem Frankfurter Architekturmuseum und von dessen Direktor Heinrich Klotz sowie dank des charismatischen Führungsgespanns Kleihues/Hämer setzte sich mit der IBA in Berlin, sprich West-Berlin, eine Institution in Bewegung, die schon bald den Routiniers der Senats- bzw. Bezirksbürokratie Konkurrenz machen sollte. Und genau das war – auch – beabsichtigt.

Die IBA nahm ihren Lauf. Sie sorgte für reichlich Baustellen, gab – einer damaligen Mitteilung zufolge – 85 Millionen Mark für konzeptionelle Entwicklung und Koordinierung eines Bauvorhabens von mehr als drei Milliarden aus und legte Rechenschaft ab, zum erstenmal 1984 im Martin-Gropius-Bau mit der Ausstellung »Idee Prozess Ergebnis« und zum zweitenmal 1987 mit einer Ausstellung in der Neuen Nationalgalerie: »Die Innenstadt als Wohnort« und einer »alternativen« Ausstellung in der dafür wiederentdeckten Bürohausruine »Merkur« in der Linden-

Wohnbebauung am Tegeler Hafen von Charles Moore, John Ruble und Buzz Yudell (1985–88)

^{Ort} **Schwerpunkte: südliche Friedrichstadt; südliches Tiergartenviertel;**

Kreuzberg SO 36; Prager Platz; Hafen Tegel

^{Bauzeit} **ab 1980**

^{Architekten} **Peter Eisenman, Giorgio Grassi, John Hejduk, Charles Moore,**

Office for Metropolitan Architecture, Frei Otto, Aldo Rossi, Alvaro Siza u. v. m.

Bereits Anfang der siebziger Jahre trug sich der Senat von Berlin mit dem Gedanken, eine vierte Bauausstellung in Berlin (die letzte war die Interbau 1957) zu veranstalten. Ein erstes Konzept aus dem Jahr 1980 sah das zerstörte Tiergartenviertel als Demonstrationsgebiet vor. Nach dem Einsetzen einer großen öffentlichen Diskussion wurden jedoch die zu sanierenden Gebiete ausgeweitet auf weite Teile West-Berlins, insbesondere Kreuzbergs. Einschneidende Veränderungen in der Schwerpunktsetzung der Stadtentwicklungspolitik, in der Wahrnehmung »städtischen Wohnens« und auch in dem Umgang mit der Geschichte der Stadt trugen zu dieser Ausdehnung bei, durch die das eigentlich angesetzte Jahr 1984 zu einem Zwischenbilanzjahr wurde und 1987 dann die eigentliche Ausstellung stattfand. Das Abgeordnetenhaus Berlin beschloß die Gründung einer »Bauausstellung Berlin GmbH«, welche die Planungsdirektoren – später Berater – berief, von denen Oswald Mathias Ungers und Thomas Sieverts absagten, so daß Josef Paul Kleihues (für den Neubaubereich) und Hardt-Waltherr Hämer (für die Altbausanierung) verblieben. Nach 1987 wurde die Stadterneuerungsgesellschaft S.T.E.R.N. gegründet, um die Projekte über die IBA hinaus verfolgen zu können.

Literatur:

Idee Prozess Ergebnis. Die Reparatur und Rekonstruktion der Stadt. Berlin 1984

Internationale Bauausstellung Berlin 1987. Beispiele einer neuen Architektur. Stuttgart 1986

Internationale Bauausstellung Berlin 1984/87. Die Neubaugebiete. Dokumente. Projekte. Stuttgart 1987

Das Abenteuer der Ideen. Architektur und Philosophie seit der industriellen Revolution. Ausstellungskatalog. Internationale Bauausstellung Berlin 1984/1987

Wohn- und Geschäftshaus von Peter Eisenman, Kochstraße in Berlin-Kreuzberg (1985–86)

straße. Es waren aber vor allem die wachsende Diskussion in der Tagespresse, die vielfältigen Veranstaltungen, Stadtführungen, Grundsteinlegungen, Richtfeste und Einweihungen, und es war das ganze Klima, wodurch das Thema Architektur in das Blickfeld rückte.

Wenn wir heute, mit zeitlicher und emotionaler Distanz, das kritisch zu würdigen versuchen, was der Leiter der Altbau-IBA, Hardt-Waltherr Hämer, nach seinen Rezepten einer »behutsamen Stadterneuerung« in der Luisenstadt und in SO 36 und was der Leiter der Neubau-IBA, Josef Paul Kleihues, nach seiner Philosophie einer »kritischen Rekonstruktion« in der südlichen Friedrichstadt, am Tegeler Hafen, in Tiergarten und – leider nur in Ansätzen – am Prager Platz zuwege gebracht haben, könnte man leicht dem Irrtum verfallen, die Aktivitäten der IBA als nicht so außergewöhnlich, als eher selbstverständlich oder zumindest als »Schnee von gestern« beiseite zu legen. Das wäre mehr als einseitig. Nach der langen Durststrecke der Provinzialitäten der sechziger und siebziger Jahre verspürte man zum erstenmal den Hauch von Internationalität, in Berlin selbst und für Berlin im architekturinteressierten Ausland. Und die IBA legte im Grunde das Fundament, auf dem das wachsen konnte, was der Stadt nach 1989 in viel größerem Maßstab dann bevorstand.

Vier Themenfelder sind es, für die die IBA die Kriterien geschaffen hatte, ohne die die gigantischen Planungs- und Bauaufgaben, in denen Berlin heute steckt, in Beliebigkeit versunken bzw. außer Kontrolle geraten wären. Da ist zunächst die

Wiederentdeckung der Geschichte als Voraussetzung für eine tragfähige Zukunftsperspektive von Stadt und städtischer Gesellschaft überhaupt. Es beginnt mit dem damals oft belächelten Beharren auf den überlieferten Bausteinen der europäischen Stadt: öffentliche Straßen, Plätze, Blockstruktur, Haus, Wohnung. Sie bilden die Grundlage des Konzeptes für die Rekonstruktion der gesamten Friedrichstadt in Berlin-Mitte. »Die kritische Rekonstruktion versucht, aus dem Bewußtsein der Krise nicht resignativ in eine heile Welt zurückzuflüchten, sondern in konstruktiver Opposition zur klassischen Einheit im Großen die virulente Einzigartigkeit der Teile als Teile eines lebendigen Ganzen zu stärken.« So Kleihues im IBA-Katalog 1987, und so ähnlich galt es auch nach 1990. Daß es in dieser Idealität nicht in allen »Teilen« gelang, sei nicht verschwiegen. Der Verzicht jedoch auf jede Form von Selbstdisziplin hätte bei der Fülle der Bauaufgaben und deren Ausmaßen vielleicht die eine oder andere »Sensation« mehr hervorgebracht, die unabdingbare Suche nach einer gebauten Identität mit Berlin und seiner Geschichte wäre aber noch schwieriger geworden.

Das zweite Erbe der IBA folgt aus dem soeben Beschriebenen: Es ist die Achtung vor dem Vorhandenen als Wert an sich. Sie kommt in der »behutsamen Stadtreparatur«, wie sie vor allem Hämer propagierte, zum Vorschein. Dieser Prozeß des Umdenkens hat nichts mit Nostalgie zu tun, es ist die Voraussetzung einer Kontinuität in Städtebau und Architektur, auch wenn diese – oder gerade weil diese – in diesem Jahrhundert mehrere Male von totalen Brüchen gekennzeichnet ist. Natürlich zeigt diese Kehrtwendung heute auch kuriose Blüten, wie z. B. die Erhaltung des Kaisersaals im ehemaligen »Esplanade« unter dem Konstruktionsgebirge von Sony am Potsdamer Platz. Aber es wäre noch mehr an historisch wertvoller, aber auch an eher unauffälliger Bausubstanz geopfert worden, wenn die Sensibilität vor allem in der Öffentlichkeit in den achtziger Jahren der IBA nicht geschärft worden wäre.

Drittens verdankt die Diskussion, wie sie heute um Architektur geführt wird, der IBA die Entdeckung und Wertschätzung der Vielfalt. Damit ist nicht nur die Vielfalt der Erscheinungen gemeint – »eine dominierende Richtung der Architektur gibt es nicht mehr« (Josef Paul Kleihues im Vorwort zur IBA-Ausstellung 1986 im Frankfurter Architekturmuseum). Es ist auch die Vielfalt der Architekten gemeint. Die IBA war es – und zwar nicht nur der Teil um Kleihues –, die der in bequemen Jahren gewachsenen Berliner Architekten-Inzucht eine ungewohnte Auseinandersetzung mit anderen Tendenzen und Impulsen aus dem Ausland zumutete. Das ging keineswegs ohne heftige Gegenwehr ab, wie sich in bösen Kommentaren aus jenen Jahren nachlesen läßt. Aber die Selbstverständlichkeit, mit der heute ein britischer Architekt das wichtigste Gebäude der neuen Bundeshauptstadt bauen kann, wäre ohne die große Schar ausländischer Architekten als geladene Gäste zu IBA-Wettbewerben und dann auch als Bauende nicht denkbar. Daß dies vor zwölf Jahren auch mal exotische Züge annehmen konnte, wie am Tegeler Hafen oder in der Rauchstraße, gehörte wohl dazu. Belebend war es in jeder Hinsicht. Dieser geistigen Öffnung in Sachen Architektur verdankt auch das Nach-Wende-Berlin die Erkenntnis, daß in einem zusammenwachsenden Europa die Nationalität eines Architekten unwichtiger wird und die Öffnung der Grenzen für Denkanstöße von außen noch keine Preisgabe von regionaler Tradition oder nationaler Identität bedeutet.

Stadtvilla Rauchstraße 5, Berlin-Tiergarten, von Hans Hollein (1983–84)

Das Entscheidende jedoch, zu dem die IBA als nicht zu unterschätzender Katalysator beigetragen hat, ist das öffentliche Interesse an Architektur. Bauen wird nicht mehr als Privatangelegenheit eines Investors oder einer Behörde angesehen, sondern ist Teil der Res publica. Wohnungsbau ist nicht mehr nur Resultat von Abstandsflächen, Erschließungskosten, Abschreibungsfristen und Mietzins, sondern Ausdruck eines individuellen Lebensgefühls, Teil einer Identitätssuche, Selbstdarstellung einer Gesellschaft und die Einlösung von Qualitätsansprüchen, seien sie die eines ökologischen Bewußtseins oder der ästhetischen Differenzierung. Architektur und Städtebau ist, spätestens seit der Internationalen Bauausstellung Berlin 1987, das Anliegen aller.

Was bleibt von dem Großunternehmen IBA, was von seinem Anspruch, die »Innenstadt als Wohnort« zurückzugewinnen und Fragen des Planens und Bauens in die Öffentlichkeit zu tragen? Da sind zunächst die vielen Lückenschließungen, Verdichtungen, Infrastruktureinrichtungen, die Parks und Plätze, die gerettete Altbausubstanz in den Berliner Stadtteilen, die besonders unter der eingangs erwähnten Lieblosigkeit und Routine der Nachkriegszeit zu leiden hatten. Da sind die vielen Kataloge und Veröffentlichungen, die sorgfältigen Recherchen historischer Zusammenhänge. Da bleibt die Erfahrung mit den Chancen und Grenzen partizipatorischer Planungsprozesse, mit neuartigen Trägerschaftsmodellen und Arbeitsstrukturen. Aber da sind auch ungebaute Projekte als nicht eingelöste Versprechen oder auch nur als Diskussionsmaterial. Und es findet sich auch manch gebauter Zeuge modischer Momentaufnahmen, Irrwege architektonischer Selbstverwirklichung, steckengebliebene Experimente, auch einige Beispiele für des Kaisers neue Kleider. Nostalgie mag aufkommen, wenn man heute durch die Ritterstraße oder am Fränkelufer entlangspaziert. Oder durch die Zimmerstraße! Wenn man dann aber im Ausland auf Berlin und seine momentanen Bauaktivitäten zu sprechen kommt, wird man gewahr, wie nachhaltig damals die IBA das Wissen um die Probleme der Stadterneuerung und -weiterführung geweckt hat und daß dieses Wissen die Voraussetzung für das internationale Interesse ist, von dem Berlin heute lebt.

Autonomie des Denkens

Das Abwasserpumpwerk Tiergarten von Oswald Mathias Ungers

Martin Kieren

An einer stark befahrenen Straße gelegen, wird das ziegelsteinfarbene Gebäude zunächst en passant wahrgenommen. Man fährt vorbei, einen Grund, sich hier oder in unmittelbarer Nähe aufzuhalten, gibt es nicht. Es ist einer der vielen Nichtorte, eine urbane Leerstelle der Stadt, beherrscht vom stetigen Verkehr. Die baulich-räumliche Situation ist heterogen-diffus, unterschiedliche Bebauungstypen bestimmen das Bild. Dem vom Verkehr erzeugten Transitorischen, dem man hier ausgesetzt ist, wirkt der Bau von Ungers auf eine ihm eigene Art und Weise entgegen, obwohl es auch einen integrativen Zug daran gibt: Er bildet ein bauliches Ensemble mit dem benachbarten alten Abwasserpumpwerk, er korrespondiert mit dessen Maßen und Proportionen, Volumen und Elementen wie Kubus und Giebel. Die Farbe der Fassadenverkleidung trägt zu dieser visuellen Integration bei. Und doch hinterläßt das Gebäude gleichermaßen den Eindruck einer autonomen, harten Figur, einer in sich ruhenden Masse. In der Reihe der Straßenrandbebauung erscheint auf eine eigenartige Weise eine Art Urtypus von Haus. Ein Objekt, das eigenen Regeln, nicht nur denen des Kontextes, folgt, ohne diesen zu stören, gar zu verletzen – ohne formale Gewalteffekte, ohne auf visuelle Reize und Emotionen spekulierende Überspanntheiten. Man nimmt ruhige Flächen und Linien wahr, die eine Ordnung widerspiegeln. Es ist die Ordnung, die die Geometrie erzeugt. Eine Geometrie, die auf Maßen, Zahlen und Proportionen beruht. Zu lesen, zu sehen und zu spüren ist architektonische Grammatik. Eine Grammatik, die so alt ist wie die Baukunst.

Wer die Architektur von Oswald Mathias Ungers kennt, findet in diesem Industriebau in Moabit eine seiner konzeptionell begründeten Entwurfsstrategien wieder. Eine, die er in seiner nunmehr über fünfzigjährigen Praxis als Architekt immer mehr verfeinert und an einen konsequenten Punkt geführt hat. Es ist die wohlkalkulierte Strategie – so einfach es klingen mag, verhält es sich nicht –, einer Idee von Architektur zu ihrer Realisierung zu verhelfen. Einer Idee, die den geistigen Raum des Schöpferischen berührt, nicht den formalen der spekulativen Verschönerungsabsichten oder der individuellen Selbstverwirklichung. Für Ungers ist Architektur nicht ein Mittel, Programme zu erfüllen, atavistische Sehnsüchte zu befriedigen, an den Bauvorschriften entlangzubauen oder ein vermeintlich kreatives Potential durch eine Überproduktion an Phantasie und Formen auszuleben. Dem kleinen, am Straßenrand plazierten Abwasserpumpwerk ist auf den ersten Blick anzusehen, daß es Ungers um die Autonomie der Architektur geht, um das Ausloten der in der Disziplin selbst angelegten Möglichkeiten, um Ordnungsprozesse, um geistige Klarheit, mithin auch um die Autonomie des Denkens gegenüber den Prozessen, die gemeinhin zu einem Gebäudeentwurf führen. Die beiden Pole, einerseits ein Gebäude für eine ingenieurtechnisch komplizierte Apparatur zu schaffen und andererseits diesem Gebäude eine aus dem tradierten Regelwerk der Architektur gewonnene Volumetrie und Physiognomie zu geben, steuern die Anmutung des Bauwerkes, die erwähnte ambivalente Wirkung, die von

ihm ausgeht. Flüchtigkeit und Festigkeit halten sich die Waage; ein Haus unter anderen – aber zugleich eine Manifestation eines architektonischen Ausdruckswillens, der jenseits kategorisierter Kulturvorstellungen angesiedelt und erarbeitet worden ist. Das Gebäude, seine Struktur und seine Physiognomie, seine Volumetrie und sein Lineament sind frei von allen privatistischen Hieroglyphen, nichts ist hier Ersatz oder Mimikry. Zum Ausdruck kommen stereometrische Körper, exakt bemessene geometrische Flächen, eindeutige Figurationen, in den Stadtraum gezeichnete Linien, Quadrate, Kuben, Rechtecke, ein Dreieck.

Die Anlage mit ihrer unsichtbaren Maschinerie und ihrer Gebäudehülle funktioniert wie ein Eisberg: Der größte Teil des umbauten Raumes befindet sich nämlich unterirdisch. In einem 15 Meter unter Terrain gelegenen sogenannten »Saugraum« werden Schmutz-, Brauch- und Regenwasser durch natürliches Gefälle gesammelt. Über diesem Sammelbecken befinden sich drei Stockwerke innerhalb eines als Caisson, eine Art Senkkasten, ausgebildeten Bauwerkes. Hier stehen die Pumpen und ihre Antriebe, Motoren für den Notbetrieb, technische Vorrichtungen und Steuerungsapparaturen. Aus diesem unterirdischen Maschinenhaus werden täglich über 20 000 Kubikmeter Abwasser auf die außerhalb der Stadt liegenden Rieselfelder und zum Klärwerk nach Ruhleben gepumpt. Der Einzugsbereich des Pumpwerks beträgt 650 Hektar, das entspricht in etwa 150 000 Einwohnern. Überirdisch erhebt sich die geometrisch in den Stadtraum gezeichnete Gebäudefigur mit ihren vier sie rahmenden Schornsteinen auf einem dreischiffigen Grundriß.

Der Bau wurde als Ersatz für das nebenstehende denkmalgeschützte Werk aus dem 19. Jahrhundert notwendig, weil dessen Maschinenpark und Steuerungssysteme veraltet und nicht mehr modernisierbar waren. Oswald Mathias Ungers hat die Typik und Qualitäten dieses bestehenden Ensembles mit seinen Baulichkeiten analysiert und sich die Merkmale zu eigen gemacht, die das Straßenbild prägen. Die langrechteckige Figur des Grundrisses verdankt sich zunächst dem schmalen Zuschnitt des Grundstückes, das sich weit in den Blockinnenbereich erstreckt. Aus dieser topographischen Vorgabe und der Fassadengliederung der Giebelseite des Altbaus entwickelte Ungers seine Idee, den für den Fabrikbau im 19. Jahrhundert typischen Basilikatypus wiederaufzunehmen. Aber nicht, um das Bild als sentimentale Figur zu imitieren, sondern um die darin angelegten Motive zu transformieren und die in ihm wirkenden ästhetischen Energien zu aktivieren im Wissen darum, daß das Neue im Alten bereits wirksam ist, daß dieses Neue, jedenfalls wo es um kulturell lesbare Codierungen geht, dort entsteht, wo mit Bekanntem gespielt und variiert wird. Und daß es darum geht, das Gefundene dem Gebrauch der Gegenwart zu übereignen und dafür ein Bild zu finden, mithin eine ästhetische Strategie, mit der man sowohl die Bauaufgabe als auch den Ort gleichsam überhöht. Der für uns sichtbare Baukörper wird aus der formgebenden Kraft des gewählten dreischiffigen Grundrisses erzeugt: in der Mitte die große, einmodulige Halle, deren Raumvolumen bis in die Giebelstruktur reicht. Hier befinden sich die Handräder für den Notbetrieb und die Schachtöffnungen in die Untergeschosse. In den beiden Seitenschiffen sind die Leitwarte für den automatischen Betrieb, die Heizungsanlage, der Trafo und die Lüftungsanlage installiert. Die im Gebäude entstehenden Dieselabgase und Abluftreste werden über die 21 Meter hohen Schornsteine ausgeblasen.

Literatur:

Oswald Mathias Ungers. Quadratische Häuser. Stuttgart 1986

Oswald Mathias Ungers. Architektur 1951–90. Stuttgart 1991

Martin Kieren: Oswald Mathias Ungers. Zürich 1994

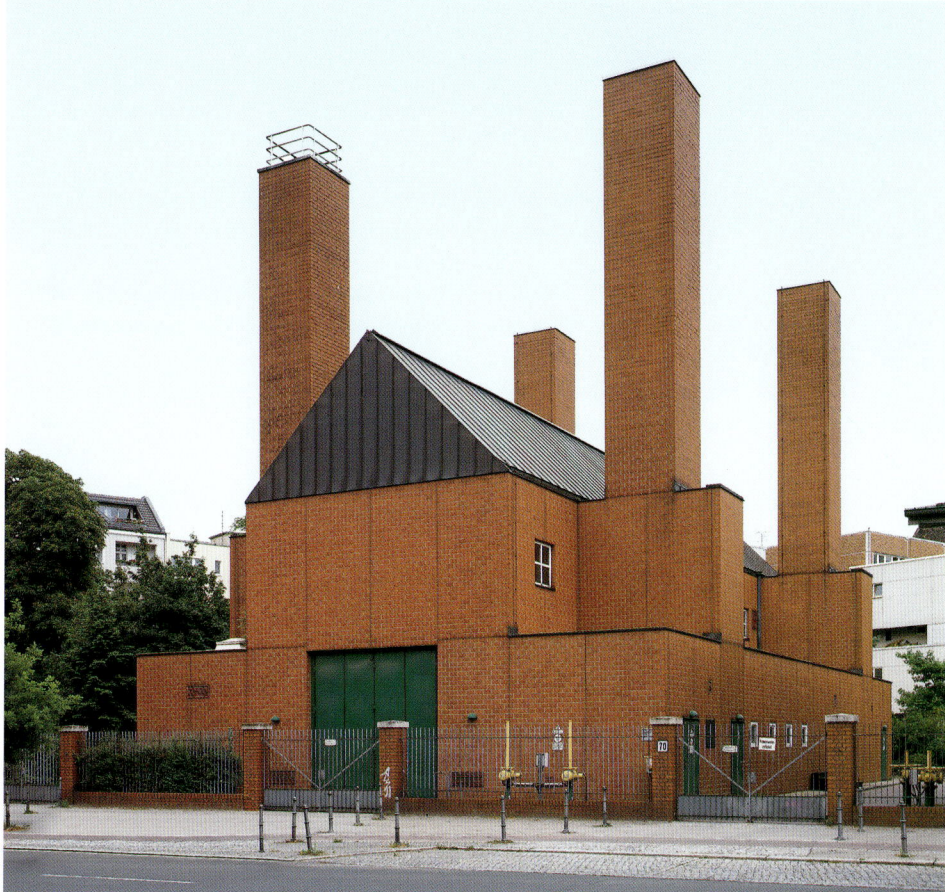

Ort **Alt-Moabit, Berlin-Tiergarten**

Bauzeit **1978–87**

Architekten **Oswald Mathias Ungers, Stefan Schroth**

Das alte Pumpwerk an der Straße Alt-Moabit war fast 100 Jahre alt (1890 erbaut) und wurde mit 13 Mann im Schichtbetrieb bedient. Der Neubau hingegen läuft vollautomatisch und wird vom Hauptpumpwerk Charlottenburg aus ferngesteuert. Die Anlage hat die Aufgabe, die Abwässer am tiefsten Punkt zu sammeln und in Druckleitungen zum Klärwerk Ruhleben zu pumpen. Das Werk wurde 1978 geplant, kam aber wegen verwaltungsbedingter Verzögerungen erst 1987 zur abschließenden Ausführung. Bauherr waren die Berliner Entwässerungswerke.

Architektonisch erfüllen diese vier markanten Türme eine doppelte Funktion. Zum einen geben sie der im städtischen Kontext relativ klein erscheinenden Gebäudekubatur einen visuellen Halt, sie verorten und markieren somit das zwischen ihnen eingespannte Haus. Zum anderen wird mit ihrer Höhe von 21 Metern auf die für Berlin typische Traufhöhe reagiert, die die städtischen Straßenräume beruhigt und zugleich vom Erkennbaren und Ähnlichen handelt. Der ursprünglich funktionsbedingte Maßstabsprung – niedriges Gebäude, hochaufragende Schornsteine – wird also vom Architekten für eine Strategie genutzt, aus dem funktionsbedingten ein architektonisches Thema zu machen. Auf dieser aus verschiedenen Strategien und Elementen gewissermaßen zusammengesetzten Idee – auf Topos, Typus, Struktur und architektonischer Ordnung des Gebäudes aufzubauen – beruht das starke Bild, das uns begegnet.

Beim näheren Hinschauen wird man gewahr, daß es in der Folge für Ungers nunmehr darum ging, das derart formbestimmende Programm konsequent zu Ende zu denken und zu bauen. Man sieht und spürt förmlich die Ordnungsachsen und

-linien, die Zirkelschläge, die aus dem rechten Winkel und aus der Diagonalen gewonnenen Fassadenflächen. Man sieht die ordnende Hand des Architekten, der nichts, aber auch gar nichts dem Zufall überläßt. Es ist eine gefühlsbefreite Strategie, aber eine, die an das jahrtausendealte Schönheitsempfinden appelliert: daß nämlich Schönheit und ein Begriff dazu aus Harmonien erwächst. Aus Harmonien, die sich einem Zahlenwerk, die sich Proportionen und mathematisch rhythmischen Maßen verdanken.

Die Farbigkeit und Materialstruktur der Verblendriemchen, mit denen alle Oberflächen des Baukörpers verkleidet sind, spricht hingegen von einer anderen Verbindlichkeit, deren die großstädtische Architektur, auch und vor allem in unserer Kultur, bedarf. Hier bedient sich Ungers einer Traditionslinie, die seit der Schinkelzeit für den Industrie- und Gewerbebau typisch ist und von allen in Berlin wirkenden Architektengenerationen angewendet wurde. Somit ist ein zeitgemäßes, ein modernes Kleinod Berliner Industriearchitektur entstanden, dessen Zeitlosigkeit in seiner architektonischen Ruhe und Würde begründet ist.

41

Urbanisierung des Zeilenbaus
Wohnbebauung am Luisenplatz von Hans Kollhoff

Heinrich Wefing

Man darf die achtziger Jahre in Berlin getrost als das Jahrzehnt des Wohnungsbaus bezeichnen. Mangels anderer Bauaufgaben erprobte vor allem die Internationale Bauausstellung 1987 (IBA) neue Wohnformen jenseits der »sozialen« Standard-Kiste an der Peripherie und suchte die Innenstadt als Lebensraum zurückzugewinnen. Hans Kollhoffs langgestreckter Ziegelriegel am Luisenplatz in Charlottenburg ist eines der interessantesten Resultate dieses Bemühens. Sogleich nach der Fertigstellung 1988 lebhaft diskutiert, hat der Bau bis heute nichts von seiner Frische verloren.

Die Wohnschlange mit einigen wenigen Läden und Gaststätten im Erdgeschoß ist Teil einer Anlage, die auf einem städtebaulichen Entwurf der Architektengruppe Brandt, Böttcher & Asisi aus dem Jahr 1982 beruht. Sie gliedert sich in unterschiedliche Bereiche, die zwischen dem Spreeufer, dem Park des gegenüberliegenden Schlosses Charlottenburg, einem stillen Wohnquartier und der vielbefahrenen Straße zum Flughafen Tegel vermitteln. Das Ensemble, das auf Trümmergrundstücken und Brachflächen errichtet wurde, gibt dem Luisenplatz eine neue Fassung, schließt mehrere Baulücken und verdeckt zahlreiche Brandwände. Es steht damit geradezu vorbildlich für das Anliegen der IBA, die tradierte Maßstäblichkeit des Stadtkerns zu rekonstruieren, ohne die entstandenen Brüche zu leugnen.

Kollhoffs dreigliedriger Baukörper ist in Dimension und Prägnanz gleichsam das Rückgrat der Anlage. Als große Form durchstößt er mit elegantem Schwung die Tiefe des zerklüfteten Blocks und setzt sich jenseits der Eosanderstraße in zwei Bauabschnitten fort, die von einem Altbau ruppig getrennt werden. Viergeschosige, streng gerasterte Glasfassaden, hinter denen Wintergärten liegen, sowie ein eigenwilliger Gebäudeabschluß, ein sich expressiv aufwerfender Betonflügel, halten die drei Häuser zusammen. Vor allem aber verbindet das einheitliche Material der Außenhaut, ein dunkler Ziegel, die Teile zu einem Ganzen. Dieser zwischen Blau und Dunkelrot changierende Klinker, der Kollhoffs Arbeit begleitet und auch sein Hochhaus am Potsdamer Platz [Nr. 46] verkleiden wird, demonstriert Selbstbewußtsein zwischen den Putzfassaden der umgebenden Gründerzeitbebauung und zeigt ein fast schon provokatives Desinteresse am gegenüberliegenden Schloß. Das Material, das die Flächen belebt, ihnen Struktur und Tiefe verleiht, muß in Berlin natürlich als Reminiszenz an Schinkel, an Mendelsohn und Poelzig verstanden werden. In seiner Anmutung aber steht Kollhoffs Klinkerbau der funktionalistisch disziplinierten Backsteinarchitektur des Spätwerks von Fritz Schumacher beinahe noch näher.

Überhaupt hat die steinerne Schlange am Luisenplatz mit dem traditionellen Mietshausbau Berlins eher wenig zu tun. Sie ist nicht spekulativ entstanden, sondern im halbstaatlich gelenkten, hoch subventionierten sozialen Wohnungsbau. Auch ihre innere Struktur unterscheidet sie vom klassischen Berliner Wohnhaus der Jahrhundertwende. Die drei Bauabschnitte bilden keine Höfe aus, kennen weder Seiten- noch Hinterhaus. Allein das Doppelgesicht des Gebäudes — vorn

Literatur:

Hans Kollhoff. Einleitung von Fritz Neumeyer. Barcelona 1991

Hans Kollhoff: Ein Stuhl. Ein Haus. Eine Stadt. Luzern 1991

Kay Ulrich Schmidt: Die Stadt als Wohnung. Hans Kollhoffs Wohnbauten und die Berliner Mietshaustradition. In: Neue Zürcher Zeitung, 16. Dezember 1995

eine aufwendig gestaltete Schauwand, hinten eine denkbar schlichte, steingraue Putzfassade mit winzigen Fenstern — läßt sich als Analogie zum Kanon älterer Mietshäuser lesen. Im Grunde handelt es sich bei den drei Bauteilen um herkömmliche Wohnscheiben, um gewöhnliche Zeilenbauten, die allerdings ungewöhnlich spannungsvoll in den Bestand hineinkomponiert worden sind. Als »Urbanisierung des Zeilenbaus« hat denn auch der Architekturhistoriker Fritz Neumeyer dieses Bemühen einer Versöhnung von Großform und Blockrand gepriesen, das schon Kollhoffs geradlinigen Erstling, die Wohnanlage am Berlin Museum (1982–86, mit Arthur Ovaskas), kennzeichnete.

Nicht zu Unrecht wurde Kollhoffs Bau, der nach der Fertigstellung vor allem durch seine Strenge und Geschlossenheit Aufsehen erregte, als »architektonischer Hybrid« bezeichnet.

Tatsächlich markiert die Bebauung an der Luisenstraße in Kollhoffs Arbeit — und in der Architekturentwicklung Berlins — weniger eine Wendemarke denn eine Zwischenstation: Der zerstörerische Städtebau der Moderne ist überwunden, abgelöst von einer Orientierung am Vorhandenen, von einer neuen Behutsamkeit im Umgang mit dem Bestand. Die Stilmittel aber, die Architekturformen selbst, sind noch solche der Moderne, weit entfernt von dem dogmatisch erstarrten Traditionalismus der neunziger Jahre. In der Blockrandbebauung am Luisenplatz hat Kollhoff noch nicht den »Rückwärtsgang in der Architekturgeschichte« eingelegt, wie die »taz« (tageszeitung) ein paar Jahre später, 1994, spotten sollte.

Der Architekt zeigt sich vielmehr als einfallsreicher Vertreter der sogenannten »Zweiten Moderne«. Insbesondere die weißen, auf schwere Wandscheiben gelagerten »Flugdächer« verweisen auf Entwürfe Le Corbusiers. Aber auch jenseits dieser schwebenden Dachkrone knüpft Kollhoff an die Traditionen der klassischen Moderne an. Die streng graphisch gegliederte Lochfassade etwa, die sockellos am Straßenrand steht, ist als Scheibe mit unterschiedlich tiefen Öffnungen behandelt, nicht — wie mittlerweile in Berlin und auch in Kollhoffs späteren Entwürfen üblich — als Dreiklang von Postament, Hauptgeschossen und rückspringender Dachzone. Alle Schmalseiten sind unterschiedlich gestaltet und betonen dadurch die Eigenständigkeit der Baukörper, die Details sind sauber durchgearbeitet, die Fenster sitzen gut in der Wand.

Das gesamte Ensemble ist von einer Alterslosigkeit, die besticht. Während der postmodische Glanz vieler Bauten der IBA mit ihren Säulchen und Erkern längst matt geworden ist, scheinen gut zehn Jahre an Kollhoffs Ziegelzeile vorbeigegangen zu sein, ohne allzu viele Spuren zu hinterlassen. Gewiß, hier und da verrät die Farbe, die von Balkonen und dem Flugdach platzt, Schlamperei bei der Bauausführung, die deutlich überinstrumentierten Haustüren sind abgewetzt, und die Entlüftung eines der Restaurants ist nachträglich lieblos in eine Ecke geklemmt worden. In seiner festgefügten Haltung aber, in seiner rauhen Körperlichkeit, zeigt der Bau eine bemerkenswerte Dauerhaftigkeit.

Gleichwohl ist er, jedenfalls aus der heutigen Sicht seines Architekten, überholt. Bis 1989, so äußerte Kollhoff in einem Interview, hätten die Baumeister WestBerlins »die Stadt nur herbeigeträumt«. Der Fall der Mauer sei »ein Realitätsschock« gewesen, der »uns zu einer anderen Architektur geführt« habe. Die »kritische Rekonstruktion« der traditionellen Stadt, die von der IBA propagiert wurde, stieg zwar nach 1989 zur Doktrin des Hauptstadtbaus auf. Mehr und mehr jedoch

Ort **Luisenplatz,**

Berlin-Charlottenburg

Bauzeit **1988**

Architekt **Hans Kollhoff**

Das Konzept für die gesamte Wohnanlage basiert auf einem städtebaulichen Entwurf der Architektengruppe Brandt, Böttcher & Asisi aus dem Jahr 1982. Die leicht geschwungene Zeile von Kollhoff, die an eine Brandmauer anschließt, hat eine über vier Geschosse reichende, leicht vorgezogene, von blaubunten Klinkerstreifen eingerahmte Glasfassade, die sich zum Luisenplatz hin öffnet. Den Gebäudeabschluß bilden auf Wandscheiben gelagerte weiße Flugdächer, unter denen Ateliers eingebaut sind.

ging sie unter dem Druck des Nachwendebaubooms ihrer anspruchsvollen theoretischen Unterfütterung verlustig, ersparte der historischen Mitte Berlins immerhin Hochhäuser, bescherte ihr dafür aber eisige Würfel und Steinquader en gros. Radikale Reduktion, serielle Reihung, ironiefreie Monotonie — all das, was zum

Unbehagen an der modernen Architektur geführt hat, wird in Berlin unter neuen ideologischen Vorzeichen seither noch einmal durchexerziert. Die heitere Poesie der IBA-Villen ist zur scharfkalkulierten Investoren-Prosa ausgenüchtert worden. Und Wohnungsbau findet in der Kapitale neuerlich nur am Rande statt.

42

Architektur als Mnemotechnik
Das Jüdische Museum von Daniel Libeskind

Michael Mönninger

Literatur:

Daniel Libeskind: Kein Ort an
seiner Stelle. Schriften zur
Architektur – Visionen für Berlin.
Dresden 1995

Das jüdische Museum im
Stadtmuseum Berlin. Eine
Dokumentation. Berlin 1998

Daniel Libeskind: Jüdisches
Museum Berlin. Dresden 1999

Zehn Jahre lang war das Bild des steinernen Blitzes von Daniel Libeskinds neuem Jüdischem Museum in Hunderten von Zeichnungen, Zeitungsberichten, Architekturgesprächen und politischen Debatten gegenwärtig. Die Öffentlichkeit glaubte sich satt gelesen zu haben an den unverständlichen Kalligraphien von Libeskinds Entwurfsplänen und den dunklen Philosophemen seiner Architekturpoesie. Zwischendurch kam der Fall der Mauer, der seine gesamte Baumetaphorik von Bruch, Riß, Grenze und Schnittlinie durcheinanderbrachte, weil sich plötzlich ein noch größerer Abgrund zwischen den verfeindeten Stadthälften auftat.

1991 begann zudem das Tauziehen um die Finanzierung des Museums, das plötzlich seine Existenzberechtigung gegen allernötigste Berliner Nachwende-Investitionen für Bibliotheken, Schulen und Infrastruktur durchsetzen mußte. 1997 kochte schließlich ein Konzeptionsstreit über die Integration oder Autonomie des Hauses innerhalb der Berliner Stadtmuseen hoch, der mit der vollständigen Umwidmung des Ergänzungsbaus zum Solitär endete.

Ein Gebäude, das solche Verwerfungen übersteht, muß entweder von Anfang restlos tot gewesen sein oder aber so viel Zeit gespeichert haben, daß es noch ganz anderen Belastungen auf Dauer standhält. Nicht zufällig zählt Libeskind zu jener Gruppe von Bautheoretikern, die sehr viel Gedankenarbeit auf das Thema »Zeit« in der Architektur verwenden. Das beginnt bei der Suche nach dem Anfang oder der Grundidee eines Entwurfes. Anstatt in der Asche längst erloschener Baugedanken herumzustochern und sich auf willkürlich konstruierte Schöpfungsordnungen aus der Geschichte zu berufen, die lediglich durch lange bauhistorische Ableitungen kanonisiert und gerechtfertigt wurden, suchen diese Architekten andere, umfassendere Begründungen ihrer Entwürfe im Kontinuum von Sprache, Musik, Wissenschaft, Kunst und Geschichte.

Wenn Libeskind behauptet, mit der exaltierten Form seines versteinerten Blitzes und seiner perforierten Schlitzfassade ein imaginäres Stück Stadtarchäologie zu betreiben, indem er nicht willkürlich im Boden herumgräbt, sondern ein Netz von Bezugslinien nachbildet, die das Museum mit den ehemaligen Wohnorten jüdischer Berliner verbinden, dann ist das, in winzigem Maßstab, genauso unsinnig und grandios wie andere große Rätsel der Baugeschichte, bei denen Grundriß, Mythos und Zeremoniell ineinander verwoben sind. So gibt es bis heute keine Erklärung für das Mysteriosum, warum, wenn man auf der Landkarte Frankreichs die geographischen Verbindungslinien zwischen den großen französischen Marienkathedralen zieht, sich das Sternbild der Jungfrau abzeichnet.

Allerdings stellt sich bei Libeskinds Bau sofort die Frage nach der praktischen Brauchbarkeit einer solchen Konfiguration auf Berliner Boden. Aber ebenso berechtigt wäre die Frage nach der Brauchbarkeit anderer zeichenhafter Bauten, beispielsweise des Mehringplatzes in unmittelbarer Nachbarschaft des Jüdischen Museums. Dort haben die Nachkriegsstädtebauer eine Art modernes Gedächtnistheater errichtet, indem sie die Baugeschichte des Belle-Alliance-Platzes erst ausradiert und das verbleibende Negativ dann mit den schütteren Monumenten des sozialbürokratischen Wohnungsbaus neu aufgefüllt haben.

Wenn man den gesamten neuzeitlichen Urbanismus seit dem Zeitalter von Papst Sixtus V. in Rom als Versuch versteht, die Stadt als Gedächtnis ihrer selbst zu konstruieren — mal mit historischen Merkzeichen wie Kirchen, Triumphbögen und Achsen, mal mit modernen Funktionssymbolen wie Le Corbusiers Hochhäusern und Verkehrsschneisen —, dann läßt sich auch Libeskind als Mnemotechniker verstehen, allerdings als einer, der andere Bezugspunkte des Erinnerns und Vergegenwärtigens wählt, die nicht aus dem Symbolvorrat der neuzeitlichen »Fortschrittskarawane« stammen, sondern aus dem kollektiven Gedächtnisspeicher der Topographie.

Doch ein Museum muß nicht nur einen skulpturalen Graphismus im Raum abgeben, sondern auch einen brauchbaren Behälter. Daß dieses zehnfach geknickte Gebilde hinter seiner geschuppten Blechhaut zehntausend Quadratmeter Geschoßfläche auf fünf Etagen enthält, ist ihm von außen nicht anzusehen. Zudem handelt es sich um Räume, die trotz rationaler vertikaler Stapelung von identischen Grundrissen dagegen in der Horizontalen ein derartiges Gewitter von abwechselnd majestätisch großen Sälen, von intim versteckten Kabinetten und dramatischen Durchgängen bilden, daß einem auf Anhieb gar nicht genug Zwecke einfallen, wie dieses lichte Labyrinth angemessen zu bespielen sei. Ursprünglich hatte Libeskind sogar eine höhere Einheit von Grundriß und Aufriß schaffen wollen, indem er auch die Außenwände im hinteren Teil des steinernen Blitzes in Schräglage brachte, was aber aus Kostengründen leider unrealisiert blieb.

Läßt man einmal allen postapokalyptischen Kitsch der Negativität weg, daß hier die reine Differenz und Absenz zur Form geronnen sei, dann steht man einem Bauwunder gegenüber, dessen organisatorische Tiefe immer noch den Abwechslungsreichtum und Raumvorrat von mindestens zehn verschiedenen Gebäuden hat. Beim Abstieg vom Altbau des barocken Kollegienhauses, dem ehemaligen Preußischen Kammergericht, zum Hauptzugang des Jüdischen Museums im Keller gelangt der Besucher in ein Gewirr aus Kreuzungen, Gassen und Plätzen, die zur oberirdischen Silhouette völlig konträr verlaufen und wohl erst nach Dutzenden von Besuchen den Orientierungssinn nicht mehr außer Kraft setzen. Hier hat Libeskind so etwas wie einen düsteren Erlebnis-Themenpark geschaffen: die künstliche Ausgrabung einer versunkenen Stadt, die mit ihren drei verschiedenen Achsen drei Schicksalswege symbolisiert: Ein Weg führt in die Sackgasse des »Holocaust-Turmes«, der hinter einer schweren Eisentür aus einem kalten und dunklen Turmverlies von zwanzig Meter Höhe besteht und mit seiner weltfernen Isolierung an die Totenkammern ägyptischer Tempelgräber erinnert. Der zweite Weg führt hinaus in den »E. T. A. Hoffmann-Garten«, in dem 49 baumbewachsene Betonstelen auf schräger Grundplatte die Flucht ins Exil markieren, wobei die parallele Neigung von Stelen und Boden vor allem dadurch zu Bewußtsein kommt, daß die gesamte Umgebung plötzlich schief steht und aus dem Lot geraten erscheint. Der dritte Weg (des Lebens, der deutsch jüdischen Symbiose) führt über eine an Döllgasts Münchner Pinakothek erinnernde Prachttreppe linear zu allen drei Aus-

Ort Lindenstr. 14, Berlin-Kreuzberg

Bauzeit 1992–99

Architekt Daniel Libeskind

1988 wurde vom Berliner Senat ein Realisierungswettbewerb
für ein jüdisches Museum auf dem Gelände neben dem Berlin
Museum ausgeschrieben, der unter 165 Einsendern für Libeskind
entschieden wurde. Am 9. November 1992 wurde der Grundstein
nach langwierigen finanziellen Problemen gelegt. Der Rohbau
wurde 1999 der Öffentlichkeit zugänglich gemacht, im Jahr 2001
das Museum mit seiner Ausstellung zur Geschichte der Juden in
Deutschland eröffnet.

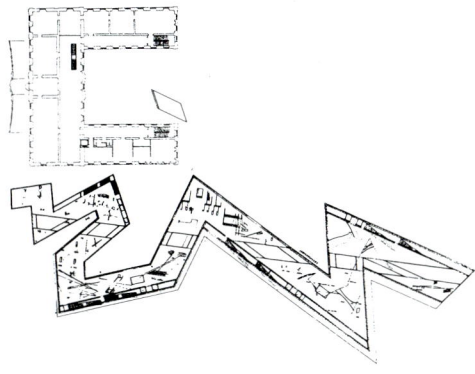

stellungsgeschossen empor. Hier laufen stürzende Querstreben und Decken-
balken, die laut Libeskind aber sämtlich konstruktiv bedingt sein sollen, über dem
Kopf des Besuchers zusammen. Aber dann hat es mit den Geisterbahneffekten und
der Schreckenskammer-Ästhetik endlich sein Bewenden. Denn Libeskind hat mit
der genialen Kombination zweier Linien eine räumliche Organisation geschaffen,
die sinnlich wie intellektuell zu den wirklich großen Bauerfindungen des 20. Jahrhunderts zählt.

Durch den kontinuierlichen, aber zehnfach geknickten Blitz zieht er eine gebrochene, aber geradlinige Spur. Der Blitz (oder Schlange oder Sprungfeder) des
Außenbaus schert fünfmal links und rechts von dieser verborgenen Achse aus, bis
beide Linien an der östlichsten Gebäudekante in einer schiffsbugartigen Spitze
zusammentreffen. Dieses geradlinige Rückgrat bleibt außen unsichtbar und mate-
rialisiert sich nur innerhalb des Gebäudes in Form von sechs betonierten Schäch-
ten mit umlaufenden Galerien, die einsehbar, aber unzugänglich sind.

Wo die Etagen auf diese »voids« treffen, weichen sie brückenartig aus und setzen
danach ihren Weg fort. Dabei kann es passieren, daß man beim Blick durch die
Sichtschlitze plötzlich Beobachter auf einer anderen Etage beim Beobachten der
»voids« beobachten kann, so daß man den eigenen Weg vergißt und unbemerkt in
die Gegenrichtung zurückgeht.

Ursprünglich sollten die Innenwände der »voids« wie Grabkammern mit den
Namen ermordeter Juden beschriftet werden. Solche Überdeutlichkeit hätte diesen geopferten, weil unbenutzbaren Leerräumen eine eindeutige Gedenkfunktion
zugewiesen und damit die kristallklare Abstraktion und Assoziationsbreite dieses
Museums abgeschwächt.

Dieses Haus ist weitaus mehr als ein potentielles Holocaust-Mahnmal, weil es seinen Entwurfsgedanken zwar aus der Verfolgungsgeschichte und dem Judenmord
holt, aber mit großer Virtuosität alle Register der Gedächtniskunst zieht und durch
ästhetische Komplexität, gedankliche Tiefe und entwerferische Phantasie sich sel-
ber als Dokument einer noch offenen Zukunft entwirft. Wenn das Museum im
Oktober 2000 seine Sammlung so weit zusammengestellt hat, daß die erste Aus-

stellung eröffnet werden kann, wird sich bei halbwegs intelligenter Nutzung der
Räume zeigen, daß hier keine bloße Asservatenkammer entstanden ist, in der
disparate Belegstücke abgestellt werden können. Vielmehr verleiht dieser außergewöhnlich differenzierte und starke bauliche Rahmen den Ausstellungsobjekten
ein solches Eigenleben, daß die Direktoren eher Sorge haben sollten, daß selbst
alltagsgeschichtliche Profangegenstände einen Hauch totemistischer Kultobjekte
bekommen.

So wie das Museum innen seinen eigenen Mikrokosmos erzeugt, der optisch, haptisch und motorisch alle Sinneskräfte mobilisiert, so schafft das Haus außen seinen eigenen Stadtraum, der sich je nach Ansicht abwechselnd als Ensemble, Block
oder Platzfolge darstellt. So viel architektonische Präsenz bei gleichzeitiger Un-
verfügbarkeit und Verschleißfreiheit kann nur aus einer Entwurfslogik von musi-
kalisch-mathematischer Rigorosität entstehen.

Wenn das Wesen jeder gelungenen Architektur in der Komprimierung von Zeit
begründet liegt – der Dauer der Entwurfsarbeit, der Reflexion der historischen Gegenwart, der Bezugnahme auf an- oder abwesende Kontexte von Kunst, Wissenschaft und Gesellschaft –, dann hat Libeskind alles andere als eine Zeitbombe für
spektakuläre Knalleffekte geschaffen, sondern eine Speichereinheit für baukultu-
relle Erfahrungsmöglichkeiten, die einen neuen Abschnitt im urbanistischen Gedächtnistheater eröffnet.

43

Verborgene Größen
Das Velodrom und die Schwimmsporthalle von Dominique Perrault

Sebastian Redecke

Anfang der neunziger Jahre entwickelte der Berliner Senat parallel zu den ersten Großplanungen für die neue Hauptstadt auch noch den Ehrgeiz einer Bewerbung als Austragungsort für die Olympischen Sommerspiele im Jahre 2000, mit der er dann jedoch scheiterte. An diese mit großem Aufwand betriebene Bewerbung erinnern heute zwei bedeutende, hierfür eigens geplante Sportbauten im Osten der Stadt: die Max-Schmeling-Halle der Frankfurter Architekten Joppien-Dietz und – an der Landsberger Allee im Stadtbezirk Prenzlauer Berg – das Velodrom mit der unmittelbar angrenzenden, nach einigen Verzögerungen inzwischen fertiggestellten Schwimmhalle – beide von Dominique Perrault.

Der französische Architekt hatte 1992 den international ausgeschriebenen Wettbewerb mit 32 Teilnehmern gewonnen. Die sehr zügige konkrete Planung dieser Hallen vor der Entscheidung zum Austragungsort durch das Internationale Olympische Komitee sollte die Chancen Berlins deutlich verbessern.

Perraults Sportbauten sind für die Stadt schon dadurch einzigartig, daß sie weitgehend eingegraben sind. Das Grundstück füllt ein nahezu rechteckiges, 100 000 Quadratmeter umfassendes Plateau aus, das in freier Anordnung mit 450 Zierapfelbäumen bepflanzt wurde. Das Plateau wird vom Straßenniveau aus über eine im Norden, Süden und Westen umlaufende Treppenanlage erreicht. Die in ihrem Wuchs unterschiedlichen Apfelbäume, die ursprünglich einen strengen Quadratraster bilden sollten, stammen von einer Plantage in der Normandie und einer Baumschule nahe Berlin. Zwischen diesen Bäumen des »Obstgartens« auf einheitlicher Rasenfläche tritt der eigentliche Sportkomplex erst nach einer steilen Böschung in Form zweier fast vollständig versenkter Baukörper in Erscheinung – einem Rundbau mit dem Velodrom und einem Rechteck mit der Schwimmhalle.

Indem die Oberkante der beiden Hallendächer die Ebene des je nach Standort zwei bis fünf Meter über den umgebenden Straßen liegenden Apfelbaum-Plateaus um nur einen Meter überragt, können die Passanten in extrem flachem Winkel auf die völlig ebenen Dachflächen blicken. Diese Flächen sind mit Ausnahme einiger Oberlichter geschlossen und werden von Hunderten Edelstahlmatten mit engmaschigem Gewebe gebildet, die oberhalb der eigentlichen Dachhaut auf Stahlrahmen elastisch verspannt wurden. Sie sorgen für spezielle optische Effekte, die von den Wetterverhältnissen abhängig sind. Bei greller Sonne scheinen die Matten silbern zu funkeln. Besonders aus der Luft ergibt sich dadurch ein spektakuläres Bild voller Rätsel. Das große Rund des Velodroms hebt sich aus dem weiten Häusermeer wie ein glitzernes Juwel deutlich hervor. Zunächst in Analogie zu einem großen Stück Stoff gedacht, kann man in den Matten aber auch eine spiegelnde Wasseroberfläche sehen. In der Nacht verströmen sie nach Auffassung des Architekten verschiedenste Lichter, die eine magische Atmosphäre entstehen lassen. Eine stärkere Illuminierung der Dächer könnte diesen Eindruck tatsächlich erzeugen.

Die flachen Ränder der beiden Baukörper, die sich durch die steilen Böschungen der Plattform und einen schmalen Graben herausheben, erhielten ein breites

Fensterband und darüber ebenfalls eine Verkleidung aus Stahlgewebematten. Bei Perraults Stahl-Glas-Architektur sind diese Matten seit seiner Bibliothèque nationale de France nahe des Gare d'Austerlitz in Paris nicht mehr wegzudenken. Sie passen zu seiner Sprache der Rohbauästhetik, die weder das raffinierte Detail will noch die aufgesetzte High-Tech-Spielerei braucht, sondern meist mit standardisierten Produkten aus der Industrie vorliebnimmt, die mit einfachen Mitteln zusammengefügt werden. Perraults Sprache bleibt abstrakt. Fassaden mit schlichten Oberflächentexturen bilden für ihn trotz ihrer Dimension nur den Hintergrund für das Essentielle. So ist es die Leere, die bei ihm zu einem bedeutenden und von seiner Architektur eingefaßten Raum wird.

Es liegt auf der Hand, daß die Planung der Hallen nach dem Ausscheiden Berlins bei der Bewerbung für Olympia eine Wandlung vollziehen mußte. Statt der strengen Olympia-Richtlinien stand jetzt Flexibilität für eine bessere und vielseitigere Nutzung im Vordergrund, die die Auslastung sicherstellen soll. Beim Velodrom mit 5800 bis 9500 Sitzplätzen finden jetzt nicht nur große Radsportveranstaltungen wie das legendäre Berliner Sechstagerennen statt, sondern Leichtathletik-Meetings, Reit- und Tennisturniere, Konzerte und kommerzielle Großveranstaltungen.

Eine weitere Besonderheit der Gesamtanlage ist sicherlich das Erschließungskonzept. Perraults Apfelbaumplantage ist losgelöst von den Hallen als öffentlicher Stadtraum zu begreifen. Die Haupteingänge befinden sich darunter an einer breiten überdachten »Straße« entlang der im Norden parallel zum Grundstück verlaufenden S-Bahn. Damit ist der Sportkomplex perfekt angebunden. An der Südseite dieser »Straße« werden auch Passanten, die diesen nüchern ausgefallenen Weg nutzen, durch große Glasfassaden Einblicke in die Foyers und die Schwimmhalle gewährt. Ursprünglich sollten auch die Gleise der S-Bahn komplett überbaut werden. Beim Wettbewerbsentwurf waren auf der nach Norden verlängerten Plattform Bauten für ein Handels- und Dienstleistungszentrum vorgesehen, die dem Gesamtkomplex sicher mehr optischen Halt gegeben hätten. Die Suche nach Investoren für dieses Vorhaben blieb jedoch erfolglos.

Die Konstruktion der wuchtigen, radial angeordneten Fachwerkträger, die die Arena des Velodroms in einer lichten Höhe von 13 Metern überspannen, nimmt durch ihre Höhe von vier Metern alle für den Hallensportbetrieb nötigen technischen Installationen auf. Trotz der großen Weite von 115 Metern des freispannenden Runds des Dachtragwerks und dem Druckring-Konzept wirken, von den oberen Rängen der Tribüne aus betrachtet, die einzelnen Teile der Träger und Aussteifungsstäbe überdimensioniert und fast schon etwas erdrückend. Eleganz, wie sie beispielsweise die weitgespannten Dachschalen der Sporthallen von Pier Luigi Nervi ausstrahlen, war nicht gefragt.

Die Errichtung des Velodrom-Tragwerks war besonders beeindruckend. Zunächst baute man über einem hydraulisch absenkbaren Stützgerüst den inneren Ring. In

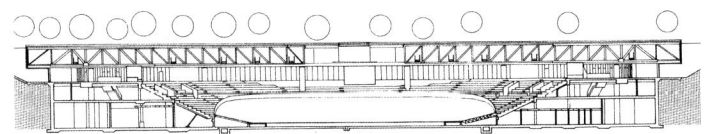

Literatur:

Dominique Perrault: Berlin. Zürich 1993

Dominique Perrault – Des Natures. Basel/Berlin/Boston 1996

Dominique Perrault, architect. Basel/Berlin/Boston 1999

Ort Landsberger Allee, Paul-Heyse-Straße,
Berlin-Prenzlauer Berg
Bauzeit 1993–99
Architekt Dominique Perrault
(Tragwerksplanung: Ove Arup & Partners)

Die beiden Hallen waren ursprünglich im Rahmen der Bewerbung Berlins für die Olympischen Spiele 2000 geplant. Bauherr war die OSB Sportstätten GmbH im Auftrag der Berliner Senatsverwaltung für Bauen, Wohnen und Verkehr. Das runde Velodrom und die quadratische Schwimmhalle sind 17 Meter in den Boden eingelassen, so daß nur die als frei tragende Stahlkonstruktion mit Aluminiumoberfläche ausgebildeten Dächer von außen zu sehen sind. Zugang besteht unterirdisch direkt von der S-Bahn oder den neu angelegten Parkflächen. Das Velodrom wird als Mehrzweckhalle z. B. auch für Konzerte genutzt, um eine optimale Auslastung zu erreichen.

einer zweiten Arbeitsphase wurde der Ring mit den 48 über 54 Meter langen Radialträgern, die auf Ober- und Untergurtebene miteinander verstrebt sind, zusammengefügt. Die circa vier Meter hohen Träger ruhen im äußeren Ring auf nur 16 Betonstützen, die in der Halle kaum wahrzunehmen sind. Nach Vollendung des gesamten Tragwerks konnte das Stützgerüst entfernt werden. Die Dachscheibe senkte sich daraufhin um 13 Zentimeter in ihre vorbestimmte Position. Für die Besucher scheint die riesige stählerne Fläche über ihren Köpfen zu schweben.

Perrault ist in Berlin seinen Entwurfsideen treu geblieben. Auch wenn hier ganz andere funktionale Forderungen erfüllt werden mußten, so bleibt doch die Grundidee, große Teile der Gebäude zu verbergen, wie bei seiner Pariser Bibliothèque nationale und seinem viel kleineren Konferenzzentrum in Saint-Germain-en-Laye präsent. Thema ist das deutliche Sichzurücknehmen und Verbergen, um dann mit Größe, imposanten Raumfolgen und mit wenigen Materialien für Überraschungen zu sorgen.

Wichtige Sportbauten heben sich meist als Solitärbauten deutlich hervor. Perrault hingegen hatte statt eines gut sichtbaren Zeichens eine andere Idee: eine jedem zugängliche urbane, aber künstlich wirkende Apfelbaum-Parkanlage, deren Mitte zwei riesige, nicht begehbare Stahlboxen darstellen. Das Leitbild bei seinen Projekten ist immer die Landschaft im allerweitesten Sinne des Wortes, die mit einer großen Geste interpretiert und inszeniert wird. Erst in zweiter Linie wird das herkömmliche Wesen der Architektur, die visuelle Präsenz, wichtig. Dies mag zur Diskussion reizen, gar auf Unverständnis stoßen.

Unabhängig davon, daß noch auf lange Sicht insgesamt auf die Einbindung der Gesamtanlage in das sehr heterogene und in vielen Teilen stadträumlich desolate Umfeld gewartet werden muß, ist zu hoffen, daß dieser ungewöhnliche Hain ohne eigentliche Mitte des Zusammenfindens nicht lieblos mißachtet, sondern – wie schon heute unter dem Plateau – zu einem neuen Ort voller Leben in Berlin wird.

44

Inszenierung der Leere
Jean Nouvels Kaufhaus Lafayette und die Friedrichstadtpassagen

Rolf Schneider

Die Berliner Friedrichstraße hat eine Länge von 3,3 Kilometern und verläuft in nordsüdlicher Richtung, zwischen dem Oranienburger Tor im Bezirk Mitte und dem Mehringplatz im Bezirk Kreuzberg. Einst Hauptavenida der während der barocken Stadterweiterung gewachsenen Friedrichstadt, wäre bis zum Jahre 1990 kaum jemand auf den Einfall gekommen, sie mit Worten wie »elegant« oder »mondän« zu schmücken. Sie war eine populäre Straße, nicht sehr breit, kleinbürgerlich bis proletarisch und allenfalls im Bereich ihrer Kreuzung mit dem Herrschaftsboulevard Unter den Linden sozial ein wenig angehoben. Es blieb den Investoren der Nachwendezeit vorbehalten, aus Teilen der Friedrichstraße eine Flaniermeile der Besserverdienenden machen zu wollen. Im Zentrum des Interesses stand der Abschnitt zwischen dem Bahnhof Friedrichstraße und der Kreuzung Leipziger Straße. Hier erreichten die Grundstückspreise zu Anfang der neunziger Jahre die abenteuerlichsten Höhen. Hier wurde mit den sogenannten »Friedrichstadtpassagen« ein besonders ehrgeiziges Stück Stadtarchitektur angestrebt.

Die Idee, an dieser Stelle Passagen zu errichten, war ursprünglich eine DDR-Planung. Die Regierenden des Arbeiter-und-Bauern-Staates wollten die Friedrichstraße zum Innerberliner Vorzeigeboulevard machen, was, wenn man die plebejischen Ursprünge der Gegend und das Selbstverständnis des Staates bedenkt, eine gewisse Folgerichtigkeit hatte. Im Bereich des U-Bahnhofes Stadtmitte wurde der Boden aufgewühlt und Stahlbeton in die Erde versenkt, um einer Welt der chronischen Unterversorgung ein Geschäftsareal des verfeinerten Geschmacks anzubieten. Die Entwürfe ähnelten jenen des Varietés Friedrichstadtpalast ein paar hundert Meter weiter nördlich, für deren betonene Schmuckseligkeit der Spitzname »aserbeidschanische Badeanstalt« in Umlauf kam.

Die ersten Wände ragten gerade über den Rand der Baugrube, als die Berliner Mauer fiel. Das DDR-Projekt wurde begraben. Die Investoren wollten es durch eine spätkapitalistische Lösung ersetzen. Als neue Baumeister traten Jean Nouvel, Pei, Cobb, Freed & Partners und Oswald Mathias Ungers an. Im Rahmen der städtebaulich engen Vorgaben des damaligen Stadtbaudirektors Stimmann, die eine strikte Blockbebauung und exakte Traufhöhen vorgaben, sahen sich die drei formal zu allerlei Extravaganzen angestachelt. Ungers türmte gelbliche Quader zu einem kleinen Gebirge, das mit seiner Rückseite den Gendarmenmarkt erreicht. Das Büro Pei, Cobb, Freed & Partners entwarf eine Addition spitzwinkliger Bauglieder, die erkerartig in die Friedrichstraße stechen, dazu gesellen sich bänderartige Gliederungen in der Waagerechten. Nouvel ersann sich einen gläsernen Zentralbau, der, da das Glas nach außen hin mit Siebdrucken bedeckt ist, entfernt an eine überdimensionale Seifenblase erinnert.

Der Name Friedrichstadtpassagen ist eine werbestrategische Irreführung. Es handelt sich in Wirklichkeit um drei separate Gebäudeblocks, einer vom anderen

durch eine verkehrsreiche Straße getrennt, eine Verbindung gibt es nur unter der Erde. Mit dem Kellergeschoß in Nouvels Gebäude fängt eine Shopping-Mall an, welche die Jäger- und die Taubenstraße unterquert und unter dem Ungers-Bau an der Mohrenstraße endet. Die Mall hat einmal, unter dem Cobb-Bau, eine piazzaartige Ausweitung, von hier aus führen elegante Treppen hinan zu Galerien, die gläserne Überdachung läßt Tageslicht ein, Form und Gliederung erinnern an Peis berühmte Pyramiden im Hof des Pariser Louvre.

Bis zur Baugrenze am Ungers-Bau ist die Mall mit glatten Steinplatten ausgelegt, die helldunkle Muster im mediterranen Stil zeigen. Bei Ungers geht es dann, stimmend zur Farbgebung des darüber befindlichen Gebäudes, in Travertin über. Anfänglich gab es dort hochpreisige Luxusangebote, aber inzwischen sind hier die Billigwaren auf dem Vormarsch. Vor allem drängen sich Eßstände, von der Champagnerbar bis zum billigen Wurstmaxen, sie versorgen den Gang mit ausreichendem Publikum.

Die Gebäude von Ungers und dem Büro Cobb, also Quartier 206 und 207, bieten zu ebener Erde Ladenflächen, in den Oberstockwerken viel Büroraum und ein paar Luxusapartments. Nouvels Quartier 207 ist auf allen Etagen ein Warenhaus, entstanden im Auftrag eines der drei renommierten Pariser »grand magasins«, der Galeries Lafayette.

Jean Nouvel wurde 1945 in Fumel im französischen Südwesten geboren, als Kind einer Lehrerfamilie. Zuerst wollte er Maler werden, stieß dabei auf den Widerstand der Eltern und studierte ab 1966 an der Pariser École des Beaux-Arts. Er nahm an der Studentenrevolte von 1968 teil, lernte im Büro des Architekten Claude Parent und suchte später die Zusammenarbeit mit anderen Architektengruppen. Inzwischen ist er neben Dominique Perrault einer der prominentesten Baumeister Frankreichs. Jean Nouvel wurde weithin bekannt durch sein 1982–87 entstandenes Institut du monde arabe in der französischen Hauptstadt, nahe der Bastille, das mit modernen Materialien maghrebinische Dekors imitiert. Seine mit Abständen gelungenste Arbeit ist das 1998 eröffnete große Kultur- und Konzertzentrum in Luzern.

Warenhäuser sind eine Erfindung des 19. Jahrhunderts, die Passagen gingen ihnen voraus. Das waren Einkaufsgassen aus einzelnen, nebeneinander befindlichen Geschäften, die zum Schutz gegen die Witterung überdacht wurden, überwiegend mit Glas, des Lichtes wegen, dazwischen gab es Cafés und Restaurants. Berühmte Passagen, die erhalten blieben, finden sich in Mailand, London, Brüssel und Leipzig. Das bekannteste Beispiel in Berlin war die im letzten Krieg zerbombte Kaiserpassage an der Kreuzung Friedrichstraße/Unter den Linden.

Mit ihrer sonderbaren Dialektik aus Transitorischem und Insistentem, aus Innen und Außen, aus natürlichem und künstlichem Licht avancierte die Passage zu einem auch literarischen Topos, bei Louis Aragon und Walter Benjamin. Kulturgeschichtlicher Vorläufer war das durch die Große Revolution der Allgemeinheit zugänglich gewordene Pariser Palais-Royal mit seinen Laubengängen, in denen man heute noch gern flaniert, wo in den Schaufenstern Chic und Schund ausliegen. Aus den Bautypen Passage und Markthalle entwickelte sich das Warenhaus. Sein Geburtsort ist der Londoner Stadtteil Bayswater. Unter einem gemeinsamen Dach

Literatur:

Gilles de Bure: Jean Nouvel,
Emmanuel Cattani und Partner.
Vier Projekte in Deutschland.
Zürich 1992

Olivier Boissière: Jean Nouvel,
Emmanuel Cattani und Partner.
Zürich 1992

Ort **Block Französische Straße/**
Friedrichstraße/Jägerstraße,
Berlin-Mitte
Bauzeit **1993–96**
Architekten **Jean Nouvel,**
Emmanuel Cattani & Partner

Ende 1990 schrieb die Stadt einen Wettbewerb für die Friedrichstadt-passagen auf Einladung aus. Die Grundstücke, für die eine Misch-nutzung aus Gewerbe (75 %), Büros (15 %) und Wohnungen (10 %) vorgesehen war, wurden im April 1991 in drei Parzellen aufge-teilt. Neben Oswald Mathias Ungers (Quartier 205) und Henry Cobb (206) wurde Jean Nouvel mit der Ausführung eines der Teile mit den Galeries Lafayette als Hauptnutzer beauftragt. Im Kellergeschoß führt eine Passage durch alle drei Quartiers.

offeriert es fast alle denk- und lieferbaren Waren und Warengruppen, und seine große Zeit war das erste Drittel des 20. Jahrhunderts.

Die Bedeutung des Warenhauses geht heute spürbar zurück, und viele der großen Unternehmen schreiben rote Zahlen. Um dem zu begegnen, probieren manche eine Ausgliederung bestimmter Angebotsgruppen in boutiqueähnliche Sonder-abteilungen und Shop-in-shop-Systeme. Das Kaufpublikum ist der großen Unüber-sichtlichkeit erkennbar müde, und da die Innenstädte über die Institution des inti-men Ladens kaum mehr gebieten, wird nun dessen Simulation probiert. Dies alles führte zu einem massenhaften Import der in den nordamerikanischen Innen-städten entstandenen Shopping-Malls, die gleichsam eine Rückkehr zur Passage bieten; Berlin wird von dieser Entwicklung derzeit förmlich überwältigt: Beispiele wären die Potsdamer-Platz-Arkaden [Nr. 46], das Gesundbrunnen-Center, die Schönhauser Arkaden und noch viele mehr.

Die Berliner Galeries Lafayette sind eine bemerkenswerte Ausprägung des Bau-typs Warenhaus. Wo andere Bauten des Genres, aus reiner Kommerzerwägung, ein Optimum an verfügbarer Bruttogeschoßfläche liefern, inszeniert Nouvel die Leere.

Den Kern seines Bauwerks bilden zwei eingeglaste Kegel: Der eine reicht vom Dach bis zum zweiten Stockwerk, der zweite, mit der Spitze nach unten, führt als ein Trichter in den Keller. Der kreisförmige Grundriß wird nach außen weitergege-ben an die gerundete Ecke der Kreuzung Friedrich-/Französische Straße. Man könnte es als Reverenz gegenüber dem Runderkern des großen Berliner Archi-tekten Erich Mendelsohn deuten.

Im Inneren führen die einzelnen Etagen mit ihren Verkaufsständen kreisförmig um die Kegel herum. Das reduziert den Platz für Auslagen. Stellt man sich an den inne-ren Rand, erkennt man, in den oberen Etagen hinter Glas, die Silhouetten der sich bewegenden Kunden, was ein eindrucksvolles Bild macht, der Bau wird hier zur begehbaren Skulptur. Der Trichter zum Keller hin lenkt den Blick in die Tiefe und verleitet viele dazu, Münzen hinabzuwerfen.

Die Feinkostabteilung befindet sich im Souterrain – im Gegensatz zum heimlichen Vorbild, dem Kaufhaus des Westens am Wittenbergplatz. Dort sind die Austern unter dem Dach zu finden. Weinlager, Käsetheke, Gemüseangebote gibt es an bei-den Orten, aber die Imbißstände mit vorwiegend französischen Produkten grenzen sich vom Westberliner Pendant ab. Die Abteilung ist immer überfüllt, die Atmo-sphäre ist freundlich, es gibt in ganz Berlin keine bessere Degustation.

Wissen öffnet Türen
Die Heinz-Galinski-Grundschule von Zvi Hecker

Michael S. Cullen

Das Lernen ist ein zentrales Element im jüdischen Leben. Schulen – in allen Formen und mit allen Bezeichnungen, Hochschule, Universität, Akademie – prägen das Leben der Juden seit biblischen Zeiten. Lernen gehört zur Überlebensstrategie in einer als feindlich bzw. nicht immer freundlich empfundenen Umwelt. Wissen öffnete und öffnet Türen, sicherte und sichert Existenzen, förderte und fördert gesellschaftliches Ansehen und Wohlstand. Schulen gehören zum Zentrum jüdischen Lebens; der Rabbiner ist zuerst ein Studierender, dann ein Lehrer, dann ein Schlichter und Richter – zuallerletzt ein Priester. Lebenslanges Lernen ist so jüdisch wie Matzen und gefilte Fisch. Nicht von ungefähr ist daher das hebräische Wort für Schule »Beth Sefer« – »Haus des Buches«. Und von einer bestimmten Warte aus betrachtet, sieht die Schule von Zvi Hecker aus wie ein Buch, wie die offenen Seiten eines Buches.

Tief im Grunewald, genauer: in der Siedlung Eichkamp versteckt, liegt die vom israelischen Architekten Zvi Hecker erbaute Heinz-Galinski-Schule – eine Grundschule für Kinder beiderlei Geschlechts bis zum 6. Schuljahr. Die Schule ist weder eine Privatschule, noch ist sie konfessionell; sie untersteht der Senatsverwaltung für Schulwesen. Dennoch wird neben Deutsch auch Englisch und Hebräisch gelehrt, und die Küche bereitet koschere Speisen zu, was eine Trennung von fleischhaltigen und milchhaltigen Speisen sowie der zur Zubereitung benutzten Geräte erfordert. Der Schulbetrieb ist ganztägig. Die Schüler, aus wohlhabenden wie auch aus weniger wohlhabenden Familien, kommen aus der ganzen Stadt. Wie es sich gehört, werden neben den christlichen auch die jüdischen Festtage beachtet. Der Namensgeber, Heinz Galinski, stammte aus Westpreußen und gehörte zu

Literatur:

Kristin Feireiss: Zvi Hecker –
Die Heinz-Galinski-Schule Berlin.
Tübingen/Berlin 1996

den Überlebenden von Auschwitz, die nach 1945 nach Berlin kamen und wieder jüdisches Leben in die Stadt trugen. Er war mehr als drei Jahrzehnte Vorsitzender der Berliner jüdischen Gemeinde und in den letzten Jahren seines Lebens Vorsitzender des Zentralrats der Juden in Deutschland. Er starb im August 1992. Durch die Nationalsozialisten wurde das geistige Leben in Deutschland stranguliert – nicht nur das jüdische geistige Leben, aber die lernfeindlichen Bestimmungen des Regimes trafen die Juden besonders hart. 1935 hörten die jüdischen Schulen in Berlin auf, Unterricht zu erteilen. Sechzig Jahre lang war Berlin, was die jüdischen Schulen betrifft, Wüstenei.

Gegen Mitte der achtziger Jahre geschah in Deutschland – genauer: Berlin – etwas Unerhörtes, etwas Wundersames. Fast zur gleichen Zeit entdeckte man die jüdische Kultur, das jüdische geistige Leben, die das Leben der Stadt mehr als drei Jahrhunderte lang entscheidend geprägt hatten. Bereits 1986 wurde in der Bleibtreustraße im Bezirk Charlottenburg eine jüdische Schule eröffnet. Fast gleichzeitig beschlossen Berlins Stadtväter den Bau eines »Erweiterungsbaus des Berlin Museums (jüdisches Museum)« [Nr. 42] und einer jüdischen Schule. Als Grundstück für das Museum diente eine große Parzelle neben dem Berlin Museum in Kreuzberg, als Grundstück für die Schule eine unbebaute Parzelle im Grunewald. Für beides wurden Wettbewerbe ausgelobt – für das Museum Ende 1988, für die Schule im Juli 1990. Vorsitzender der Jury für die Schule war Cornelius Hertling, Präsident der Berliner Architektenkammer. Über 380 Architekten und Architektengemeinschaften reichten Entwürfe ein. Im Dezember 1990 trat die Jury zusammen und wählte neben fünf Entwürfen vier Ankäufe aus, deren Urheber gebeten wurden, ihre Pläne zu überarbeiten. Im März 1991 wurde schließlich der Entwurf von Zvi Hecker ausgewählt.

Hecker wurde 1931 in Polen geboren und verbrachte seine Jugend in Samarkand (Usbekistan) und später in Krakau. 1950 übersiedelte er nach Israel, wo er zwischen 1950 und 1954 am Technion in Haifa bei Alfred Neumann Architektur studierte. Bereits 1955 eröffnete er sein erstes Büro (mit Neumann zusammen).

Daß Hecker auch Malerei studierte, erklärt auf Anhieb, warum seine Werke so »malerisch« aussehen; das Studium erklärt auch, warum der fertige Bau nicht wie eine Schule im herkömmlichen Sinne aussieht; als Grundform dient die Sonnenblume. Um einen zentralen Platz gruppiert sind fünf gekrümmte, spitzförmig auf den Platz zulaufende Baukeile, die, wie Roman Hollenstein bemerkt, »eine Art mediterranes Dorf bilden«, eine kleine Version von Richard Meiers Getty-Plaza in Los Angeles. »Dieses Häuserkonglomerat überrascht mit immer neuen Ansichten und Durchblicken, bildet aber gleichwohl eine Einheit und schafft trotz einem unbekümmerten Umgang mit gewissen Details das Höchste, was Architektur zu geben vermag: präzis definierter Raum.«

Nach Hecker hat sich die Form aus dem Bild einer Spirale oder eines Wirbelsturms oder Strudels entwickelt. Von einem offenen Eingangshof gelangen Kinder und Lehrer in verschiedene in sich geschlossene, aber dennoch miteinander verbundene Bereiche – Klassenzimmertrakte, Werk- und Bastelräume, Aula, Bücherei, Verwaltung, Arztraum. Die fünf Teile sind im hinteren Bereich auf Erdgeschoßebene, im Hauptbereich im ersten Stock – hier über geschwungene Wege – miteinander verbunden. Die Klassenzimmer sind auf drei Ebenen verteilt – von Etagen kann man eigentlich nicht sprechen –, wobei die Zimmer für die älteren Jahrgänge

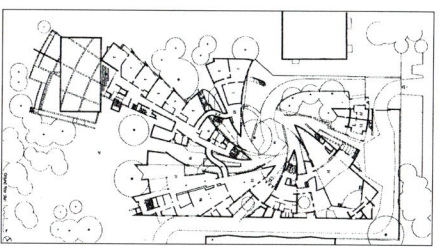

über denen für die jüngeren liegen. Von den Zimmern auf Erdgeschoßebene kann man fast überall ins Freie gelangen. Rundherum liegt ein Kiefernwald, in dem die Schüler und Schülerinnen auch pausieren und spielen können. Für Frischluft ist gesorgt. Die Mehrzweckaula, die auch als Synagoge dienen kann, bietet 500 Personen Platz, läßt sich unterschiedlich bestuhlen und ist unterteilbar. In der Spitze des Raumes läßt sich eine kleine Bühne aufstellen. Die Schule besteht aus Backsteinmauerwerk, das beidseitig verputzt ist. Wo Beton verwendet wurde, blieb er unverputzt. Viele Gänge sind mit Wellblech verkleidet, während die Klassenzimmer und fast alle anderen Räume eine großzügige Holzverkleidung zeigen.

In gewissem Sinne ist die Schule eine kleine, aber komplexe Stadt. Die Wege sind auch Straßen, überall gibt es neue Erfahrungen mit Licht und Schatten, und der Kiefernwald ist so omnipräsent, daß er den Kindern das Gefühl gibt, mitten in der Natur zu sein, zu lernen, mit der Natur gleichsam eins zu sein. Nur wenige Schulen dürften Kindern so vorkommen, daß sie sich freuen, morgens hinzugehen. Zvi Heckers Schule ist eine große Ausnahme, Kinder wie Lehrer wirken ausnahmslos zufrieden. Zvi Hecker ist ein Optimist, ein positiver Mensch, und seine Kunst, Kindern eine schöne Stätte zu bereiten, war der beste Garant dafür, daß sein Bauwerk die Kinder positiv berührt. Aber ohne die tatkräftige Unterstützung von Heinz Galinski selbst und seinem Nachfolger Jerzy Kanal wäre die Schule nicht errichtet worden.

Ort **Waldschulallee 73–75, Berlin-Charlottenburg**

Bauzeit **1993–95**

Architekt **Zvi Hecker**

Bauherr dieses ersten Neubaus einer jüdischen Schule in Berlin nach dem Nationalsozialismus war die jüdische Gemeinde Berlin zusammen mit dem Berliner Senat. Die Grundschule bis zum 6. Schuljahr beherbergt 40 Klassenzimmer.

Das Geplante und die Unordentlichkeit des Lebens
Eine Besichtigung des neuen Potsdamer Platzes

Wolf Jobst Siedler

Einen wirklichen Potsdamer Platz hat es nie gegeben. Zu den drei noblen Platzarealen des barocken Berlin gehörten der Pariser Platz, der bis zum siegreichen Einzug der Verbündeten in Paris »Quarrée« hieß, das »Oktogon« des späteren Leipziger Platzes und das »Rondell«, das seinen Namen immer wieder ändern mußte. Nach den Freiheitskriegen trug es einhundert Jahre zur Erinnerung an den Sieg der Verbündeten bei Waterloo den Namen Belle-Alliance-Platz. Aber in der üblichen Geschichtsvergessenheit der Deutschen wurde er nach dem Weltkrieg nach einem für das allgemeine Bewußtsein längst vergessenen sozialistischen Theoretiker in Mehringplatz umbenannt. Deutschland genierte sich offensichtlich, ausnahmsweise einmal eine Entscheidungsschlacht gewonnen und außerdem noch auf der richtigen Seite gestanden zu haben, nämlich in einem Bündnis mit England gegen den korsischen Welteroberer.

Der vierte der traditionsreichen Plätze Berlins ist der Gendarmenmarkt gewesen, weil hier das Regiment Gens d'armes seine Kaserne hatte. Alle anderen großen Plätze Berlins sind neueren Datums, selbst der Alexanderplatz, der einst den prosaischen Namen Ochsenmarkt hatte, weil hier an den Ausläufern der bewohnten Stadt zu den Feldern der umliegenden Guts- und Kleinbauernbetriebe der Viehmarkt stattfand. Der Potsdamer Platz hat dagegen nur eine Rolle als Knotenpunkt der großen Straßen gehabt, die aus der klassischen Mitte Berlins in den neuen Westen führten.

Strenggenommen war der Potsdamer Platz gar kein Platz, und seiner urbanistischen Belanglosigkeit entsprach auch seine bauliche Fassung durch drei Allerweltshotels, die nicht zu den noblen Quartieren der aufstrebenden Kaiserstadt zählten. Dennoch wurde dieser Platz ganz ungeplant die Mitte Berlins, und zwischen der Jahrhundertwende und den dreißiger Jahren war dieser Potsdamer Platz der verkehrsreichste Ort Europas, dem nur die Tower Bridge von London und der Rond Point von Paris Konkurrenz machten.

Der Potsdamer Platz ist ein Beleg für die alte Erfahrung, daß sich Städte und städtische Orte nicht planen lassen. Wo immer der Versuch gemacht wurde, wie etwa in Brasilien, dem Pandschab oder in Bangladesch, neue Hauptstädte auf dem Reißbrett zu entwerfen, mißlang das Unternehmen. Dabei hatte man die besten Architekten bemüht, die die Nachkriegszeit zu bieten hatte: Oscar Niemeyer, Le Corbusier und Louis Kahn. Alle drei Kapitalen funktionierten nie recht, obwohl sie doch die praktische Umsetzung komplizierter städtebaulicher Konzeptionen waren. Bereits nach zwanzig Jahren setzte man alles daran, ihnen durch nachträgliche Zutaten zu jener Lebendigkeit zu verhelfen, die das Merkmal einer wirklichen Hauptstadt ist.

Wird dieses Schicksal dem neuen Potsdamer Platz erspart bleiben, der ja ebenfalls in noch nicht einmal einem Jahrzehnt aus dem Boden gestampft wurde? Wieder hat man hier die ersten Köpfe zusammengerufen, die im zu Ende gehenden Jahrhundert bereitstanden. Christoph Sattler gewann den Wettbewerb für die Gesamtplanung, und auch für die zwei großen Teilkomplexe des Potsdamer Platzes von Daimler-Benz und Sony wurden in einem neuen Concours die nobelsten Leute ausgewählt, die in Italien, England, Spanien, in den Vereinigten Staaten und Deutschland bereitstehen: Renzo Piano, Richard Rogers, Arata Isozaki, Helmut Jahn, José Rafael Moneo und Hans Kollhoff. Selten ist ein städtebauliches Areal mit solchen intellektuellen Zurüstungen konzipiert und derart prominent besetzt worden.

Aber wird dieser neue Potsdamer Platz eines Tages wieder die lebendige Mitte einer brodelnden Weltstadt sein, wie es das Sammelsurium der letzten Jahrhundertwende gewesen ist? Das Daimler-Areal ist bereits eröffnet worden, und es kann kein Zweifel sein, daß die meisten seiner Bestandteile funktionieren. Das Grand Hyatt als Hotel der Luxusklasse ist zwar in der Kälte seiner Progressivität von seinen Gästen eher mit Befremden aufgenommen worden, aber das »Cinemaxx« ist fast immer ausverkauft, und auch die Geschäfte und Restaurants der »Arkaden« haben einen Zuspruch, der die Skeptiker überrascht. Nur – selbst in den Weihnachts- und Neujahrstagen leerte sich der neue Potsdamer Platz mit dem Einbruch der Dunkelheit. Auch am Silvesterabend, wo ganz Berlin vor Leben vibrierte, war dieser Stadtteil so leblos, wie man es vom Ohlsdorfer Friedhof in Hamburg sagte.

Das alles mögen die Schwierigkeiten eines Areals sein, das sich erst einleben muß, wie seine Planer und Architekten argumentierten. Aber alle Erfahrungen – und das Beispiel der drei Kunststädte Brasilia, Chandigarh und Dhaka – machen skeptisch. Entsteht am Reißbrett ein wirklich lebendiges Stadtviertel? Das Leben liebt die Unordentlichkeit, den Zufall, das Ungeplante, und notfalls zieht es sich dahin zurück, wo die Willkür zu Hause ist. Dann nimmt es die Banalität und selbst die Häßlichkeit in Kauf.

Insofern machen die Vorzüge des Potsdamer Platzes vielleicht sein Manko aus. Das spricht natürlich gar nicht gegen die vorzüglichen Architekten, die sich hier zusammengefunden haben. Sie haben ja nicht gegen die Ästhetik verstoßen, sondern vielleicht gegen das Lebensgesetz aller Orte, die aus dem Planlosen leben.

Literatur:

Ein Stück Großstadt als Experiment. Planungen am Potsdamer Platz in Berlin. Hg. v. V. M. Lampugnani und R. Schneider. Stuttgart 1994

Felix Zwoch: Potsdamer Platz, Oktober 1997. Bauwelt Berlin Annual. Basel/Berlin/Boston 1997

Matthias Pabsch: Zweimal Weltstadt. Architektur und Städtebau am Potsdamer Platz. Berlin 1998

Daimler-Benz-Projekt, Potsdamer Platz

Angaben der überwiegenden Nutzungen und Architekten

A1	Bürogebäude, Hans Kollhoff
A2	Wohngebäude, Lauber + Wöhr
A3	Wohngebäude, Lauber + Wöhr
A4	Bürogebäude, José Rafael Moneo
A5	Hotel, José Rafael Moneo
B1	Bürogebäude, Renzo Piano/Christoph Kohlbecker
B2	Wohngebäude, Renzo Piano/Christoph Kohlbecker
B3	Wohngebäude, Renzo Piano/Christoph Kohlbecker
B4	Bürogebäude, Richard Rogers
B5	Wohngebäude, Renzo Piano/Christoph Kohlbecker
B6	Bürogebäude, Richard Rogers
B7	Big Screen Cinema, Renzo Piano
B8	Wohngebäude, Richard Rogers
B9	Wohngebäude, Lauber + Wöhr
C1	Bürogebäude, Renzo Piano
C2	Bürogebäude, Arata Isozaki
C3	Bürogebäude, Arata Isozaki

Blick auf die Potsdamer Straße und die Alte Potsdamer Straße von Osten mit den Hochhausprojekten von Renzo Piano (links), Hans Kollhoff (Mitte) und Helmut Jahn (rechts)

Die Stadt für alle
Potsdamer Platz

Mario Vargas Llosa

Obwohl sich am neuen Potsdamer Platz vom alten Nabel Berlins nur eine Reihe von Linden erhalten hat, die dank unerschrockener Bemühungen vor dem Sterben gerettet wurden, überlebt doch für jeden mit einem Mindestmaß an Phantasie und Sensibilität begabten Spaziergänger vom früheren Zentrum der deutschen Hauptstadt etwas sehr Bedeutsames auch in der neuen Gestalt, die ihm ein Team namhafter Architekten unter der Leitung des Italieners Renzo Piano verleiht: der weltbürgerliche Geist, die Bestimmung zum Kulturellen und das Bauen auf die Moderne. Dies waren die Maßgaben, unter denen in einem vom Krieg ruinierten und halb zertrümmerten Deutschland die expressionistische Kunst, das politische Theater Brechts und Piscators, die Revolutionierung der Architektur durch das Bauhaus, die sarkastische, revolutionäre Malerei Grosz' und die großen intellektuellen Auseinandersetzungen um engagierte Literatur und kollektivistische Utopien florierten.

Der neue Potsdamer Platz ist die Schöpfung vieler. Architekten, Stadtplaner und Techniker mit unterschiedlichen Kulturen und verschiedenen ästhetischen Ansätzen haben gemeinsam daran gearbeitet, der Stadt Berlin die beste ihrer widersprüchlichen Traditionen zurückzugeben: die Tradition einer Stadt, die allen Rassen und Glaubensbekenntnissen offensteht, ganz besonders aber den verfolgten Frauen und Männern auf der Suche nach jener Freiheit, in der Denken und schöpferisches Arbeiten möglich sind, die Tradition einer Stadt, in der künstlerische Experimente und intellektuelle Debatten ein Zuhause finden, eines Laboratoriums von Ideen, Formen, Bildern und Werten für die Gestaltung der menschlichen Zukunft. Zugleich jedoch will der neue Potsdamer Platz ein Ort sein, an dem gelebt wird, ein Viertel, in dem die Anwohner einkaufen, arbeiten, sich vergnügen und den zivilisierten Riten des Zusammenlebens in Verschiedenheit folgen.

Wenngleich auf diesem kleinen Flecken Berlins das wahrscheinlich kühnste und ambitionierteste Ensemble moderner Architektur zusammengekommen ist – der Potsdamer Platz ist kein Museum, kein Schaufenster, in dem man fremde Erzeugnisse bewundert, und will es auch nicht sein. Ganz und gar nicht. Er wurde als Ort geplant, wo man wohnt und sich verwurzelt, wo die Kinder spielen und die Alten sich ausruhen können, wo die Möglichkeit besteht, sich nach der Arbeit in ein Café zurückzuziehen und mit Freunden zu plaudern, ins Kino, ins Konzert oder zur Prüfungsvorbereitung in die Bibliothek zu gehen. Dem liegt der Gedanke zugrunde, daß der bewohnbare Ort, der er sein soll, gleichzeitig in seinem Umkreis all das enthält, was die Menschen bereichert und sie dazu befähigt, den täglichen Kampf gegen das Unglück aufzunehmen.

Dank des ungeheuren technischen, wirtschaftlichen, unternehmerischen und künstlerischen Aufwands, der auf seinen Ausbau verwendet wird, entsteht der Potsdamer Platz unter den besten Vorzeichen. Doch darf es niemanden verwundern, daß viele Berliner dieses Hervorbrechen allermodernster Bauwerke, die dem Himmel die Spitze bieten, mit einiger Beunruhigung und Zurückhaltung betrachten: Sie spüren schon, daß der künftige Potsdamer Platz, sollten die Pläne seiner Gestalter in Erfüllung gehen, kein Monopol der Berliner, ja nicht einmal der Deutschen sein wird, sondern ein Erbe der Menschheit.

Eichhornstraße mit Marlene-Dietrich-Platz im Hintergrund

Verbindungsraum zwischen Potsdamer-Platz-Arkaden und U-/S-Bahn

Ort Potsdamer Platz, Berlin-Tiergarten

Bauzeit 1994–2004

Architekten Städtebaulicher Rahmenplan: Heinz Hilmer und Christoph Sattler;

Projektrealisierung: Masterplan Renzo Piano Building Workshop und Christoph Kohlbecker (Daimler-Benz-Projekt), Helmut Jahn (Sony-Projekt), Masterplan Giorgio Grassi (A&T-Projekt)

Der Potsdamer Platz wurde im Zweiten Weltkrieg stark zerstört, die noch erhaltene Bausubstanz danach aufgrund der Teilung der Stadt abgerissen, die Mauer verlief dann mitten hindurch. Nach 1989 sah man in der Wiederbelebung des Platzes die Chance einer Scharnierfunktion zwischen Ost und West. Einen von den oben genannten und einigen weiteren Investoren sowie der Deutschen Bahn AG ausgeschriebenen städtebaulichen Wettbewerb gewannen 1991 Hilmer & Sattler. Der Plan sah Block-randbebauung in gleichmäßiger Höhe neben wenigen vertikalen Akzenten vor sowie eine Mischnutzung mit einem Wohnanteil von bis zu 20 % neben Bürobauten und einigen großen Entertainmenteinrichtungen. Von der ehemaligen Baustruktur sollten nur das Weinhaus Huth (1912) und ein Teil des Grandhotels Esplanade (1907) integriert werden. Das Daimler-Benz-Projekt ist mit 68000 Quadratmetern das größte zusammenhängende Areal. Neben Renzo Piano sind Arata Isozaki, Hans Kollhoff, Lauber und Wöhr, José Rafael Moneo und Richard Rogers als ausführende Architekten beteiligt.

Wahrheit und Radikalität
Die Infobox von Schneider + Schumacher

Peter Weibel

Traditionellerweise geht die Architektur vom Raum aus, vom Raum als der »Urszene der Architektur« (Jean Baudrillard). Sie baut in den Raum Objekte. Diese gebauten Objekte, Gebäude genannt, lassen sich in ihrer Grundstruktur auf die geometrische Figur einer Kiste, eines Quaders, eines Würfels, eines Schuppens usw. reduzieren. Die »dumme Kiste«, »the dumb box«, ist die zynische Bezeichnung der Architektur selbst für ihre verbreiteteste Bauform. Immer wieder versucht die Architektur, gegen diese »dumb box« anzurennen und den Raum herauszufordern. Die Postmoderne hat als Fluchttür aus dem Raum auf ihre eigene Geschichte gesetzt und formale Elemente der Architekturgeschichte wiederverwendet. Ein anderes bevorzugtes Verfahren ist die Illusionsarchitektur, deren Wesen darin liegt, die architektonischen Dimensionen von Raum, Konstruktion und Nutzung zuzudecken und durch ein Bild zu überdecken. Diese symbolische Architektur haben Venturi, Scott Brown und Izenour in ihrem berühmten Buch »Lernen von Las Vegas« (1978) bekanntlich auf zwei Erscheinungsformen redu ziert: die skulpturale »Ente« und den »dekorierten Schuppen«. Beides sind Versuche, die »dumme Kiste« durch Verzierung bzw. durch Symbolisierung aufzuwerten. Im Grunde hat die Postmoderne als »architecture parlante« beide Verfahren gepflegt: als eine Architektur, die über sich selbst spricht, indem sie durch formale Versatzstücke ihre Geschichte zum Sprechen bringt, und als eine Architektur, die zuviel verspricht. Venturi/Scott Brown/Izenour sprachen daher selbst vom »dekorierten Schuppen mit seiner geschwätzigen Fassade«. Ihr Vorwurf galt einer Architektur der Moderne, die ihre Bauten von allen Ornamenten reinigte, aber dadurch Bauten schuf, die selbst Ornamente waren. Demgegenüber entwarfen sie eine Architektur, die sich nicht davor scheut, die Dekoration einer darunter vorgegebenen Konstruktion zu sein.

Die Infobox von Schneider und Schumacher stellt eine radikal andere Programmatik von Architektur vor. Sie dekorieren nicht eine vorgegebene Konstruktion, sondern sie zeigen die Konstruktion nicht nur ihres eigenen Raumes, sondern auch die der Gebäude des Umgebungsraumes. Sie separieren die Box nicht vom Umgebungsraum. Normalerweise versuchen Gebäude sich selbst und ihre Souveränität zu behaupten, indem sie stolz auf ihre Unabhängigkeit von ihrer Umgebung verweisen. Die Infobox verweist in ihrer Architektur auf die Umgebung. Seit Oktober 1995 ist die Infobox an einen Ort gebunden, den Potsdamer Platz, die größte Baustelle Europas. Diese komplexe, dynamische Umwelt von unzähligen Kränen, Gerüsten, Containern, Straßensperren, Baumaterialien, Rohren, Baugeräten, Stahl-Beton-Verbundkonstruktionen lieferte die Folie, vor deren Hintergrund die Infobox konzipiert wurde. Die Box distanziert sich nicht von ihrer Umgebung, so häßlich sie auch scheinen mag, sondern die Umgebung wurde in den Bau hineingefaltet, »gemapped«. Das Gebäude ist ein Spiegel, ein Brennpunkt, in dem das Chaos der Umgebung fokussiert und ausgeglichen wird. Die Fassade ist daher nicht geschwätzig, sondern spricht von ihrer Umgebung. Die Box hat daher eigent-

lich gar keine Fassade, sie bleibt undekoriert. Ihre Dekoration fällt mit der Konstruktion zusammen, und beide sind Faltungen, Auffaltungen und Entfaltungen der Umgebung (vgl. die Funktion der Falte im Buch »Le Pli« von Gilles Deleuze, 1988, und die Folding-Techniken bei Peter Eisenman).

Die Materialien und Formate der Konstruktion, nämlich Stahl-Beton-Verbund, einbrennlackierte Stahlpaneele, welche die Box verkleiden, zitieren bewußt die an allen umliegenden Gebäuden verwendeten Betonschaltafeln. So wurde auch das Rot dieser Betonschaltafeln als Farbe für die gesamte Infobox verwendet. Obwohl von der Umgebung gleichsam vorgeschrieben, hat die Farbe so zur Hervorhebung des Baus gegenüber der Umgebung beigetragen. Diese Erhöhung wird unterstützt, indem die Box auf sieben Meter hohe Stelzen gesetzt wurde. Die ausbetonierten Stahlrohre von 40 Zentimeter Durchmesser, welche die Stelzen der Kiste bilden, setzen sich teilweise in den Stockwerken der Box als Trägerelemente fort. Die Stelzen erinnern symbolisch an Pfahlbauarchitektur, haben aber auch eine Funktionalität. Durch die Farbe und die Stelzenarchitektur entstand inmitten des urbanen Getöses ein Knotenpunkt der Stille, Konzentration und Klarheit. So wurde ohne Symbolik und ohne Dekoration und ohne Illusion aus dem häßlichen Entlein, der dummen Kiste, ein Schwan.

Schneider und Schumacher leugnen die dumme Kiste nicht. Ihre Architektur macht sich über sich selbst keine Illusionen. Deshalb heißt sie auch Infobox. Die schlichte Bezeichnung Infobox verweist auf die Funktion der Box, bloß zu informieren, und zwar über die umliegenden Bauvorhaben. Die Infobox trägt also zur demokratischen Transparenz bei, zur Pflicht der Demokratie, den Bürger zu informieren. Systemische Architektur als Dienstleistung statt als Repräsentation, Dekoration, Illusion, Symbol, Skulptur. Die Information und die Transparenz ereignen sich aber nicht nur auf der Ebene einer Benutzeroberfläche, wo in Vitrinen Modelle gezeigt werden, sondern das Besondere der Infobox liegt darin, daß in der Konstruktion der Architektur selbst, in der Entfaltung und Gestaltung des Raumes, diese Transparenz und Rationalität offensichtlich angelegt sind. Die Infobox ist nicht allein in ihrer Funktion, sondern als Architektur ein Beispiel demokratischer Architektur von Rang, das in Deutschland besonders besticht.

Schneider und Schumacher beziehen sich in ihrer Architektur nicht auf Geschichte, sondern auf Gegenwart, genauer auf die Bauzeit selbst, auf einen zeitlich bestimmten Zustand des Potsdamer Platzes. Ihr Bau ist also kein Raumfenster, sondern ein Zeitfenster. Die Ökonomie der Infobox hat sich nicht nur auf eine kurze Planungszeit von drei Monaten und eine ebensolche Bauzeit von drei Monaten befristet, sondern die gesamte Materialität, Funktionalität und Organisation des Gebäudes beziehen sich auf eine Ökonomie der Zeit, nämlich die Bauzeit des Potsdamer Platzes. Die ephemere und temporäre Existenz der Infobox ist nicht nur tragend für die Trägerkonstruktion, nämlich in solchen leicht zugänglichen Kriterien wie schneller Aufbau, leichter Abbau, leichte Transportierbarkeit – Kategorien, wie wir sie von Buckminster Fuller kennen, im Grunde klassische Kriterien der Nutzung –, sondern das Außerordentliche dieser Infobox liegt darin, daß die Ökonomie der Zeit im Gebäude selbst genauso sichtbar geworden ist wie die Information als Axiom der demokratischen Transparenz. Die Infobox ist weder ein dekorierter Schuppen noch eine Skulptur, ist weder symbolisch wie eine gebaute »Ente« noch Illusion. Die Box ist im Grunde ein Baustellencontainer. Ein Baustellencontainer

Literatur:

Architekturpreis Berlin 1996.
Hg. v. Bund Deutscher Architekten.
Berlin 1996

Contemporary European
Architects, Bd. IV. Köln 1996,
S. 141–145

Homepage: www.schneider-schumacher.com

Ort Leipziger Platz 21, Berlin-Mitte

Bauzeit 1995

Architekten Schneider + Schumacher

Die Box diente der Information über die Bauten des Potsdamer Platzes und wurde zum Abschluß der Bauphase Ende 2000 wie geplant wieder abgetragen. Das Gebäude erhob sich auf ausbetonierten, 40 Zentimeter starken Stahlrohren in 8 Meter Höhe. Der Zugang war durch eine außen angelagerte Stahltreppe gesichert, die auch zu der auf dem Dach liegenden Aussichtsplattform führte.

(als Infobox) zeigt eine Baustelle. Diese Selbstreferenz bedeutet Wahrheit und Radikalität in der Architektur. Es hätte gar nicht der Ausstellung von Modellen, Computeranimationen und Plänen bedurft, um das bauliche Treiben am Potsdamer Platz zu präsentieren. Die Infobox selbst stellt dieses urbane Treiben als Architektur vor. Die Infobox ist mit dem Potsdamer Platz erschienen und verschwindet mit seiner Vollendung. Diese Ästhetik des Erscheinens und des Verschwindens, der Präsenz und Absenz, trägt zur Immaterialität und zum Informationscharakter der Box bei. Statt des Leugnens und der symbolischen Überhöhung bekennen sich Schneider und Schumacher schon im Titel zur Box. Gleichzeitig wird die Kiste aber völlig unüblich mit Eckverglasungen aufgebrochen. Das Verschieben der Fenster von der vertikalen Wand in die Ecken bedeutet eine Defiguration der geometrischen Figur. Gerade dort, wo die drei Raumachsen x, y, z sich treffen und die festen Ecken bilden, erfolgt durch die Fenster eine Öffnung des Raumes, die die Arbeit der Stelzen fortsetzt. Diese tendenzielle Auflösung der Schwerkraft, welche die Infobox in eine Art Info-Wolke verwandelt, bedeutet die Auflösung des Würfels. Hier zeigt sich, wie schon bei der Mapping-Prozedur und der Zeitökonomie, daß die Infobox ein heimliches Hauptwerk der dekonstruktivistischen Architektur in Berlin ist.

Die Auflösung der Ecken zerstört die Skalierung des Würfels. Das visuelle Eindringen der Außenwelt durch die Eckverglasungen löst die traditionellen Größenordnungen der Wahrnehmung auf. Diese Verglasungen ermöglichen multiple Blickbeziehungen und öffnen vor allem den Innenraum der Box zum Außenraum der Umgebung. Der Außenraum unterstützt die Mapping-Prozedur, das Hereinklappen der Umgebung, das wir schon anfangs als Kennzeichen der Konstruktionsmethode der Box festgestellt haben. Je nach Blickpunkt ist das Gebäude offen oder geschlossen. So entsteht ein fließender Raum, obwohl dieser Raum scheinbar durch die Kiste fest kontrolliert ist. In einer Architektur, wo der Raum nicht zählt, sondern die Zeit und die Information, verlieren auch die normalen Größenordnungen und Maßstäbe an Gewicht.

Die Deskalierung wird auch durch die überdimensionalen Verglasungen verstärkt. Die Box selbst ist nämlich schon überdimensional. Die Box ist in Wirklichkeit mit ihren 62,50 Metern Länge, 15 Metern Breite und 23 Metern Höhe viel größer als ein Standardcontainer. Diese Größe wird noch gesteigert durch die Stelzen. Gleichzeitig wird die Größe durch eine die Box überragende, filigrane Außentreppe wieder relativiert. Statt formaler Ambivalenz eine Ambivalenz der Skalierung. Die filigrane Stahltreppe transformiert den überdimensionalen Container sensorisch in eine Spielzeugkiste, was zum schwebenden Charakter der Kiste beiträgt. Die »dumme Kiste« wird also durch ihre intelligente Nutzung von ihren historischen Kisteneigenschaften befreit. Die vormoderne Architektur fußte auf der körperzentrierten Erfahrung von Raum und Zeit. Die moderne Architektur begründete sich mit der maschinenzentrierten Erfahrung von Raum und Zeit. Die Infobox ist ein hervorragendes Beispiel für eine nachmoderne Architektur, die sich auf eine zeichenzentrierte Erfahrung von Raum und Zeit bezieht.

48

Eine Stadtcollage in Kreuzberg
Erweiterung des GSW-Hauptsitzes von Sauerbruch/Hutton

Roman Hollenstein

Nach dem Mauerfall verwandelte sich das Zentrum Berlins fast über Nacht in eine gigantische Baustelle, aus der fast nur potemkinsche Blockrandbanalitäten resultierten. Diesen antwortet nun in der südlichen Friedrichstadt eine zukunftsweisende Architekturcollage. Es handelt sich dabei um den Um- und Erweiterungsbau der gegenwärtig gut 450 Mitarbeiter zählenden Hauptverwaltung der Gemeinnützigen Siedlungs- und Wohnungsbaugesellschaft Berlin an der Kochstraße. Geplant hat diese aus einem alten und einem neuen Hochhaus sowie zwei Flachbauten bestehende, rund 30 000 Quadratmeter Büro- und Ladenfläche bietende Anlage keiner der an die Spree geladenen Architekturstars, sondern der in Konstanz geborene Matthias Sauerbruch und seine englische Partnerin Louisa Hutton.

Sauerbruch kam als Mitarbeiter von Rem Koolhaas mit den Eigenheiten des holländischen Architekturdiskurses in Kontakt, Louisa Hutton setzte sich im Büro von Peter und Alison Smithson kritisch mit der englischen Nachkriegsmoderne auseinander. Vom beruflichen Werdegang her sind beiden Architekten die Thesen von Le Corbusier ebenso geläufig wie die Theorien des urbanen Chaos und die Ideen der architektonischen Verdichtung oder des kontextuellen Umgangs mit den heterogenen Erscheinungsformen der Großstadt. Es überrascht deshalb kaum, daß Sauerbruch und Hutton die städtebaulichen Bilder, die sie am Ort der künftigen GSW-Hauptverwaltung vorfanden, als »Konglomerat unterschiedlicher Elemente« akzeptierten, »zum Ordnungsprinzip erhöhten« und mit der Methode der Architekturcollage zu verdichten suchten.

Die regelmäßigen Blöcke der nach rationalen Gesichtspunkten angelegten barocken Friedrichstadt wurden im 19. Jahrhundert zu Hofrandanlagen verdichtet und während des Zweiten Weltkriegs weitgehend verwüstet. Das 1961, kurz vor dem Mauerbau vollendete Hochhaus des Graphischen Gewerbezentrums von Paul Schwebes und Hans Schoszberger — einem führenden Berliner Architektenteam der Wirtschaftswunderzeit (s. Telefunkenhochhaus, Nr. 25) — stellte dann einen ersten optimistischen Akzent in der fast leergefegten Stadtlandschaft dar. Der isolierte Solitär signalisierte die Abwendung von der Enge und Geschlossenheit der einstigen Stadt.

In den achtziger Jahren übernahm die GSW das Hochhaus, um hier ihren neuen Hauptsitz zu errichten. Der mit dem Bauprojekt beauftragte Helge Pitz schlug 1986 vor, das Turmhaus im Sinne der damals im Rahmen der IBA diskutierten »kritischen Rekonstruktion« mit einer klassischen Blockrandbebauung zu fassen. Doch Widerstände führten dazu, daß die GSW 1990 einen Wettbewerb ausschrieb, aus dem Sauerbruch und Hutton als Sieger hervorgingen. Kernstück ihres Konzepts war das Punkthochhaus von Schwebes und Schoszberger. Dieses war schnell zu einer typologischen Ausnahmeerscheinung in der südlichen Friedrichstadt geworden: Denn alle nach ihm in dieser Gegend entstandenen Wolkenkratzer sind Scheibenhochhäuser. Das erste war das von Axel Springer unmittelbar nach dem Mauerbau in Auftrag gegebene und 1966 vollendete Springerhochhaus. Ihm folg-

te die am Landwehrkanal nach Plänen von Prosper Lemoine errichtete 29geschossige Aluscheibe des Postgiroamtes. Auf die Provokation dieser Monumente des westlichen Wirtschaftswunders antwortete die DDR in den Jahren 1972–82 mit dem Bau von vier 25geschossigen Doppelhochhausscheiben an der Leipziger Straße. Indem nun Sauerbruch und Hutton das bestehende Punkthochhaus um eine Scheibe erweiterten, verknüpften sie es typologisch mit den benachbarten Hochhäusern. Gleichzeitig befaßten sie sich mit der Neuinterpretation und Weiterentwicklung des Zukunftspotentials der Fünfziger-Jahre-Moderne.

Dieser kreative Umgang mit der Nachkriegsarchitektur, dem architektonischen Kontext und der gebauten Stadt wurde aber wegen des hochhausfeindlichen Berliner Klimas zunächst kaum verstanden. Doch die GSW erwies sich als vorbildliche Bauherrin, die ihr Projekt gegen alle Widerstände aus dem Bezirk Kreuzberg und aus dem Berliner Senat durchsetzte. Entstanden ist eine formal virtuose und dennoch sorgfältig ausbalancierte Komposition von alten und neuen Baukörpern, von horizontalen und vertikalen Volumen. Dem massigen Turm von Schwebes und Schoszberger antworten die beiden dreigeschossigen, mit dunkel glasierten Steingutplatten verkleideten Sockelbauten. Obwohl einer davon als leicht geschwungener, zum Eingang hin rhythmisch beschleunigter Flachbau die Kochstraße faßt, handelt es sich hier nicht um eine sklavische Rekonstruktion des einstigen Blocks. Einzig die aufgesetzte »Pillbox« aus giftig grün bemaltem Wellblech spielt — gefährlich über den Gebäuderand verschoben — mit leichter Ironie auf die umstrittene Berliner Traufhöhe an. Der gleichermaßen sinnliche wie theoretisch fundierte Umgang mit Materialien, Farben und Texturen zieht sich von hier als Leitmotiv durch die ganze Anlage hindurch.

Das renovierte Punkthochhaus wird zwar kontrastreich von der transparenten Scheibe und den erdenschweren Sockeln gefaßt, bleibt aber von Süden und Osten her weiterhin als frei stehender Solitär erkennbar. Das leicht und elegant, ja fast etwas frivol anmutende Scheibenhochhaus bedrängt den Turm nicht. Vielmehr rückt es dessen formale und konstruktive Qualitäten sowie seine fast minimalistische Strenge in ein neues Licht und läßt diesem Architekturdenkmal endlich Gerechtigkeit widerfahren. Spektakulär gibt sich vor allem das seitlich auskragende neue Hochhaus, das auf den beiden Flachbauten wie aufgesetzt scheint. Der Eindruck des Schwebens wird durch den bananenförmigen Grundriß, der dieser Glaskonstruktion die Starrheit älterer Hochhausscheiben nimmt, noch verstärkt. Allerdings ist das scheinbare Wunder der Schwerelosigkeit nur möglich dank der Tragwerkkonstruktion von Ove Arup, die das Riesengewicht des gläsernen Kolosses auf wenigen Stützen und Mauern im Innern der Sockelbauten in die Tiefe führt. Nicht weniger interessant ist das auf einer »Low-Tech-Konzeption bezüglich Heizung, Lüftung und Belichtung« beruhende energetische Programm. Es wird für die Betrachter vor allem in der doppelschichtigen Konvektionsfassade des Glashochhauses sichtbar: In dieser steigt die durch die Sonneneinstrahlung erhitzte Luft auf, saugt — vereinfacht formuliert — eine Brise von der sonnenabgewandten Seite her durch das Gebäude und kühlt und belüftet so die Büros ganz natürlich. Als Zeichen dieser sanften Klimatisierung und als direkter Sonnenschutz der Arbeitsplätze fungieren die an der dynamischen Westfront zu Dreiergruppen in den Farben Gelb bis Bordeaux angeordneten Lamellen aus Lochmetall, die individuell verstellt werden können.

Literatur:

Sauerbruch/Hutton Architekten, Projekte 1989–1991. Berlin 1992

Sauerbruch Hutton. Projekte 1990–1996. Basel 1996

An schwülen, sonnenlosen Tagen unterstützt ein flügelartiger Dachaufsatz die Thermik der Konvektionsfassade. Der auskragende Spoiler an der Südwestecke des Gebäudes hingegen dient zum Auffangen der Fallwinde, die an jedem Hochhaus auftreten. Dieses Baudetail, das man an anderen Wolkenkratzern vergeblich sucht, trägt viel zur Annehmlichkeit auf der Charlottenstraße bei. Gestalterisch wurde jeder der drei das Grundstück begrenzenden Straßenräume individuell behandelt: Bald weitet sich an der Kantstraße der Gehsteig, dann wieder tun sich an der Markgrafen- und an der Charlottenstraße parkartige Freiflächen auf, und Durchgänge locken die Besucher wie selbstverständlich ins Innere. Hat man – vorbei an den Geschäften im Erdgeschoß – von der Koch- oder von der Charlottenstraße aus die seitlich verglaste Eingangshalle betreten, befindet man sich unter einer expressiv aufgestülpten Dachlandschaft, die aussieht, als ob sich hier zwei tektonische Platten überlagerten. Durch die so entstandenen Oberlichter ergeben sich Ausblicke auf die sich darüber auftürmenden Baukörper.

Zuoberst auf dem Glashaus finden sich statt der ursprünglich vorgesehenen corbusianischen Dachlandschaft die Haustechnik und das aerodynamische Segel. Dabei wäre dies ein idealer Ort gewesen für einen öffentlichen Raum – eine Sky-Bar etwa. Denn die Sicht von hier oben ist grandios: Man erlebt das Gebäude im Bezug zu den anderen Hochhäusern und sieht vom Potsdamer Platz über den Reichstag bis hin zum Fernsehturm am Alexanderplatz die Highlights der urbanen Landschaft. Als dezentrales Projekt der Expo 2000 in Hannover wird das GSW-Hochhaus die architektonischen, urbanistischen und ökologischen Möglichkeiten der heutigen Metropole und Aspekte einer zeitgemäßen, weder nostalgischen noch historisierenden Stadtreparatur veranschaulichen.

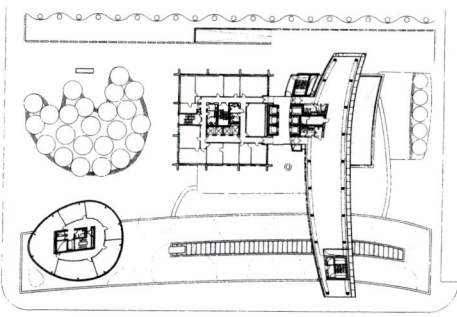

Ort **Kochstraße 22, Berlin-Kreuzberg**

Bauzeit **1995–99**

Architekten **Matthias Sauerbruch, Louisa Hutton**

Der Neubau wurde von der Gemeinnützigen Siedlungs- und Wohnungsbaugesellschaft Berlin (GSW) 1991 als Erweiterung des bereits bestehenden Punkthochhauses (1961, Schwebes und Schoszberger) in Auftrag gegeben und war bis 2004 Sitz der Hauptverwaltung der GSW. Seit deren Privatisierung Nutzung als Bürogebäude.

49

Geordnete Unordnung
Das Krematorium von Axel Schultes in Treptow

Anne Schmedding

Feuerbestattungen nehmen gegenüber der konventionellen Erdbestattung beständig zu. In einer Großstadt wie Berlin werden bereits drei Viertel der Verstorbenen eingeäschert oder anonym begraben. Die Veränderungen der Familienverhältnisse, die oft beruflich geforderte Mobilität, die immer höher werdenden Kosten für Erdbestattungen und die Tatsache, daß solche immer mit der langjährigen Pflege der Grabstätte verbunden sind, führen zu dieser Entwicklung. 1992 wurde vom Bezirksamt Treptow ein Realisierungswettbewerb für ein neues zentrales Krematorium ausgeschrieben, welches dieser Entwicklung Rechnung tragen sollte. Da das alte Krematorium in Treptow (1911–13 von Bientz und Bardenheuer) durch den Krieg stark beschädigt und die Friedhofsanlage zum Teil verwittert war, wurde durch das Freiwerden einer umfangreicheren Fläche der Neubau in großer Dimension möglich.

Axel Schultes und Charlotte Frank, die mit ihrem Entwurf als Sieger aus dem Wettbewerb hervorgingen, sahen sich vor die Aufgabe gestellt, den Bautyp neu zu formulieren. Anleihen aus Westberliner Zeiten schienen ebensowenig der heutigen Situation adäquat wie den Stil der frühen europäischen Krematorien mit ihrer durchweg historistischen Sprache und christlichen Symbolik zu imitieren. Schultes nahm sich vor, einen Bau zu schaffen, der dem Anlaß angemessen spiritueller Natur ist, ohne den Menschen eine bestimmte Art des Abschiednehmens oder eine bestimmte religiöse Richtung aufzudrängen. Solches scheint angebracht in einer immer multiethnischer werdenden Stadt wie Berlin.

Mit der Eröffnung des ersten Krematoriums 1876 in Mailand breitete sich in Europa eine »Feuerbestattungsbewegung« aus. Allein in Deutschland wurden von 1879 bis 1913 über vierzig Krematorien gebaut, in jeder Stadt gab es Feuerbestattungsvereine mit zahlreichen Mitgliedern, die sich für die Verbreitung dieser neuartigen Methode zur »Beseitigung von Leichen« einsetzten, und das 1884 erstmalig erschienene Blatt »Die Flamme« war nicht die einzige Fachzeitschrift. Jahrhundertelang galt die Verbrennung von Leichen als archaischer und unchristlicher Akt — noch heute vertreten große Teile der katholischen Kirche diesen Standpunkt. Als Beleg dafür mußte ein Umstand herhalten, der eher wirtschaftlicher Natur zu sein scheint als religiöser: Die ersten Christen traten für die Erdbestattung ein, da die Feuer-

bestattung den reichen Pharisäern vorbehalten war — vor allem dank der Tatsache, daß Holz im kargen Palästina kostbares Gut war. Gegen Ende des 19. Jahrhunderts erschien die erstmals industriell entwickelte Methode der Leichenbeseitigung als Inbegriff des Fortschritts, des Pragmatischen und der Hygiene. Als Legitimation mußte die ganze Menschheitsgeschichte herhalten; so schrieb z. B. Ernst Beutinger in seinem 1911 erschienenen »Handbuch zur Feuerbestattung«: »Mit dem Auftreten einer eigentlichen Kulturperiode lassen sich bei einer großen Anzahl von Völkern zugleich die Anfänge der Feuerbestattung in ursächlichen Zusammenhang bringen […]. So ist die Feuerbestattung ein Gradmesser des Kulturzustandes für viele Völker geworden.«

Ein einziges Mal, 1972–75, wurde in Westberlin — auch durch den natürlichen Verfall der existierenden, alle um 1910 entstandenen Krematorien bedingt — der demographischen und sozialen Entwicklung Rechnung getragen und im Auftrag der Stadt von Jan und Rolf Rave ein neues Krematorium gebaut. Sie waren peinlich darauf bedacht, jegliche Symbolik, Pathos und religiöse Anwandlung zu vermeiden. Statt dessen wurde Funktionalität zum Bauprinzip erhoben. Aber die Betonung der Funktion — die industriell entwickelte Leichenverbrennung hinter verschlossenen Türen — in ihrer »hygienischen« und entritualisierten Methode weckte gerade in Deutschland ungute Gefühle.

Um dem zu entgehen, suchten Schultes und Frank einen Bau zu entwerfen, der den Trauernden das individuelle Abschiednehmen und einen direkten Bezug zum Akt des Verbrennens ermöglicht. Auch wenn sie bei der Umsetzung einige Kompromisse eingehen mußten (z. B. gaben sie die Idee auf, die Särge von Trägern herausbringen zu lassen; sie werden wie eh und je direkt aus dem Saal in den Verbrennungsbereich versenkt), ist ihnen doch ein Bau von einer Intensität gelungen, der man sich nur schwer entziehen kann. Die Umkehrung der Größenverhältnisse zwischen Warteraum und Feierhallen trägt wesentlich dazu bei. Nicht die meist reglementierte Feier selbst wird zum Mittelpunkt des Abschiedes, sondern die Zeit des Wartens. Sie ist durch kein Ritual geregelt und wird als wichtiges Element des individuellen Trauerns begriffen.

Das Hauptkennzeichen dieser zentralen Kondolenzhalle sind 29 Säulen, die zentripetal angeordnet einen zur Mitte hin verdichteten Spiralnebel oder auch ein Feuerrad assoziieren. Die einfachen Rundsäulen haben keine Schmuckkapitelle, die die Last des Daches betonen würden, sondern »Lichtkapitelle«, nicht wie im Kunstmuseum Bonn (desselben Architekten) durch kreuzförmige Träger gehalten, sondern reduzierter mit nur einem Kragarm. So wird eine schwebende Leichtigkeit des Flachdaches suggeriert. Die Säulen sind ohne Basis; sie sind wie die Halle aus sorgfältig verarbeitetem Sichtbeton mit glatter Oberfläche, so daß der ganze Raum wie aus einem Guß entstanden erscheint, in den sich selbst das helle Türkis des Bodens aus Trentiner Serpentin nahtlos einfügt. Tageslicht erhält der Raum durch die Kapitelle und durch an den Seiten befindliche Oberlichter, die das Licht wie einen Wasserfall an den Querwänden hereinfließen lassen. So scheint die Halle immer in Winterlicht getaucht. Selbst im Sommer ist es ein wenig kühl in diesem gewaltigen Monolith — auch wenn direktes Sonnenlicht punktuell durch die Kapitelle hineindringt und ein zusätzliches Lichtmuster entwirft. Die Halle wirkt wie aus archaischen Zeiten, und man ist versucht, an dieser Stelle über die Ur Religion nachzudenken, deren Ausdruck dieser Raum zu sein scheint. Es ist jedoch keine vorzivilisatorische Archaik, keine Höhlenarchitektur, sondern von Menschenhand geschaffene Form, die nicht Zeichen sein, sondern Raum schaffen will.

Die Kondolenzhalle bietet Freiheit für den einzelnen Besucher: Stühle lassen sich an jedem Ort plazieren, Wandeln und Stehen ist genauso vorstellbar. Die geschickte Anordnung der Säulen ermöglicht die freie Wahl zur optischen Abgeschiedenheit oder zum freien Blick über die großzügig proportionierte Halle. Wenn sich ein Rückgriff auf religiöse Architektur erkennen läßt, dann erinnert der Säulenwald am ehesten an große Moscheenarchitektur – z. B. in Cordoba. Jedoch ist der islamische, zu Stein gewordene Hain wiederum ein Rückgriff auf natürliche Haine, auf Stätten der Begegnung und Besinnung. Der Unterschied bleibt, daß Schultes keinen geordneten Wald entworfen hat, keine Säulen in Reih und Glied, die ehrfürchtig hätten betrachtet werden können, sondern es ist ihm gelungen, eine geordnete Unordnung zu erschaffen.

In den Feierhallen dominiert neben dem Sichtbeton ein metallenes Türkis, mit dem die Bänke wie die Fensterlamellen gestrichen sind. Diese Farbe bricht die archaische Assoziation hin zu einer reinen, entstofflichten Spiritualität und unterstützt die bemerkenswerte Leichtigkeit des Betons. Die Lamellen an den zur Decke hin durchgängigen Fensterbändern lassen sich stufenlos verstellen. So ist für jedes Wetter und jede Tageszeit die ideale Lichtsituation herstellbar. Die nicht der Öffentlichkeit zugänglichen Räume – Mitarbeiterräume und Küsterei im südöstlichen, die Kremationsöfen im nordwestlichen Bereich – sind in den beiden seitlichen Fronten des Gebäudes untergebracht, die von dem Mittelteil mit Kondolenzhalle und drei Feierhallen schon von außen optisch durch durchgängige Fensterbänder getrennt werden.

Axel Schultes und Charlotte Frank haben mit dem Krematorium einen Raum geschaffen, der nicht symbolisch überfrachtet ist, sondern durch Material und Licht eine archaische und trotzdem zeitgenössische, nahezu heitere Spiritualität erzeugt. Sie haben eine angemessene Sprache für eines der großen Themen der Menschheit gefunden.

^{Ort}**Kiefholzstraße 221,**
Berlin-Treptow
^{Bauzeit}**1992–98**
^{Architekt}**Axel Schultes Architekten**

Den Realisierungswettbewerb
von 1992 gewannen Axel
Schultes und Charlotte Frank
mit einem gemeinsamen
Entwurf. Die Fertigstellung des
Gebäudes war 1998, in Betrieb
ist es seit dem Frühjahr 1999.

Kuppel wider Willen
Das Reichstagsgebäude Sir Norman Fosters

Horst Bredekamp

Literatur:

Michael S. Cullen: Der Reichstag.
Parlament, Denkmal, Symbol.
Berlin 1995

Michael Z. Wise: Capital Dilemma.
Germany's Search for a New
Architecture of Democracy.
New York 1998

»Dem Deutschen Volke«. Der
Bundestag im Berliner Reichs-
tagsgebäude. Hg. v. Heinrich
Wefing. Bonn 1999

Während Christo und Jeanne-Claude die Verhüllung des Reichstagsgebäudes vorbereiteten, wurde die Planung des neuen Gebäudes in immer neuen Kapriolen vorangetrieben. Der englische Architekt Sir Norman Foster war aus den Wettbewerben von 1992 und 1993 mit dem Konzept als Sieger hervorgegangen, im Innen- wie Außenraum die historischen Brüche sichtbar werden zu lassen, aber auch Brücken zur Geschichte des Vorgängerbaues zu schlagen. Während hundert Jahre zuvor gerade von der Sozialdemokratie Karl Liebknechts eine prächtige Ausstattung gefordert worden war, um die Würde des Parlaments nicht durch die Kargheit der Ausstattung zu diskreditieren, wurde die zurückhaltende Eleganz von Fosters Stil nun als Symbol dafür begrüßt, daß sich das Parlament jede Form von Verschwendung versagen werde. Im Gegenzug markierte Foster historische Fenster zu den Kriegsschäden, den sowjetischen Graffiti und den noch nach dem Krieg abgeschlagenen Stuckplastiken, um Spuren der gesamten Geschichte des Bauwerkes zu wahren. In einem respektvollen Dialog mit Günter Behnischs Bonner Plenarsaal, dessen Glaskubus in Berlin zwischen Wallots Ecktürme versetzt scheint, hat Foster auch das Wahrzeichen der Bonner Republik im neuen Gebäude sichtbar gemacht.

Gegenüber der Wallotschen Kuppel wollte er eine um so schärfere Zäsur. Er hatte zunächst die Vision einer weiten Zeltüberspannung des Gebäudes entwickelt. Als er im Sommer 1994 nach einer Reihe von Alternativen aufgefordert wurde, auch eine Kuppellösung in Erwägung zu ziehen, legte er zwar einen ersten Entwurf vor, favorisierte nun aber die Idee eines sich leuchtturmartig über dem Gebäude erhebenden Zylinders. Erst als die Baukommission des Bundestages Ende Juni 1994 definitiv den Bau einer Kuppel beschloß, ließ Foster sich auf diese Vorgabe ein. Seine fast fünfzig Modelle zeugten von dem Dilemma, eine Kuppel zu entwerfen, die er nicht gewollt hatte und die zugleich vermeiden mußte, die Wallotsche Kuppel in moderner Form zu variieren, weil eine solche Lösung bereits vom zweiten Preisträger, Santiago Calatrava, vorgeschlagen worden war.

Der Zwiespalt war nicht zu überwinden. Foster trafen Plagiatsvorwürfe, obwohl sich seine eiförmige Kuppel von Calatravas Aufsatz unterscheidet. Weder Laterne noch Tambour aufweisend, wirkt sie mit ihren Fensterringen wie in das Gebäude gestaucht, und daher mißlingt ihr der Übergang zu den vier Ecktürmen, den Wallots quadratischer Unterbau geleistet hatte. Foster investierte seine Energie in die technischen und ökologischen Möglichkeiten, aber der mittlere Spiegelschlauch, der die aufsteigende Wärme des Inneren nutzen und zugleich Licht in das Innere schaufeln soll, mindert ebenso wie die riesige, bewegliche Flosse des Sonnenschutzes das bestimmende Element der Kuppel, ihre Transparenz.

Die über die Flanierflächen des Daches mögliche Begehbarkeit der Kuppel versöhnt jedoch mit diesen Schwächen. Nach dem Modell mittelalterlicher Wallfahrtskirchen, die den Pilgern die Möglichkeit boten, den Ausblick als Lohn der Beschwerlichkeiten der langen Reise zu begreifen, gehört die Aussicht auf dem Reichstagsgebäude zu den eindrucksvollsten Elementen der Architektur selbst. Zur haptisch vollziehbaren Begehbarkeit kommt beim Aufstieg in die Kuppel der Blick hinunter in den Plenarsaal. Wenn die Besucher über die Spiralrampen, die durch ihr leichtes Schwanken den Eindruck luftiger Höhe verstärken, die obere Plattform erreicht haben, ist der Plenarsaal in weit entfernter Tiefe zumindest in Sektoren zu überblicken.

Eine vergleichbare gestische Entmächtigung des Parlamentes durch diejenigen, die in ihm repräsentiert sein sollen, hat es nie zuvor gegeben. Der Kopf des Staates, auf den die Menschen in Thomas Hobbes' »Leviathan« von 1651 ausgerichtet sind, ohne ihn einnehmen zu können, wird in Fosters Kuppel usurpiert. Die unablässig hinauf- und herabsteigenden Besucher erinnern an die schräg ausgerichteten Menschen, die die Arme des auf dem Titelblatt des »Leviathans« als gewaltiger Leib dargestellten Staates bilden; aber hier blicken sie nicht in Verehrung auf den Kopf des Riesenleibs, sondern sie besiedeln ihn in unablässigem Strom, um am Ende nicht nur einen Panoramablick zu haben, sondern auf ihre Repräsentanten hinabzusehen, die, Maschinisten eines großen Schiffes gleich, an Hugo von Hofmannsthals Gedicht »Manche freilich« denken lassen. Im Plenarsaal wird dieser Eindruck bei den hinteren Sitzreihen verstärkt, die durch Besuchertribünen verschattet sind und wie in Höhlen gepreßt wirken. Von den unverstellten Reihen geht der Blick hinauf in die Spiralwege der Kuppel, deren Passanten sowohl unverstellt wie auch in dreieinhalbfacher Reflexion über die 360 Spiegel des Thermoschlauches zu beobachten sind. Von außen wie aus dem Sitzungssaal läßt die transparente Kuppel den Souverän erneut als Bild erscheinen: nun aber nicht als Hobbesschen Kopf eines furchterregenden Riesen, sondern als Caput, in dem die Bürger die beweglichen Zellen bilden. Die Kuppel des Reichstags bildet eine Art Oberhaus, das jeweils wechselnde Teile der Bevölkerung einnehmen. Die Inschrift »Dem Deutschen Volke« hat Foster mit dieser visuellen Doppelstrategie tatsächlich verwirklicht. Daß bei Plenarsitzungen aus Gründen der Schalldämpfung über den unteren Bereich der Kuppel Verblendungen gezogen werden, die den Blickkontakt verhindern, gehört desto mehr zu den Unbegreiflichkeiten der Geschichte des Bauwerkes. Indem das Ohr als Vorwand genommen wird, das Auge außer Kraft zu setzen, verliert die Architektur ihr Herz.

Der Eingriff ist um so kleinmütiger, als die Verkehrung der Hierarchie des »Leviathans« ebensowenig eine leere Geste ist wie die oftmals belächelte Verbindung von Demokratie und architektonischer Durchsichtigkeit. Während Behnisch den Wunsch nach horizontaler Transparenz in eine Wandverglasung faßte, hat Foster die Diskreditierung hermetischer Macht in jene vertikale Achse gefügt, in der sich die Hierarchien klassischer Prägung aufbauen. In einem Moment, in dem die Parlamente ihr Gewicht zunehmend an die europäische Zentrale abgeben, in dem die wirtschaftliche Globalisierung den nationalen Spielraum verengt, in dem die elektronischen Kommunikationsformen weite Bereiche der staatlichen Kontrolle entziehen und in dem das mediale Entertainment den Denkraum des Politischen entkernt, hat Fosters symbolische Verkehrung der Hierarchie neben ihrer gelassenen Provokation auch den Charakter einer ironischen Offenlegung des faktisch Gegebenen.

Ort **Platz der Republik 1, Berlin-Mitte**

Bauzeit **1995–99**

Architekt **Norman Foster and Partners**

Nach der Entscheidung des Deutschen Bundestages für Berlin als Hauptstadt 1991 wurde beschlossen, den Reichstag für die Aufnahme des Bundestages umzubauen. Bei dem 1992 von der Bundesrepublik (vertreten durch das Bundesministerium für Raumordnung, Bauwesen und Städtebau) ausgeschriebenen internationalen Wettbewerb wurden drei erste Preise vergeben. In einem Bundestagsbeschluß wurde die Wiederherstellung der Kuppel als krönende Dominante gefordert; so überarbeitete Foster seinen Entwurf und entwickelte einen gläsernen, über Rampen begehbaren Kuppelbau. Die Einbauten Baumgartens aus den sechziger Jahren wurden größtenteils entfernt.

Der Souverän und die Baukunst

Die Geschichte des Reichstagsgebäudes ist von Beginn an von unvergleichlicher Widersprüchlichkeit. Der wilhelminisch wirkende Bau war das Produkt der zähen Verteidigung einer architektonischen Bekräftigung des deutschen Parlamentes durch internationale Bauformen, und die technisch forcierte Metall-Glas-Kuppel galt nicht dem Kaiser, sondern dem Parlament. Ihre Errichtung war Wallots Triumph. Ihre heutige Reminiszenz dagegen besiegelt eine glückliche Niederlage Fosters. Indem dieser seine Aversion gegenüber der Kuppellösung preisgab, überwölbte er das Parlament mit dem Zeichen, daß dessen Macht entliehen und begrenzt ist.

Ob aus der Ferne oder der Nähe, ob mit Blick auf den Bau des 19. Jahrhunderts oder das Pasticcio der Nachwende – was sich aus dem Konflikt zwischen der Volksvertretung und der Kunst ereignet hat, ist komplexer als alles, was an Parlamentsbauten existiert. Gegenüber der harmonischen Botschaft, die etwa das englische Parlamentsgebäude, das US-amerikanische Kapitol oder auch die Regierungsgebäude von Brasilia ausstrahlen, entwickelt der Berliner Reichstag eine Ästhetik des gebundenen Konfliktes. Wenn Demokratie davon lebt, Widersprüche nicht autoritativ zugunsten nur einer Seite auszulöschen, sondern in der Entscheidung einen Ausgleich zu schaffen, in dem das Gesicht der Unterlegenen gewahrt bleibt, dann handelt es sich bei der Architektur des Reichstages um eine wahrhaft repräsentative Bauleistung. Aus demselben Grund kann der Bau nicht schön sein, aber aus seiner ästhetischen Befremdung entwickelt er einen eigenen Reiz. Indem er den Mut zur Differenz bewahrt, bildet er in all seinen Schwächen ein bemerkenswert couragiertes Menetekel, in dem sich mehr als nur ein Jahrhundert enthüllt.

Biographische Hinweise

Christoph Asendorf ist Professor für Kunst und Kunsttheorie an der Europa-Universität Viadrina in Frankfurt/Oder.

Frank Barkow hat mit Regine Leibinger seit 1993 ein Architekturbüro in Berlin und lehrte an der Cornell University, der Architectural Association in London und der Harvard Design School.

Andrea Bärnreuther ist verantwortlich für die wissenschaftlichen Programme und Sonderveranstaltungen der Staatlichen Museen zu Berlin.

Nike Bätzner promovierte über Arte povera, war 1994–99 wissenschaftliche Mitarbeiterin an der Hochschule der Künste und arbeitet als Kunsthistorikerin in Berlin.

Tilman Baumgärtel ist seit 1999 Redakteur der MultiMediaSeiten der Berliner Zeitung. Publikationen und Ausstellungen zu Kunst und Neue Medien.

Horst Bredekamp ist Direktor des Kunsthistorischen Instituts der Humboldt-Universität in Berlin.

Tilmann Buddensieg lehrte Kunstgeschichte an der Freien Universität Berlin (bis 1976) und in Bonn (bis 1993).

Gerrit Confurius war von 1993-2000 Chefredakteur der Zeitschrift »Daidalos« und lebt als freier Autor in Berlin.

Michael S. Cullen wurde in New York geboren und lebt seit 1962 in Deutschland. Zahlreiche Veröffentlichungen über Berliner Bauthemen.

Gabi Dolff-Bonekämper ist seit 1988 Denkmalpflegerin beim Berliner Landesdenkmalamt. Seit 1994 Lehraufträge an der TU Berlin und der Humboldt-Universität.

Bernd Evers ist Direktor der Kunstbibliothek in Berlin.

Susanne von Falkenhausen lehrt Kulturwissenschaften und Kunstgeschichte an der Humboldt-Universität in Berlin.

Christian Gahl ist Architekturfotograf in Berlin.

Jonas Geist ist emeritierter Professor für Geschichte, Theorie und Kritik der Architektur der Universität der Künste in Berlin.

Harold Hammer-Schenk ist Professor für Kunst- und Architekturgeschichte an der Freien Universität Berlin.

Andreas Haus ist Professor an der Universität der Künste in Berlin und Sprecher des Graduiertenkollegs »Praxis und Theorie des künstlerischen Schaffensprozesses«.

Bettina Held schrieb ihre Magisterarbeit über die Kreuzkirche von Ernst und Günther Paulus an der Freien Universität Berlin.

Dieter Hoffmann-Axthelm arbeitet als Planer und Publizist in Berlin.

Roman Hollenstein ist Redaktor für den Bereich Architektur und Design bei der »Neuen Zürcher Zeitung«.

Rainer Höynck ist Kunst- und Theaterkritiker und war 1963–88 Leiter des Ressorts Kulturkritik und -politik beim RIAS Berlin.

Karl Kiem hat in den Fächern Baugeschichte (TU Berlin) sowie Kunstgeschichte (Universität von Amsterdam) promoviert und sich an der TU Hamburg-Harburg habilitiert.

Martin Kieren studierte Architektur in Dortmund und Berlin und ist Professor für Baugeschichte und Architekturtheorie an der Technischen Fachhochschule Berlin.

Wolfgang Kil lebt als Architekturkritiker in Berlin.

Josef Paul Kleihues gründete 1962 ein Architekturbüro in Berlin und lehrte an mehreren Universitäten im In- und Ausland. Er verstarb 2004.

Anna Klingmann ist Architektin in New York und lehrte an der Hochschule der Künste in Berlin sowie an der ETH Zürich.

Tilo Köhler lebt als freier Schriftsteller in Berlin und veröffentlicht vor allem Dokumentarromane und kulturhistorische Bücher (z. B. »Stalintrilogie«).

Ingeborg Kuhler ist Architektin und lehrt an der Hochschule der Künste in Berlin.

Helmut Kyrieleis war bis Januar 2003 Leiter des Deutschen Archäologischen Instituts in Berlin.

Vittorio Magnago Lampugnani ist Professor am Institut für Geschichte und Theorie der Architektur an der ETH Zürich.

Andres Lepik ist Leiter der Architektursammlung 20./21. Jahrhundert an der Kunstbibliothek, Berlin.

Diane Lewis ist Architektin und Mitglied der »american academy in rome«. Sie ist Professorin an der Cooper Union in New York.

Jürgen Mayer Hermann ist Architekt in Berlin, forscht zu Architektur, Städtebau und Gesellschaft und hat zahlreiche Lehraufträge im In- und Ausland. 2003 Verleihung des Mies van der Rohe Nachwuchspreises.

Jochen Meyer ist freiberuflicher Kunsthistoriker in Berlin. Publikationen zur Architekturgeschichte und -theorie der Moderne.

Michael Mönninger leitet die Pariser Redaktion der Wochenzeitung »Die Zeit«.

Fritz Neumeyer ist Leiter des Instituts für Architekturtheorie an der TU Berlin.

Werner Oechslin ist seit 1985 Professor für Kunst- und Architekturgeschichte an der ETH Zürich, seit 1986 Leiter des Instituts für Geschichte und Theorie der Architektur (gta).

Ulrich Pantle leitet ein Architekturbüro in Ludwigsburg.

Wolfgang Pehnt ist Architekturhistoriker und -kritiker, arbeitete als Verlagslektor und Abteilungsleiter im Deutschlandfunk und lehrt seit 1995 an der Ruhr-Universität Bochum.

Goerd Peschken publiziert vor allem über Berliner Themen und lehrte Bau- und Stadtbaugeschichte an der Hochschule für bildende Künste.

Sebastian Redecke arbeitet als Architekturkritiker und Redakteur für die Zeitschrift »Bauwelt«.

Andreas Ruby lebt als freier Architekturkritiker und Publizist in Köln.

Peter Rumpf war von 1989 bis 2003 Chefredakteur der Zeitschrift »Bauwelt«.

Rolf Sachsse ist Fotograf und Professor am Fachbereich Design der Fachhochschule Niederrhein in Krefeld sowie assoziierter Professor an der Hochschule für Gestaltung in Karlsruhe.

Wolfgang Schäche ist Professor für Baugeschichte und Architekturtheorie an der Technischen Fachhochschule in Berlin. Zahlreiche Veröffentlichungen zur Berliner Baugeschichte und zur Architektur der NS-Zeit.

Matthias Schirren ist Leiter der Abteilung Baukunst der Stiftung Archiv der Akademie der Künste.

Anne Schmedding war 1997–99 Redakteurin der Zeitschrift »Daidalos« und lebt als freie Architekturhistorikerin in Berlin.

Rolf Schneider ist freier Schriftsteller und Publizist.

Wolf Jobst Siedler ist Verleger in Berlin.

Eberhard Syring studierte Architektur in Bremen und ist promovierter Kulturwissenschaftler.

Oswald Mathias Ungers leitet seit 1950 ein Architekturbüro in Köln und lehrte an zahlreichen Hochschulen im In- und Ausland.

Mario Vargas Llosa war als Gastprofessor in Washington, Harvard, Princeton und zahlreichen anderen Städten tätig und lebt heute als freier Autor in London.

Heinrich Wefing ist Redakteur der »Frankfurter Allgemeinen Zeitung« in Berlin.

Peter Weibel ist Direktor des Zentrums für Kunst und Medientechnologie in Karlsruhe und Autor zahlreicher Publikationen zum Thema »neue Medien«.

Abbildungsnachweis

Alle Farbabbildungen: Christian Gahl, Berlin

Alle Schwarzweißabbildungen mit Ausnahme der nachfolgend genannten:
Archiv der Staatlichen Museen zu Berlin

S. 23 aus: Jahrbuch der Königlich Preußischen Kunstsammlungen 31, 1910,
        S. 59–63

S. 29 Stadtverwaltung Potsdam, Amt für Denkmalpflege

S. 41 aus: Pyramide IV, Jg. Nr. 1/2, 1929/30, S. 21

S. 46 Archiv Wolfgang Schäche, Berlin

S. 91 aus: Hartmut Probst, Christian Schädlich: Walter Gropius. Berlin 1987,
        Bd. 2, S. 60, Abb. 2

Konzept Bernd Evers, Andres Lepik und Anne Schmedding

Fotos Christian Gahl

Redaktion Andres Lepik, Anne Schmedding

Übersetzung aus dem Englischen Michael Bischoff (Diane Lewis), Regine Leibinger (Frank Barkow)

Übersetzung aus dem Spanischen Stefan Barmann (Mario Vargas Llosa)

Lektorat Vera Udodenko

Gestaltung Birgit Haermeyer

Herstellung Peter Dreesen, Marcus Muraro

Reproduktion Daiber GmbH Digitale Reproduktionen, Sigmaringendorf

Druck Rasch, Bramsche

Buchbinderische Verarbeitung Bramscher Buchbinder Betriebe

Umschlagvorderseite: Neue Nationalgalerie (Foto: Christian Gahl)
Umschlagrückseite: Lesesaal der Staatsbibliothek (Foto: Christian Gahl)

Die Deutsche Bibliothek verzeichnet diese Publikation in der Deutschen Nationalbibliografie;
detaillierte bibliografische Angaben sind im Internet über http://dnb.ddb.de abrufbar.

Printed in Germany
ISBN 3-8321-7413-3
ISBN 978-3-8321-7413-2